비평의 이미지
The Art of Criticism

사고의 그늘, 말들의 그림자

_______ 이 책에는 다른 시간, 다른 공간, 다른 목적으로 써서 발표한 글들이 포함되어 있다. 그러나 그 글들 또한 이 책을 위해 처음 쓴 글들과 똑같이 새로-다시 쓰는 더디면서도 생산적인 과정을 거쳤다.

_______ 각 글의 바탕이 된 기존 발표 글은 '바탕 글' 이름으로 책 뒷부분에 밝혔다.

_______ 이 책에 참고도판을 실을 것인지를 두고 책 쓰는 내내 고민했다. 여러 생각이 스쳐 지났으며, 그중 한 생각은 원고를 마지막 탈고할 때까지 심중에 매달려 있었다. 그 생각이란 뛰어난 작품의 사진이든, 대수롭지 않은 일상의 스냅사진이든 이 책에는 어떤 이미지도 전혀 수록하지 않겠다는 것이었다. 좀 기이하게 들릴 수도 있지만, 나는 『비평의 이미지』에서 오롯이 언어만을 보여주고 싶었다. 스펙터클이 의지와는 상관없이 나나 당신의 오감을 장악하는 시대, 책들조차 시끄럽게 자신을 봐달라고 이미지를 한껏 끼얹고 나오는 시대에 나는 오히려, 세계의 무한한 이미지를 말하지만 그 시각적 만족을 '쉬운 방식으로' 해결해주지 않는 책의 존재가 그리웠다. 그래서 나는 이 책에 우리가 흔히 떠올리는 의미와는 다른 이미지를 넣기로 했다. 오로지 언어로만 이뤄지는 이미지가 그것이다. 그 이미지들은 이 책 속의 단지 몇몇 곳에서 언어가 글과 겪는 마찰, 언어의 움직임, 언어가 풍기는 뉘앙스, 언어가 사물을 대하는 태도를 전하는 골목길로 나타날 것이다. 그 골목길을 나 또한 두고두고 걸어볼 것이다.

비평의 이미지
The Art of Criticism

사고의 그늘, 말들의 그림자

강수미 지음

글항아리

편집자의 일러두기

______ 책명과 잡지명은 『 』, 논문과 글은 「 」, 전시명은 《 》, 작품명
은 〈 〉로 표기했다.
______ 이 책은 국립국어원의 외래어 표기법을 따랐으나, 전시명이
표기법과 다른 것은 그대로 두었다. 넌센스가 그러한 경우다.
______ 저자의 아이디어에 따라, 이 책에 수록한 이미지는 디자이너
최윤미가 작업한 것이다.

b에게

서언

1.

앞서 산 어떤 이가, 그것도 사는 동안은 물론 역사적으로도 가치가 있는 일을 한 그/녀가 바로 내가 하고 싶었던 말을 이미 어딘가에 남겼다는 사실을 알게 됐을 때 나는 두 가지 감정에 흔들린다. 한편으로는 내 삶의 경험과 지혜가 쌓이면서 일군 오로지 나만의 생각이라 여겼던 것이 그리 독창적일 것도 특별할 것도 없을지 모른다는 회의감과 쓸쓸함. 다른 한편으로는 아직 허약하고 불순물이 좀 끼어 있는 것 같았던 내 생각이 어쩐지 그/녀의 말과 글로부터 지지를 받고 더 명쾌해지는 듯해 드는 안도와 신뢰감.

비평의 이미지. 이 책을 쓰느라 평균 온도 32도를 왔다 갔다 하는 서울의 여름이 더 무겁게 느껴지던 어느 날 우연히도 몇 해 전에 메모해둔 푸코의 인터뷰 한 조각을 발견했다. 이것이다.

내가 책을 쓰는 것은, 관심이 가는 주제에 대해 내가 무엇을 생각할지 아직 모르기 때문입니다. 책을 쓰는 동안, 그 책이 나를 변화시키고 내가 생각하는 것들을 바꿔놓지요. (…) 나는 무엇보다도 나 자신을 바꾸고, 이전과 같이 생각하지 않기 위해서 책을 씁니다.[1]

파일명을 보니 2009년 4월 30일에 옮겨 적어놓은 것이 분명하다. 그때는 내가 지금 이 책을 쓰기 시작한 2010년 4월 21일에서 정확히 1년하고 9일이 모자란 날이다. 어쨌든 그 문장은 그날부터 무려 4년 넘게 '참고문헌' 폴더 안에 방치돼 있었다. 그러다가 내가 비평가로서 비평의 외부 대상을 향해 투사해왔던 글쓰기의 렌즈를 뒤집어 그 비평, 그 글쓰기를 비추려 고군분투한 바로 이 책의 서문을 쓰던 날 갑자기 발견됐다. 그러고는 마치 약속된 말인 양 내가 이제까지 몇 권의 책을 쓰면서 그래왔던 바를 조명했다.

말하자면 나는 생각이 미리 결정돼 있어서, 글로 써야 할 지식이 이미 완결돼서, 확고부동하고 결정적인 나만의 것이 있어서 책을 써온 것이 아니다. 그와는 달리 푸코의 말처럼, 아직 모르는 것에 대해서 알기 위해, 그 무지에 대한 앎이 나를 변화로 이끌고 이전과 다르게 만들도록, 그럴 수 있기를 바라며 책들을 써왔던 것이다. 그간 나는 이런 사실을 인지하고는 있었다. 하지만 그런 이유와 방식으로 책을 쓴다는 것이 과연 어디 가서 밝힐 만한 것인가, 오히려 준비되지 않은 저자의 글쓰기라고 폄훼되지 않을까 걱정스러웠기에 어디

---

1 푸코와 트롬바도리Duccio Trombadori의 대담. Michel Foucault, *Remarks on Marx*, 『푸코의 맑스』, 이승철 옮김, 갈무리, 2010, p. 31.

에 밝히기는커녕 나 스스로도 인정하지 않았다. 사람들의 고정관념 속에 책은 여전히 '안다고 가정된 주체'의 복사물 같은 것이니까. 뇌에 있고, 마음에 있고, 경험과 기억 세포에 박혀 있는 것들을 온전히 베껴 써내는 것이 책이라고 생각들 하니까.

하지만 푸코가 자신의 책 쓰기를 말하고 있듯이 책을 쓴다는 것, 아니 좀 더 소박하게 말해서 글을 쓴다는 것은 앎으로 완결된 주체가 주도하는 일이 아니라 반대로 책이, 글이, 쓰는 주체를 생각하게 하고, 변화시키고 새롭게 하는 일이다.(적어도 나는 그렇게 겪어왔는데, 푸코가 있어 이제 나는 외롭지 않다.) 비평의 이미지. 나는 이 책에서 그런 주체의 글쓰기, 책 쓰기 상황이 순간순간 이미지화될 수 있다면, 그렇게 돼서 이 책을 읽는 당신이 여기 글들로부터 그 상황을 알 수 있게 된다면 더 바랄 것이 없다. 이와 관련해서 다음 질문이 떠오른다.

2.

어떻게 하면 비평이 행복해질 수 있을까? 그러니까 비평하는 사람도 행복하고, 비평 글 자체도 행복하고, 그것을 읽는 사람들도 행복한 그런 비평은 어떻게 가능할까? 이렇게 말하면 그중 둘은 알겠는데, '비평 자체가 행복'하다는 것은 말이 안 된다고 생각할 수 있다. 글을 쓰거나 읽는 사람은 인간으로서 감정을 지녔기 때문에 행복을 느낄 수 있지만, 쓰기나 읽기의 대상인 글이 스스로 행복감을 느낄 수는 없다고 말이다.

　맞는 말이긴 한데……. 생각을 이렇게 해보면 그리 틀릴 것도 없지 않은가? 가령 행복을 감정이나 느낌으로 한정하지 말고 어떤 형식, 어떤 존재, 어떤 조건의 충족이나 완전성의 정도로 생각한다면 저자와 독자는 물론 비평 자체에서도 행복을 따질 수 있는 것이 아닌가, 하고 말이다. 예컨대 '밀로의 비너스'처럼, '우주'처럼, '100퍼센트'처럼 아름답고 총체적이고 충만한 어떤 존재로서의 비평이라면. 또는 블랑쇼가 "작품의 고독"이라고 명명한 바를 따라, 우리가 '글쓰기'를 작가의 자기실현이나 외부화가 이뤄지는 '주체적인 영역'이 아니라 독자적인 형상과 메커니즘을 가진 '비인칭의 존재'라고 상정한다면,[2] 그 존재 스스로의 행복을 논하는 일이 그리 이상하지는 않아 보인다.

　흔히 사람들은 비평, 그것이 예술비평이든 정치평론이든 간에 비평은 학술논문이나 저널리즘의 기사와는 달리 비평가가 자신의 주관을 강하게 밀어붙일 수 있는 공간이고, 자신의 가치판단을 근거로 대상을 마음껏 평가할 수 있는 장이라고 생각한다. 그래서 사람들은 비평을 곧 누군가의 누군가를 향한 비난 또는 칭찬으로 읽거나, 비평을 곧 대상에 대한 비평가의 호불호 표출로 쉽게 간주해버린다. 하지만 위에서처럼 비평을 비평가의 소유물 같은 것이 전혀

2　Maurice Blanchot, *L'espace littéraire*, 『문학의 공간』, 박혜영 옮김, 책세상, 1998, pp. 11-34.

아니고, 오히려 그 비평가를 언어 속에서, 지각 속에서, 판단 속에서 헤매게 하고 의심하게 하고 반성케 하는 독자적인 비인칭 존재라고 한다면, 사람들의 그런 통념은 그리 온당하지 않을 것이다. 왜냐하면 그런 경우 비평은 비평가의 자유를 통해서가 아니라 그/녀를 구속하는 언어의 질서, 인식의 논리, 감각의 조건, 가치판단의 규약을 통해서 스스로를 실현할 것이기 때문이다. 그리하여 우리는 비평 그 스스로의 실현 과정과 귀결이 좋을 경우 비평 자체는 물론이고 그것을 쓰고 읽는 사람도 행복할 것이며, 그 반대라면 행복하지 않을 것이라고 가정할 수 있다. 그런데 이때 비평의 '행복함'과 '행복하지 않음' 사이의 스펙트럼은 넓고 그 정도의 차이 또한 꽤 다양하고 다채롭게 나뉠 것이다. 그 존재의 상태는 프리즘을 통과한 빛의 스펙트럼처럼 총천연색의 풍경으로 보일지 모른다.

내가 이 책에서 쓰고자 했고, 독자들에게 보여주려는 것은 비평의 풍경이다. 그렇지만 나는 그것을 '풍경'이 아니라 '이미지'라는 단어로 정의한다. 이유는 내가 쓴 것들이 총체적이고 완결된 글들의 스펙트럼이 아니라, 현상에 부합하는 단어를 찾아 헤맨 '사고의 그늘'이거나 지각의 모호한 양상을 가시적이며 가독성 있는 상태로 번역하려 하면서 풀어낸 '말들의 그림자'에 가깝기 때문이다. 그 사고의 그늘 또는 말들의 그림자가 한 존재로서 비평의 행복에 어느 정도나 가닿았는지는 솔직히 모르겠다. 내 생각은, 내 언어는 '비평'이라는 보통명사를 얼마만큼이나 충족시키는가? 자신의 양극에 '행복함'과 '행복하지 않음'을 새겨놓고 그 사이에 무수한 눈금을 가진 비평이라는 엄격한 자는 내 사고의 선묘, 내 언어의 모양새 및 됨됨이를 어느 행복의 눈금에 위치시킬까?

글을 쓴 당사자라는 입장의 특성상 나는 그 답을 결코 언제까지나 객관적으로 알지 못할 것이다. 사실 그 답을 굳이 알고 싶지도 않은데, 왜냐하면 진실을 모를 때 오히려 주체는 (미망 속에서) 행복을 느끼기 때문이다. 그럼에도 불구하고 바라는 점이 있다면, 여기 이 책에 실린 여러 편의 글이 각각의 결과 형태를 가지고 여하한 경우에도 존재해주었으면 하는 것이다. 그 존재 방식은 다만 독자의 읽기를 통해서 내게 언젠가, 어떤 형태로든 전달될 것이다.

3.

책을 여는 말로 부적절하고, 자칫하면 무시무시한 말로 들릴 텐데 이 고백을 하지 않을 수 없다. 한때 나는 '이 책은 스스로 죽는 책이야'라는 말을 되뇌며 지냈다. 이 책을 한 권의 단일한 세계(즉 책)로 만들기 위해 마무리 작업을 하던 2013년 여름 석 달간 매일 그랬다. 일부러 그런 말을 생각해낸 것이 아니라 어느 날 문득 그 생각이 들더니 내내 떠나지 않았다. 내 의지와는 상관없이 떠오른 생각이지만, 그 말이 어째서 떠올랐는지는 당시에도 아주 잘 알고 있었다. 요는 이 책 『비평의 이미지』는 정체가 없는 책이며, 그 때문에 구체적이고 직접적인 독자를 상상할 수 없다는 점이다. 서점의 어느 분야 서가에 꽂혀야 할지 알 수 없는 책, 실용성의 목적으로는 누구도 읽지 않을 것 같은 책, 누구도 그 안에서 명쾌한 주제와 유기적인 논지와 실제적인 유용성과 최소한의 명분을 찾아낼 수 없을 것만 같은 책. 여기 이 책이 바로 그런 책이라는 생각을 멈출 수 없었다. 온라인에서든 오프라인에서든 이 책을 사거나 손에 들고 읽는 독자가 도무지 상상이 되지 않았다. 그런 와중에 문득 내게 떠오른 말이 '스스로 죽는 책'이다. 아무도 읽지 않으리라는 무서운 생각이 드는데도 결국 내가 세상으로 내보낼 책, 그렇게 나와서는 침묵 속에 죽은 듯이 누워 있을 책이라는 예감이 내 안 어딘가에서 그런 말을 지어냈던 것 같다.

문제를 알고 있었지만 나는 아무리 해도 이 책에 담긴 40여 편의 글이 가진 각각의 개성을 저버릴 수 없었다. 그 때문에 다른 때라면 능력이 닿는 한 각 글을 큰 주제 아래 선별하고, 전체 목적에 맞게 적당히 두들기고 연마해 체계적으로 만들었을 책의 단일한 내면을 여기서는 놓아버렸다. 형식적으로는 여느 책과 다름없이 1부와 2부가 있고, 그 아래 두 개의 장 또는 세 개의 장이 배치됐으며, 그 장 안에 여러 편의 글이 포진되었지만, 각각의 글이 책 전체의 모든 면에 일사불란하게 부응해 들어가지 않는다. 중구난방이 맞고, 좌충우돌이라 해도 할 말이 없다. 이 책에서 내가 할 수 있는 일은 중구난방처럼 느껴지고 좌충우돌하는 것 같은 글들의 강압을 견디는 것이었고, 내 의지를 발휘하거나 억지로 통제하지 않은 채 거칠거칠한 마찰을 계속 겪는 것뿐이었다. 그렇기 때문에 독자들이 이 책에 대해 그렇게 느끼더라도 전혀 섭섭하거나 억울해하지 않을 것이다.

차례

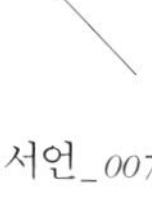

제 1 부

1 비평의 이미지 _019

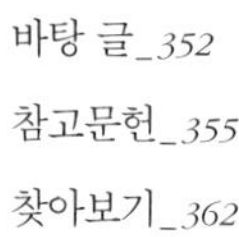

2 이미지 글쓰기 _075

2 이미지 글쓰기

비평은 그/녀의 언어를 향한 쫓고 쫓김,

경쟁과 갈등,

도취와 깨어남의 반복으로 점철된다.

1

비평의 이미지

이 장은 오직 언어, 비평, 글쓰기 이 세 가지만 생각하는 곳이다. 그 생각은 이를테면 다음과 같은 질문이 계속 떠오르고, 그렇지만 결국 안정되고 확고하며 저자를 강하게 만들어주는 답을 찾지는 못하는 과정과 크게 다르지 않다.

사고는 어디로부터 오는가? 생각이라는 것은 정말로 명료해야만 글이 되는가? 내가 말하고자 하는 것들은 어디에 있다가 이렇게 언어로 풀려 나오는 것일까? 문장은 어떻게 쓰는가? 비평의 됨됨이는 무엇인가?

우리는 흔히 '글이 잘 써진다' 또는 '글이 잘 안 써진다'고 말하는데, 어째서 내가 글을 쓰는 것이 아니라 글이 써지는 것이라는 언어 습관이 붙었을까? 현실은 왜 글이 아닌가? 혹은 왜 글은 현실이 아닌가?(아니, 이 질문은 잘못됐다. 도대체 왜 글과 현실이 동일시되어야 하는지부터 의문이기 때문이다.) 나는 지금 여기서 왜 이 글을 쓰고 있는가, 잘 쓰고 있는가, 뭐라고 써야 할까, 누가 읽는가?

이 장의 모든 것은 이러한 질문들의 산더미, 잡동사니, 카오스로부터 주제를 건져내고, 단어를 고르고, 문장을 조직해나가는 비평 행위를 이미지로 펼쳐냈을 때 눈과 머리와 손가락으로 흘러 들어와 글의 모양새를 하고 흘러 나온 것이다.

아둔한 저자의 이미지

언어의 바늘에 거의 다섯 단어 중 한 번씩 손이 찔리는 서툴고 아둔한 저자가 있다. 그 저자에게 단어들은 일직선의 실이 아니며, 문장은 그 일직선의 실이 당연하게 수놓는 꽃무늬 같은 것이 전혀 아니다. 솜씨 좋은 장인이라면 아마도 제 손이 어떻게 움직이는지조차 의식하지 않은 채 왼쪽에서 오른쪽으로, 오른쪽에서 왼쪽으로 쓱싹쓱싹 베틀을 움직여 꽃무늬 깃든 비단을 지어나갈 것이다. 하지만 이 아둔한 저자에게는 하나의 단어를 선택하는 일이 언어라는 바늘에 손이 찔릴까 긴장하며 더듬거리는 의식적인 행위다. 한 줄의 문장을 쓰는 일이 자신의 모든 생각을 동원해도 쉽사리 나아가지 않는 더딘 걸음이다. 그리하여 그 저자에게 글쓰기는 성과가 보장되지 않는 에너지 소모와 빛이 나지 않는 인내, 비자발적인 조심스러움과 신중함이 아주 많이 필요한 과정에 다름 아니다. 예컨대 그 저자는 '그것'이라고 쓰고 자기 자신에게 '도대체 그것이 무엇인지' 되묻는다. 또 잠깐 손이 시키는 대로, 머릿속 무엇인가가 떠드는 대로 썼다가는 이내 자판의 백스페이스를 눌러 그 나열된 단어들을 성큼성큼

지워버린다. 글이, 말이, 언어가 가진 추상성을 어떻게든 구체화하는 일이 글쓰기라고 믿기 때문이며, 자신도 모르거나 모호하거나 상투적으로 늘어지는 이야기를 독자에게 읽어달라고 들이밀 수는 없다고 생각하기 때문이다. 그것이 글 쓰는 자만의 특별한 일이자 윤리라는 것이 그 아둔한 저자의 입장이다.

세상에는 수많은 글이 존재한다. 그리고 그만큼이나 많은 글쓰기의 언어, 태도, 목적, 방법론, 문채文彩, figure, 과정이 존재한다. 이렇게 말하면 글쓰기는 꽤나 복잡하고 어려운 일로 들린다. 그런데 우리는 어느 때부턴가 인터넷 포털 사이트 기사에 네티즌이 다는 몇 마디 말도 글(댓글, 답글)이라고 하고, 140글자의 제한된 세계인 트위터 같은 소셜 네트워크 서비스의 말(트윗, 멘션)도 당연히 글로 간주하고 있지 않은가. 말하자면 특권적 글쓰기가 완전히 해체됐으며, 글쓰기만의 비밀스럽고 고독하고 약간은 공포스러운 세계가 아주 다양하고 다성적인 장場들로 형질 변경된 듯 보인다.

이 같은 변화의 무대에서 사방 1미터도 채 안 되는 책상에 붙박여 그것이 마치 비단을 짜는 베틀이라도 되는 양 언어의 피륙을 짜는 저자의 모습은 기이하다. 아니, 그 비유 그대로 꽤나 퇴행적으로 보인다. 글쓰기를 위해서는, 특히 사회적 권리를 제대로 보장받지 못하는 조건에서 여성이 글을 쓰기 위해서는 최소한 작은 책상이 놓인 "자기만의 방"이 있어야 한다고 말한 버지니아 울프의 관점은 그저 글쓰기의 낭만을 논할 때나 필요할 뿐이다. 실제로 글쓰기는 이제 누구든, 도처에서, 어느 때고, 어떤 식으로든 할 수 있고, 하는 일이 되었다. 온갖 소음이 난무하는 카페에서 충전기를 꽂을 수 있는 거리라면 어느 테이블에서라도, 태블릿 PC나 스마트폰을 켜놓고, 순간순간 인터넷 검색창에서 소스를 찾아가며, 이 사람의 말도 인용하고 저 이미지 자료도 짜깁기해 넣어가면서 24시간 내에 쓰고 24시간 중 어느 때고 드러낼 수 있는 일이 오늘날의 글쓰기다. 그런데 우리의 저 아둔한 저자는 닫힌 방에서, 자그마한 책상 앞에 홀로 앉아, 침묵과 부동에 둘러싸인 채 글을 쓴다. 어쩌면 독자가 궁금해하는 부분은 여기일지 모른다. 그 아둔한 저자가 글쓰기를 하고 있는 그 공간 말이다.

그때 그 저자에게 보이는 풍경은 무엇일까? 들리는 소리는 어떤 것일까? 그/녀의 머리는, 가슴은, 손가락은 무엇을 떠올리고, 느끼고, 만지고, 만들까? 굽은 등 위로 작은 전등 빛이 내리쬐고, 그 빛의 둥근 원 말고는 사방이 어두컴컴한 채로 잠긴 거기 가만히 앉아서 그/녀는 도대체 어떤 글을 쓰고 있는 걸까? 어떻게 쓰는 걸까?

아둔한 저자 앞에 펼쳐지는 풍경은 활자들이 연달아 나서는 선명하고 규칙적인 선線의 공간도 아니고, 흥미진진한 사물과 사건이 손에 잡힐 듯이 솟아나고 들어가며 조화를 이루는 이미지 무대만도 아니다. 오히려 그 풍경은 회색빛 안개가 엷고 가볍게 끼어 있는 가운데 생각의 질료들이 듬성듬성 떠다니는 모양새에 가깝다. 그 아둔한 저자가 언어의 바늘에 손이 찔릴까 두려운 나머지 멈칫멈칫하며 단어를 고르고, 스스로의 생각을 의심스럽게 되새기며, 문장을 써나가기보다는 차라리 지워나간다고 하는 것이 맞을 만큼 더디게 글을 쓰는 원인이 거기 있을 것이다. 그/녀에게 들려오는 소리는 가까우면서도 멀다. 왜냐하면 그 소리는 자기 내부에서 모호하게 울리는 글쓰기를 향한 욕망인 동시에, 그/녀가 포착하고자 하고 도달하려는 소재와 주제와 철학이 기거하는 바깥의 소음이기 때문이다. 자기 안에서 새어나오는데도 그 정체를 단언하기 어렵고, 자기 바깥에 있기 때문에 애초부터 낯설고 통제할 수 없는 그 소리들로부터 그/녀는 말을, 이야기를, 이미지를, 허구를, 고백을, 판단을, 관점을, 주장을, 논리를, 미학을 골라내야 한다. 손가락이 바싹 마르고, 눈이 푸석해지고, 귀가 먹먹한 상태로 말이다. 그 상태가 바로 아둔한 저자가 보는, 그리고 익명의 엄격한 독자들에게 보여줄 수 있는 글쓰기의 솔직한 이미지다.

사랑의 상상력

황금빛 공작무늬가 돋을새김된 노란색 바탕의 작은 상자 하나가 눈앞에 고요히 놓여 있다. 공작 주위로는 짙은 노랑, 보라, 분홍색 꽃들과 푸른빛 잎사귀가 서로 연결돼 풍요로운 패턴을 이루고 있는데, 그것이 다시 상자의 직사각형 온 둘레를 감싸고 돈다. 지긋이 들여다보고 있자니 그 자그마한 사물은 내게 잇따라 사랑의 형상들을 물어다준다. 예컨대 『아라비안나이트』에서 후궁들이 놀았을 비밀의 정원, 『순수의 시대』에서 엘렌이 입었을 파리 사교계풍 드레스, 『삼국지』에서 양귀비의 미소를 보기 위해 당 현종이 찢었을 하늘하늘한 비단 천이 연상되는 것이다. 혹은 더 선명하게는 앵그르가 그린 〈마담 무아테시에Madame Moitessier〉(1856)의 치마폭 무늬, 모네의 〈기모노를 입은 마담 모네Madame Monet in Japanese Costume〉(1876)에서 그 붉은색 옷의 화려한 무늬가 노란색 공작무늬 위에 겹쳐 떠오른다. 이 일련의 것은 전면적으로 드러나 있으면서도 어딘가 은밀함이 배어 있는 이미지, 매우 장식적이면서도 조화롭게 구성돼 미와 정서의 독특한 역동성이 느껴지는 이미지로 다가온다.

이를테면 우리가 통상 아름답다고, 특히 소박하고 담백한 내향성의 아름다움이 아니라 화려하고 풍부한 표현으로 외향성이 넘쳐나는 아름다움을 말할 때 그 사랑하는 대상의 성향으로 지목해왔던 바와 같다.

여기까지 읽은 독자들 중에는 위의 노란색 상자를 그에 뒤따라 유비된 여러 작품과 마찬가지로 예술품, 예컨대 18세기 로코코 시대 귀금속 장인이 만든 보석상자 같은 것으로 상상했을지 모른다. 또는 시대나 만든 이, 명칭이나 용도는 전혀 떠올리지 않았지만 어쨌든 귀하고 고급스러운 어떤 사물과 이미지를 쭉 연상해가며 글을 읽어나갔을 수 있다. 하지만 저 노란 상자의 실체는 상품 포장지다. 구체적으로 말해, 중국계 미국인 디자이너의 글로벌 브랜드가 내놓은 "상상의 비행Flight of Fancy"이라는 제법 멋스러운 이름의 향수 포장지. 심지어 내가 보고 있는 것은 본 상품을 사라고 소비자를 부추기는 샘플용 패키지에 불과하다. 안에 얇은 유리 향수병이 꽂힌 가로 5센티미터, 세로 8센티미터, 두께 1센티미터의 그것.

그럴듯한 수사修辭를 동원하고, 사람들이 알고 있을 법한 예술작품들을 언급하며 장황하게 그 아름다움을 상찬한 대상이 정작 성냥갑보다 조금 크게 만든 판촉용 향수의 종이곽이라니! 이런 내 행태를 두고 혹자는 조소를 보낼 것도 같다. 허장성세하다든가, 괜한 말로 현혹하는 글쓰기를 한다고 말이다. 부당한 비난은 아니다. 하지만 나는 우리의 상상력이란 것이 어린아이의 단순하고 순진무구한 의식은 아니라는 것, 경험 이전의 때 묻지 않은 원초적 마음 같은 것은 더더욱 아니라는 것, 나아가 인간에게 선천적으로 주어진 어떤 이성적 에너지 같은 것 또한 아닐 것이라는 점을 말하고 싶어 위와 같이 썼다.

상상력이란, 그와는 달리, 아주 작은 것에다가도 아주 많고 다양한 다른 것과의 관계를 접목시켜줄 수 있는 애정 어린 사고력이다. 동시에 어떤 존재들 간의 외관상의 유사성과 더불어 뉘앙스, 톤, 분위기처럼 파악하기에 까다로운 감각 질까지 지각해낼 수 있는 감수성이다. 그런 사고력과 감수성은 무색무취의 어떤 재능으로 단번에 그저 주어지는 것이 아니다. 오히려 복잡다단한 삶을 살면서 우리가 몸과 마음으로 겪는 지적, 정서적, 감각적 경험을 바탕삼아 눈에 보이지 않는 속도와 내용으로 형성되는 것이라 생각한다. 이를테면 상상력은 세속의 한가운데, 일상의 한복판에서 자기 자신 전체로 해나가는 경험을 젖줄로 삼고 있다.

예를 들어 나는 언젠가 미국의 여류 소설가 워튼Edith Wharton이 쓴 『순수의 시대』를 읽었고, 스콜세지Martin Scorsese가 영화화한 동명의 작품을 본 경험 덕분에 샘플용 향수 곽 디자인에서 은밀한 아름다움을 지각할 수 있었다. 또 나는 여태까지 살면서 이곳저곳에서 『아라비안나이트』나 『삼국지』 이야기를 인용하고 변주한 서사 혹은 이미지들을 마주쳤고, 그때마다 내 나름대로 어떤 모습들을 재형상화했을 것이다. 그리고 그 경험이 부지불식간에 공작과 꽃들이 그려진 노란 상자를 볼 때, 또한 이 글을 쓸 때 환기되어 시시한 물건과 이야기계의 고전을 '아름다움' 아래 연결시키는 상상력의 비약을 감행케 했을 것이다. 물론 앵그르의 그림, 모네의 회화 작품도 아마 그런 상상력의 경로로 샘플 포장지의 전면과 어느 순간 내 안에서 조우했으리라. 만약 내가 그러한 문화 생산물, 지적 산출물, 공동체의 문화에 노출된 적이 없다면 내 상상과 글쓰기는 이 사물에서 저 사물로, 이 이미지에서 저 의미로, 이 가시성에서 저 비가시성으로 직물처럼 엮여나갈 수 없었을 것이다. 이런 생각의 끝에서 내가 정의하는 상상력은 삶의 온갖 경험을 양분으로 삼아 커나가는 능력, 나이가 들어도 자신의 생각과 행동을 한곳에 고정시키지만 않는다면 점점 더 화려하고 유연하며 깊게 꽃필 수 있는 능력이다.

'부채의 상상력'이라는 것도 있다. 20세기 초중반 당대 최고의 문예비평가를 자처했으며, 서구 모더니티에 대한 연구를 '아케이드'라는 극히 세속적인 모티브를 중심으로 시도한 독창적인 철학자이자 미학자인 벤야민Walter Benjamin. 그는 흥미롭게도 상상력을 부채에 비유했다. 우리가 잘 알다시피 부채는 일정한 넓이를 가진 단면들이 가지런하고 순차적으로 붙어 있어 그것을 접었다 폈다 할 수 있으며, 그때 전체 면적이 늘어났다 줄어들었다 하고, 내부의 면들이 드러났다 감춰졌다 하는 구조의 사물이다. 분명 벤야민은 이러한 부채의 구조로부터 인간 상상력의 핵심을 추론해낸 것으로 보인다. 그가 정의하기를 상상력이란 "무한히 작은 것 속으로 파고들어갈 줄 아는 능력이고, 모든 집약된 것 속으로도 새로운, 압축된 내용을 풍부하게 부여할 줄 아는 능력"이기 때문이다. 또한 그가 "상상력은 어떤 이미지든 접어놓은 부채로 여길 줄 아는 능력, 그 부채가 펼쳐져야 비로소 숨을 쉬게 되고 또 새로이 펼쳐진 그 폭에서 사랑하는 사람의 특성들을 내부에서 연출해 보이는 능력"이라고 해서다.[1] 부채가 접힐 때 각각의 면면이 일사불란하게 주름져 내부로 숨어들듯이, 우리의 상상력은 그 범위를 축소시켜 밀도를 높일 것이다. 그와 마찬가지로 부채의 주름이 펼쳐지며 그 안의 면면을 과시하듯이, 우리의 상상력은 평소에는 그 존재도 몰랐던 기억들, 경험들, 심상들을 우연한 순간에 외부로 드러내고 경계 너머로 확대시킬 수 있다. 벤야민이 부채를 통해서 설명하려 했던 상상력의 특성이 아마도 이와 같을 것이다.

그런데 문득 이 글을 읽는 여러분은 위 대목에서 또 어떤 새로운 상상의 나래를 폈을지 궁금해진다. 상상력에 관한 벤야민의 아포리즘을 처음 읽었을 때 나는 부채와 주름진 우리 뇌가 닮았다고 생각했다. 평소에 그렇게 둘을 연관지어본 적이 없었음에도. 하지만 그 글을 읽으며 불현듯 그의 문장 속 '부채' 위에 '뇌'가 겹쳐지고, 양자의 유사성이 알 듯 모를 듯 감지됐다. 여러분도 상상해보라. 쭈글쭈글 주름진 뇌의 형상은 벤야민이 말한 무한히 작은 것과 예측할 수 없이 넓은 것이 공존하는 곳, 무한히 작은 데로 침투하고 예측할 수 없이 너른 곳으로 나아갈 수 있는 역동성의 원천지로 충

---

1 Walter Benjamin, *Einbahnstraße*,『발터 벤야민 선집 1 일방통행로. 사유이미지』, 김영옥 · 윤미애 · 최성만 옮김, 길, 2007, p. 116.

분히 가능한 모델이 아닌가? 그 주름의 접힌 면과 골의 깊이, 그것이 펼쳐졌을 때 차지할 폭과 각 부위의 다양성이 부채의 구조와 유사한 동시에 그것을 능가한다고 생각되지 않는가? 뜬금없다고 독자인 당신이 책망해도 할 수 없지만, 이렇게 또 하나의 예를 듦으로써 나는 앞서 상상력의 특성이라고 주장한 바를 좀 더 설득시키고 싶다. 그러니까 상상력이란 아주 많고 다양한 것들 간의 관계를 접목시킬 수 있는 능력이라고 했던 말을 벤야민에게서 이 글로, 부채에서 뇌로 전이시켜가며 당신에게 보여주고 싶은 것이다.

철학자로서 푸코는 서구 각 시대의 지식이 어떤 인식론에 기초해 형성됐는지를 연구했고, 16세기까지 지식의 무대는 '유사성'의 질서를 따라 구축됐음을 해명했다. 예컨대 당시 사람들은 주정酒精과 호두 가루를 섞어 먹으면 두통이 낫는다고 생각했는데, "호두 알맹이는 외견상 뇌수의 모습과 유사"하다는 데 그 근거를 뒀다. 사물들끼리의 관계, 말과 사물의 관계, 그리고 인간과 말과 사물의 관계가 16세기에는 그렇듯 가시적 닮음, 상응, 공감을 통해서 명명되고 배치됐다. 냉혹하리만치 분석적이고 객관적인 과학과 인간의 상상을 초월한 지 오래된 첨단 테크놀로지의 시대를 사는 우리에게 눈에 보이는 대로 믿고, 감각에 의존해 판단하고, 마음을 나누는 16세기의 지식세계는 순진해 보인다. 하지만 푸코가 말했듯이 "숨겨진 유사성들은 사물들의 표면에 은밀히 나타난다."[2] 그러니 점점 더 인

---

2   Michel Foucault, *Les mots et les choses*, 『말과 사물』, 이규현 옮김, 민음사, 2012, pp. 45-83.

간의 상상력이 사물과 세계의 존재 상태로부터 멀어져 온갖 추상적 기호와 관념에 고정돼가는 우리 시대의 지식이야말로 실체 없는 것이라고 볼 수도 있다. 사람들이 어느 때부터인가 사물들의 표면을 주시하기보다는 그것을 화폐의 이름으로만 부르기 시작하면서 지식의 무대 밑이 소리 없이 무너져 내리고 있는 것처럼 느껴진다. 또한 사랑의 온기가 우리 자신, 그리고 사물들에서 빠져나가면서 우리가 상상력의 부채를 펼칠 기회 또한 점점 희박해져가는 것 같다.

틀. 사유하는 당나귀

향수병homesick과는 다른 종류의 여행 중 우울증이 있다. 내게만 일어나는 증상이라면 굳이 일반화하고 싶지 않은데, 나는 여행지에서 문득문득 우울해진다. 돌이켜보면 이제까지 거의 모든 여행에서 그런 우울을 등짝에 얹힌 무거운 배낭처럼 마음에 지고 다녔던 것 같다. 사소하게는 부모의 집으로 떠난 1박2일의 짧은 여행에서, 크게는 외국으로 떠난 장기 체류에서 나는 문득문득 우울해졌다. 전자의 경우 우울해지는 데는 복합적인 이유가 있다. 복합적이기 때문에 때로는 나조차 내가 왜 우울해하는지 이유를 명백히 알 수 없고, 그 이유를 캐내려는 과정 자체가 또 다른 우울을 유발하기 때문에 깊이 생각하기를 회피한다. 후자는 이와 다르다. 조금만 생각해보면 이유를 알 수 있고, 그 동기가 복합적이지 않은 종류의 우울함이다. 여행이 고달파서 우울해지는 것은 아니고, 낯선 문화 때문에 유발되는 향수병과도 성격이 조금 다르다.

여행지에서 내가 느끼는 우울함은, 따져보면 '문화적 차이'가 내게 유발시키는 '무지에 대한 자각'의 심리적 반응이다. 이전까지는 직접 경험하지 못했기 때문에 당연히 모르는 이국의 사실들, 현상들이 내가 무지하다는 사실을 일깨우는데, 그 때문에 나는 우울해진다. 그렇다면 그것은 무지 콤플렉스인가? 일단 그 점을 부정할 수 없다. 하지만 나는 내가 모르는 것에 부끄러움을 느껴 그 사실을 숨기거나, 아는 척하면서 덮어버리는 사람은 아니다. 그러기보다는 오히려 낯설고 모르는 것이 지적 호기심을 자극하면 그 호기심을 질문으로 연결시키고, 누군가의 답변이나 도움으로 해결하는 쪽에 가깝다. 또 그런 과정을 통해 낯설고 모르는 것을 이제 좀 더 친숙하고 아는 것으로 바꾸려고 애쓰면서 행복감을 느끼는 유형이다. 문제는 여행 중에는 그런 과정이 잘 이뤄지지 않는다는 것이다. 무엇보다 소통 언어의 근본적인 다름 때문에 나는 내가 알고자 하는 문제의 해답을 즉각적이고 수월하게 얻을 수 없다. 또 여러 지역적 차이, 문화적 차이, 관습과 경험이 축적된 구조의 차이가 나로 하여금 무지에서 앎으로 넘어가는 경계를 뛰어넘지 못하게 한다. 그래서 이를테면 내 여행의 우울은 뭔가를 알고자 하는 내 사고의 자유의지와 현실적으로 가능한 해결 행위, 그 양자의 간극에서 신경이 벌이는 줄다리기 같은 것이다.

한 문화의 사고와 행위가 결정되고 표출되는 방식, 이를테면 에피스테메épistémè의 틀과 그 틀짓기 방식은 동일하지 않다. 그것은 푸코가 고찰한 것처럼 "인식을 위한 가능 조건의 역사"로서, 즉 단지 시간적 연대기로서의 역사가 아니라 존재·담론·실천이 복합화된 고고학적 지층으로서 형성된 것들이다. 따라서 내가 내게 익숙한 문화와는 다른 틀과 행위 방식에 직면해서 마치 전기변압기처럼 기계적으로 '스윽' 틀을 전환할 수는 없다. 그렇게 간단히 되지 않기 때문에 사고가 행위로 이어지지 않고, 미끄러져버린다. 그 미끄러짐이 우울을 유발한다.

틀짓기는 인간이 세계를 받아들이고 이해하기 위해 대상에 우선적으로 행사하는 방법론이다. 그러니까 우리는 우리 자신의 바깥을 내 안으로 흡수하기 위해, 먼저 대상의 범위를 한정하여 범주화하며, 그 범주 안에서 의미를 부여하는데, 이러한 행위가 바로 틀짓기다. 자신이 침윤되어 있는 일상의 시공간에서는 이러한 '틀' 형식과 '짓기' 행위를 민감하게 지각하기 힘들다. 그것은 생활의 구석구석에 녹아들어 있고 순간순간에 적용되고 실행되기 때문이다. 반면 낯선 문화로의 여행(여기서 '여행'은 '관광'이 아니라, 정확히 말하자면 다른 문화로의 '이행'이나 일상생활과 비교해서 상대적으로 특수하고 한정된 시공간에 대한 '체험 행위'를 이른다)은 나 자신 그 낯선 곳과 낯선 것의 아웃사이더인 만큼, 그래서 침윤되어 있지 않고 그럴 수도 없는 만큼, 그 문화의 '틀'과 '짓기'에 민감해지게 한다. '여행'이 그토록 많은 사람에게 동경을 유발하고, 중독의 힘을 행사하는 이유가 거기 있을지도 모른다. 자신에게 낯설고 새로운 무언가가 일상에 젖어 있던 우리의 정신과 감각을 강도 높게 끌어올린다는 점에서 그렇다. 그것도 전 인생을 건다든가 커다란 대가를 치러야 한다든가 하는 위험 없이 말이다(우리에게 여행은 대체로 돌아올 시간과 돌아올 장소가 마련된 떠돎이며, 잠시 잠깐의 일탈, 휴식, 분위기 전환이 아니던가).

우리 정신과 감각이 낯선 문화의 틀과 규범들에 직면해 긴장의 강도가 높아지는 상황은 앎과 무지 사이, 익숙한 것과 생경한 것 사이, 주도할 수 있는 일과 수동적으로 따라야만 하는 일 사이, 나와 타자 사이, 내 것과 내가 소유하거나 장악할 수 없는 것 사이에서 주체가 동요하는 상황에 다름 아니다. 그 동요에 대해 철학적으로 다음과 같이 양 방향의 의미를 따져볼 수 있다.

스콜라 철학자들이 즐겨 들었던 우화 가운데 '뷔리당의 당나귀'라는 것이 있다. 배가 고프고 목도 마른 당나귀 앞에 한쪽에는 귀리, 다른 쪽에는 물이 담긴 두 개의 그릇이 똑같은 간격으로 놓여 있을 때 그 당나귀는 어떻게 하겠는가가 이야기의 골자다. 유추할 수 있듯이 이야기는 당나귀가 그 주어진 평형상태를 깨고 어느 한쪽을 먼저 선택하지 않는 한 배고픔과 갈증으로 어리석게 죽을 수밖에 없다는 점을 바탕에 깔고 있다. 이로부터 스콜라 철학자들은 인간이 자신의 자유의지를 발휘하지 않는 한 뷔리당의 당나귀와 다를 바 없다고 주장했다. 결국 이쪽이든 저쪽이든 어느 한쪽을 선택해야 하고, 그 선택이 인간의 자유의지를 발현하는 일에 다름 아니라는 것이다. 그러나 스피노자는 훗날 이 우화를 철학적으로 의심하면서 인간 정신이 어느 한쪽을 선택하지 못하고 유랑하는 상태를 긍정했다. 그는 이것을 "정신의 동요fluctuatio animi"라고 명명했는데, 내 생각에 '정신의 교착상태'라는 표현도 나쁘지 않아 보인다. 이럴까 저럴까 생각이 왔다 갔다 한다는 점에서는 '동요'이겠지만, 이러지도 저러지도 못하고 멈춰 있는 상태라는 점에서는 '교착'이라고도 볼 수 있으니 말이다. 어쨌든 스피노자는 그렇게 양극의 선택지에서 하나를 결정하지 못하고, 선택을 곧바로 실행에 옮기지 못하는 인간을 인간 이하로 평가절하하는 대신 '평가할 수 없는 인간' 중 하나로 의미 부여한다. 다음과 같이 말이다.

> 그런 인간은 굶주림과 갈증으로 죽게 될 거라는 사실을 나는 전적으로 인정한다. 만일 그런 인간이라면 인간이 아니라 차라리 당나귀라고 평가되어야 하지 않느냐고 묻는다면, 스스로 목을 매는 사람, 어린아이, 바보, 미치광이 등도 어떻게 평가해야 하는지 알지 못하는 것처럼 그런 인간도 어떻게 평가해야 할지 나는 알지 못한다고 말하겠다.[1]

여기서 스피노자가 자살자, 어린이, 바보, 광인의 정신과 자기 절멸에 이르기까지 여기와 저기 사이를 유랑하는 인간의 정신을 동일시하는 데 민감해질 필요는 없어 보인다. 대신 그가 그런 이들을 예거하면서 '어떻게 평가해야 하는지' 알지 못한다고 한 점에 주목하면, 스피노자가 의도한 바는 아마도 인간 정신 중 동요하는 부분을 그 존재 자체로 인정해야 한다는 단언이라는 생각이 들 것이다. 비록 그 동요가 갈증을 북돋우고, 굶주림을 심화시키고, 어느 틈에

---

[1] Ariel Suhamy, *Spinoza par les bêtes*, 『스피노자의 동물 우화』, 강희경 옮김, 열린책들, 2010, p. 101에서 재인용. "뷔리당의 당나귀" 또한 이 책 98-101쪽을 참고했다.

도 맹목적으로 안주하지 않아 불안정성과 우울을 키우는 고단한 이
들만의 것이라고 해도 말이다. 그 점에서 어느 책에선가 들뢰즈가
스피노자를 두고 "철학자는 여러 국가에서 살 수 있고, 여러 환경 속
에 모습을 나타낼 수 있으나, '그 방식은 은자, 유령, 여행자, 하숙생
과 같은 것'이다"[2]라고 쓴 것은 온전히 우리, 낯선 틀에 처할 때마다
앎을 찾아 떠돌고 있는 자들의 것이기도 하다.

---

2   Gilles Deleuze, *Spinoza Philosophie pratique*,『스피노자의 철학』, 박기순 옮김, 민음사, 1999, p. 11.

바르트, 기호의 제국

미국의 어느 정신건강 전문가가 쓴 책에 따르면, 의사와 간호사들은 "환자가 바깥세상으로 관심을 돌리는 것이 치유가 시작되는 첫 번째 신호"[1]라고 판단한다. 이처럼 아픈 이가 자기 자신에서 바깥세상으로 관심을 이동시키는 일을 어떻게 회복의 징후로 볼 수 있을까? 책은 그에 대해 일차적으로는 병리학의 차원에서, 뇌가 면역세포들에 호르몬과 신경전달물질을 보내 그 세포들이 내부 장기의 질병과 싸우고 치유하는 데 집중하도록 외부세계에 대한 관심을 차단하는 과정을 설명한다. 다음, '신경건축학'이라는 새로운 연구방법론에 입각해 외부 환경, 즉 건물이나 정원 등 물리적 공간이 환자의 감정 중추에 영향을 미쳐 면역세포가 질병과 싸우는 방식을 변화시킴으로써 치유를 촉진시킨다고 주장한다. 두 번째 설명은 환자가 바깥세상에 관심을 보이는 것이 왜 치유의 시작인지에 대한 답변이라기보다

---

[1] Esther M. Sternberg, *Healing Spaces: The Sciences of Place and Well-being*, 『공간이 마음을 살린다』, 서영조 옮김, 더 퀘스트, 2013, p. 33.

"

는 결과를 두고 내놓는 영향 분석에 가깝다. 하지만 이렇게 의학과 새로운 과학적 접근법이 연합해서 환자의 관심사 변화와 병의 회복 사이의 상관관계를 분석하는 시도는 흥미롭고 유익해 보인다.

　그런데 이 같은 주제를 철학적으로 재고해보는 것도 의미 있지 않을까. 우선 단순하게 보면 환자가 어느 정도 회복되기 시작하니까 세상에 관심을 가질 여유가 생기는 것이라고 답할 수 있다. 어쩌면 현상으로 봤을 때는 이런 대답이 가장 맞는 얘기일 것이다. 그런데 역으로 환자가 자신의 병(아픔, 고통, 쓰라림, 상처)이라는 고독한 유배지를 벗어나 타자(나의 바깥, 나를 둘러싸고 있지만 나 아닌 다른 존재·사물·시간·공간)를 향해 자신을 열었기 때문에 비로소 치유가 시작된다고 가정할 수도 있다. 말하자면 아픈 나는 '나'라는 이기적 중심을 버리고, '너' '너희' '그' '그녀' '그들' '누군가' '이것' '저것' '그것' '어떤 것' '이때' '저때' '그때' '어느 때' '이곳' '저곳' '그곳' '어딘가'에 마음을 쓰기 시작하면서부터 앓기를 멈춘다고 말이다. 깊은 밤 혼자 누워 자려 할 때 통증은 극단적으로 크고 강렬하게 느껴진다. 하지만 낮에 사람들에 둘러싸여 있을 때는 같은 통증이라도 그 고통은 집중성을 잃고 마치 대기 중의 공기처럼 희석된다. 이 두 양상을 떠올리면 어렵지 않게 앞서 말한 의미를 이해할 수 있을 것이다. 요컨대 내가 내 안으로 파고들지 않고 밖으로 열리면서, 나의 고통에 붙들리지 않고 타자를 향해 나아가면서 얻게 되는 어떤 '건강함'이 있는 것이다. 어쩌면 '타자에 대한 사랑'이 좋은 가장 근본적이면서도 실용적인 이유 중 하나가 이것이리라.

타자에 대한 사랑, 자기 밖으로 나와 자신을 둘러싼 세계로 관심을 전환함으로써 지적으로나 예술적으로나 치유 능력을 극대화한 탁월한 예 가운데 하나를 들라면 나는 바르트의 책 『기호의 제국』을 꼽겠다.(조금 부연 설명이 필요한데, 여기서 치유 능력은 저자 바르트의 능력이나 그의 병과 회복을 의미하기보다는 그 책이 가진 잠재력을 뜻한다.)

1960~1990년대(아니, 1980년 그의 죽음 이후 지금까지도 여전히) 기호학 · 신화학 · 텍스트론 · 문화연구 등 독창적인 사상과 이론으로 유럽 지성계와 문화예술계의 혁신에 기여한 프랑스의 현대 철학자이자 비평가 바르트. 『기호의 제국』은 그런 그가 자신과 한 몸이라고 해도 과언이 아닌 유럽을 벗어나 "미지의 언어로 웅얼대는" 일본에서, 스스로를 "외국인"으로 방기한 채, "굉장한 휴식"이라고 의미 부여한 바깥세상에서의 경험을 글로 써서 1970년 출간한 책이다.[2] 그래서 거의 그 책 전체에서 이국적인 것에 대한 저자의 경이와 찬탄, 다른 존재를 향한 호기심과 구애, 무지하거나 무신경했던 대상들에게 보내는 관심과 가치 해석이 흘러넘친다. 예컨대 바르트는 약간의 음식을 "집어" 입으로 "이동"시키는 젓가락에서 서구의 포크와 나이프가 가진 폭력성 또는 약탈성과는 정반대되는 조화와 양육의 방식을 본다. 또 일본인들이 각자의 기억에 의존해 약도를 그리며 길을 설명하는 법을 두고는 서구의 실용성과 합리성의 체계라

---

2 Roland Barthes, *L'empire des Signes*, 『기호의 제국』, 김주환 · 한은경 옮김, 민음사, 1997, p. 16.

는 것이 "결국 여러 체계 중 하나에 불과하다는 생각"을 하고, 몇 시간이라도 그 이방인들의 길 찾는 소리를 듣고 싶다고 쓴다. 그리고 통상 서양인들이 동양인의 전형적인 눈이라고 생각하는 옆으로 가늘고 검은 일본 소년의 눈에다가는 "도자기 같은 눈꺼풀"이라는 매우 아름다운 수사를 입힌다. 이런 식으로 바르트는 일본이라는 낯선 세계, 유럽 중심주의의 바깥, 나 아닌 다른 존재를 향해 돌린 자신의 눈과 귀와 마음에 들어온 것들을 긍정하고, 거기서 새로운 의미를 생산해냈다.

그 시선의 전환과 의미 생산이 우선 바르트에게 좋은 일이었을 것임에는 틀림없다. 이는 『기호의 제국』 속 문장들 곳곳에서 느낄 수 있고, 그가 수십 권의 저서 중 그 책을 가장 즐겨 썼다고 고백한 사실에서도 충분히 짐작 가능하다. 실제로 책을 읽은 독자라면 그 책 곳곳에서 바르트가 오래 앓다가 회복기에 접어든 환자처럼(여기서 굳이 그가 청년기에 결핵으로 여러 차례 학업을 중단하고 요양생활을 했던 일을 환기시켜야 할까?), 아주 작은 것에서도 새로움의 기쁨을 발견해내는 모습을 보았을 것이다. 그리하여 우리는 은유적인 의미로 『기호의 제국』이 회복과 치유의 건축물, 정원, 창처럼 이미지와 텍스트 실천을 통해 바르트의 원기를 북돋았다고 말할 수도 있다.

다른 한편, 어떤 독자는 그 책 자체가 마치 잘 다림질된 린넨 천이 덮인 침대, 햇볕과 바람이 잘 드는 남쪽으로 난 큰 창, 그 창밖으로 오밀조밀 조경된 정원과 정갈한 건축물이 어우러져 보이는 건강한 풍경 같다고, 그래서 그 책 스스로 특유의 치유 능력을 갖고 있다고 말하고 싶을지 모른다. 그렇다면 나는 그런 이들과 뜻을 같이할 것이다. 우리가 느끼기에 바르트의 『기호의 제국』은 일본 문화의 객관적인 사실을 알거나, 그 나라 특유의 미학을 정보로 습득하거나, 등급을 매기거나 하는 데는 별 도움이 안 된다. 대신 그 책은 습관과 관념에 젖은 이들의 낡은 감각과 사고 세포에 긴장감을 불어넣는 신선한 세계 읽기, 안정된 문장 구조에서 새로운 의미가 과실처럼 익어가도록 언어를 섬세히 배치한 글쓰기, 구분하는 경계선보다는 서로를 엮어주는 씨실과 날실이 더 선명하게 보이는 사고법으로 독자를 품는다. 그 수행성, 방법론, 포용력이 바로 『기호의 제국』이 지닌 치유 능력이다.

책 앞부분에서 바르트는 "일본은 나에게 글을 쓸 수 있는 상황을 마련해주었다"고 밝히고, 그 상황을 '깨달음의 섬광'이라고 정의했다. 왜 깨달음의 섬광인가 하면, 그 상황을 계기로 이전의 독서가 뒤집히고, 말의 관례적 의미가 파괴돼 어떤 의미로도 환원할 수 없는 진공 상태에 처했기 때문이란다. 그렇게 바르트에게 깨달음의 섬광이 되었던 일본은 『기호의 제국』이라는 또 다른 바깥세상으로 구축되었다. 그리고 우리는 그 세상으로부터 내 사고의 힘을 북돋우고, 내 마음의 결을 쓰다듬을 수 있는 길을 닦은 적이 있다. 내가 그 책을 처음 손에 들었을 때, 당신이 언젠가 그 책으로 바깥을 내다봤을 때.

거기서

이 글은 논리가 꿰지지 않고, 말이 되지 않으며, 문장이 읽히지 않고 써지지 않음에도 불구하고, 그 때문에 갈팡질팡하더라도 글을 쓰는 어느 지경. 아는 사람끼리는 잘 알지만 모르는 사람에게는 그저 말일 뿐인 어느 곳. 이것들을 보여주려 한다. 이를테면 '거기서 만나자'라고 할 때의 '거기서'처럼 구체적이면서 포괄적인, 지시적이면서 모호한, 고정된 것 같지만 전환사로 떠도는 지경이자 곳.

　겨울날 어느 새벽, 두텁게 낀 안개 속에 가만히 서서 저만치 앞을 내다본다. 아니 내다보려 애쓴다. 말했다시피 마침 겨울 새벽녘이고, 더구나 안개가 짙게 낀 터라 앞으로 난 길은커녕 한 치 앞 발끝조차 제대로 보기 어렵기 때문이다. 하지만 여기서 부정적인 의미를 끌어낼 필요는 없다. 그런 상태에서만 보이는 것, 느껴지는 것이 있다는 얘기를 하고 싶어 든 비유기 때문이다. 그것은 일종의 선물 같다. 안개로 채워져 있는 덕분에 비로소 의식할 수 있게 된 빈 공간의 볼륨, 나를 둘러싸고 있는 세계의 불투명하고 약간 축축하며 꽉

찬 상태, 그 때문에 내가 내 자신을 내세우거나 중심화해야 한다는 사회 의식적 과제로부터 면제되는 경험이 그 선물이다. 날씨가 맑고, 대기가 청명하며, 빛이 선명하게 내리쬐는 때라면 우리는 내 앞으로 쭉 뻗은 길의 경로와 끝을 충분히 살필 수 있다. 또한 자신을 중심으로 세상의 온갖 크고 작은 존재들, 필수적이거나 잡다한 사물들을 분별하고 파악하며 나아갈 수 있다. 반대로 안개 낀 새벽의 불투명한 빛과 짧은 가시거리밖에 확보되지 않는 길에서 우리는 그런 투명한 관찰과 의심 없는 분별 및 파악 대신, 감感과 직관에 따르고 자기 자신을 내세우기보다는 처한 환경에 순응하면서 한 걸음 한 걸음을 떼게 된다.

'비평'을 하나의 길로 치환해서 정의해도 좋다면, 그 길은 이렇게 밝고 명료한 빛을 받으며 확신에 찬 걸음을 내딛는 길과 흐릿한 안개 속에서 매순간 긴장하며 자신을 둘러싼 세계를 더듬더듬 나아가는 길의 평행일 것이다. 예컨대 비평은 언어의 빛 아래서 작품 하나하나를 호명하고, 그것의 형상을 요목조목 따지고 짚을 수 있다. 하지만 동시에 비평은 대상의 불투명성에 둘러싸인 채 대상을 어떤 전체로서, 친숙하면서 낯설고 낯설면서 친숙한 어떤 것으로서 겪을 수밖에 없다.

예를 들어 비평은 '거기'라고 말해도 상대방이 알아듣는 구체성과 '거기'에 어떤 대상도 들어갈 수 있는 수사적 모호성을 갖는다. 왜냐하면 비평은 비평의 대상과 '재현' 및 '서술'의 관계만 맺는 것이 아니라 비동일시, 즉 비평의 빈 공간과 대상의 빈 공간이 겹치지 않으며 공존하는 '성좌' 관계 또한 맺기 때문이다. 비평에게나 비평 대상에게나 그 빈 공간은 일종의 크고 작은 괄호처럼 지속적이고 부단히 스스로를 그 안에서 정의하는 원천이다. 때문에 만약 비평의 빈 공간이 비평 대상의 빈 공간을 점령해버린다면 대상의 자율성은 사라진다. 반대로 대상의 빈 공간이 비평의 빈 공간을 뒤덮어버린다면 비평은 대상의 대리자, 복제품으로 전락한다. 그렇다면 어떻게 각자로 존재하면서 서로 관계 맺을 수 있는 공간, 각자의 생성과 변화가 이뤄지는 장이자 서로의 관계 속에서 구체성이 발현되고 의미가 채워지는 장이 지켜지는가?

비평은 무엇보다 쓰기다. 비평의 대상이 된 존재와 그 의미 안으로 비평가의 의식 및 감각이 침투해 들어가는 쓰기이며, 비평가가 비평 대상에 둘러싸여 경험하는 지각의 양상과 사고 과정을 비평가인 내가 바깥으로 꺼내 보이는 쓰기다. 다시 말해 비평 대상을 중심으로 글 쓰는 이가 외부와 내부를 들고 나는 언어운동의 궤적이 바로 비평인 것이다. 또한 비평은 내가 보는 것과 느끼는 것, 그리고 특히 사유하는 바를 언어의 틀과 체계 안에서 정의하고, 조율하고, 구성하고, 표현하는 일이다. 그 때문에 불가피하고도 필연적으로 비평에서는 글을 쓰는 이와 언어의 관계가 가장 중요한 문제가 된다. 우리 모두가 인정하듯이 애초 비평이란 대상에 대해 판단과 평가, 가치와 의미를 묻고 따지는 논쟁이 아니던가. 그럼에도 불구하고 정작 비평의 순간순간에 비평 대상은 그 존재의 강도intensity나 영향력 면에서 비평가와 언어 뒤에 위치할 수밖에 없다. 혹은 질적으로 완전히 다른 차원에 놓인다.

비평가, 곧 글을 쓰는 이와 언어의 이상적인 관계는 전자에서 후자가 막힘없고 유려하며, 정교하고 담대하게 풀려나와 구체적인 형상-글을 산출해내는 데 있을 것이다. 마치 거미가 자기 몸에서 거미줄을 자아내 섬세한 집을 짓듯이 그토록 자연적인 생산관계, 혹은 그토록 근원적인 산출에 버금가는 관계. 비평가가 언어와의 사이에서 원하는 관계란 이런 것이다. 이런 관계를 벤야민은 다음과 같이 비유했다. 파이프에서 담배 연기가 흘러나오듯이, 사탕수수에서 달콤함이 흘러나오듯이, 만년필에서 잉크가 흘러나오듯이, 글을 쓰는 손끝에서 언어들이 흘러나온다면 그때 저자는 비평의 이상향에 있는 셈이라고.[1] 괴테의 『서동시집West-östlicher Diwan』에 들어 있는 시구를 일부 변용한 벤야민의 이 같은 글쓰기론은 읽는 그 자체만으로도 마법 같은 즐거움을 준다. 그러나 그의 말마따나 이상향utopia은 현실 어디에도 없는 땅au-topos/no place이며, 그것이 실현된다면 더 이상 이상향일 수 없는 곳의 이름이다. 이와 마찬가지로, 글 쓰는 이와 언어의 관계가 항상 거미와 거미줄처럼, 파이프와 담배연기처럼, 사탕수수와 달콤함처럼, 만년필과 잉크처럼 자연스럽고 매끈하고 행복하게 이뤄지지는 않는다. 사실은 비평의 대부분 시간과 행위가 안개로 흐린 길과 밝은 빛이 내리쬐는 길을 갈팡질팡 걷는 비평가의

---

[1]　Walter Benjamin, *Einbahnstraße*, in *Walter Benjamin Gesammelte Schriften*, Bd. Ⅳ /1, Hrsg. v. Tillman Rexroth, Frankfurt a. M.: Shurkamp Verlag, 1981, p. 111-113.

어려움, 그/녀의 언어를 향한 쫓고 쫓김, 경쟁과 갈등, 도취와 깨어남의 반복으로 점철된다. 혹은 그 양자 관계에서 헤아릴 수 없이 미세하게 발생하는 분열로 채워진다. 거기에 특히 소외가 있다. 나는 이것을 '비평의 교차점/교착상태'라 부르고 싶다.

'비평'을 하나의 영토라고 가정하고, 그곳이 비평에 속하는 여러 상상적인 이미지와 상징 언어들이 각자 특수한 위치를 점유한 채 상호 작용하며 펼쳐지는 공간이라고 생각해보자. 그때 비평의 교차점/교착상태는 비평가 주체가 비평 대상에 대한 적확한 언어를 떠올릴 수 없고 생각한 바와 동형동질인 문자를 찾지 못하고 있음에도 불구하고, 무엇인가를 말하고자 하고 쓰고자 하는 욕망 및 의지에 붙들려 있는 형편을 의미한다. 언어와 글 쓰는 이가 조화롭게 공조하면서 글을 써내지 못하고 서로를 밀쳐내는 어떤 지대. 비평의 영토로부터 밀려나 사물처럼 굳어지고 닫힌 글쓰기의 상태. 그런 만큼 이 소외의 상태는 언어에게는 비생산의 처지, 필자에게는 반벙어리의 처지다. 이를테면 지면이나 모니터 위로 떠올라 구체적인 의미 형상과 자기만의 자리를 갖는 문자가 부재하는 식의 불모, 써졌던 것들이 지워지거나 '잘라내기'와 '붙여넣기'의 어지러운 교환 속에서 공전하는 식의 불모. 이것이 언어 차원에서 말하자면 비생산성이다. 그리고 그렇게 아무것도 잉태하지 못하는, 자신이 생산한 것을 자신이 죽이는, 자신이 쓴 글 속에서 스스로를 이해하지 못하는 필자 입장에서, 그 상태는 주체가 더 이상 주체로서 정립하지 못하는 참담한 처지인 것이다. 헌데 출현하지 못하는 언어와 언어를 실현시키지 못하는 필자, 이 두 입장 가운데 특히 안된 쪽은 후자다.

글쓰기에서 언어는 문자를 통해 출현한다. 그리고 문자는 좋든 나쁘든, 말이 되든 안 되든, 일단 외형상으로는 그럴듯한 문장과 글처럼 가장하고 나타날 수 있다.(우리 삶 속에서 무수하게 마주치는 대다수의 문자가 문장으로, 글로, 문학작품으로, 각종 보고서로, 논문으로 출현하지 않던가? 어쨌든 그런 형태로 닫힌 채 제시되지 않던가?) 그와는 달리 글을 쓰는 이는 자신의 의도 및 사고를 배반하고 아무것도 꺼내놓지 않는 언어, 아니 더 정확히는 필자가 의도도 사고도 채 명확하지 않은 상태로 단지 글을 쓰려고 덤벼들기 때문에 떠올릴 수 없고 찾아낼 수 없고 쓸 수 없는 언어 때문에 완벽한 백지가 된다. 백지 상태를 견디거나 그 상태를 피해 도망치거나 하는 일 말고는 할 수 있는 일이 없다. 그 때문에 언어를 실현시키지 못하는 필자가 더 안됐다고 말한 것이다.

영국 근대미술을 대표하는 베이컨Francis Bacon의 회화를 철학적으로 논하면서 들뢰즈는 화가의 캔버스가 "순백의 표면"이라고 믿는 것은 "실수"라고 했다. 오히려 화가에게는 그림을 그리기 이전에 "자기 머릿속이나 자기 주변에 가지고 있는 모든 것"이 "다소간 잠재적으로, 다소간 현재적으로" 화폭 위에 현전하고 있다는 것이다.[2] 하지만 글을 쓰는 이들에게 모니터에 열린 하얀 사각형의 디지털 창

2　Gilles Deleuze, *Logique de la sensation*, 『감각의 논리』, 하태환 옮김, 민음사, 1997, p. 125.

(말하자면 전자시대의 종이/원고지)은 언제나 텅 비어 있다. 기원도 역사도 없었다는 듯이, 동기도 목적도 애초 설정되지 않았던 것처럼, 사실은 대상도 모티프도 주어지지 않았던 것처럼, 그렇게 글을 쓰려는 이 앞에 순백의 디지털 표면은 펼쳐져 있다. 이런 사정 때문에 곧이어 언어와 필자의 소외가 발생하는 것이다. 무엇이든 쓰기 위해 애쓰는 필자가 자판을 두들겨 찍어놓은 문자들은 의미가 통하는 문장으로 구성돼서 지속적인 삶을 살지 못한 채 이내 지워지는데 그 과정은 어떤 흔적으로도 남지 않을 수 있다. 또는 '하얀 것은 모니터요, 검은 것은 문자'라는 식으로 갈겨써진 단어들은 미처 말이 되지 못한 신음 소리처럼 뚝뚝 끊긴 채로, 그것을 어떻게든 의미 있는 문장으로, 문단으로, 글 전체로 이어나가보려는 필자를 괴롭힌다. 이 시간들 속에서 필자는 자기 자신을 단지 키보드 위에 놓인 손가락과 모니터 위 파편화된 활자들을 뚫어져라 바라보는 망막만 가진 유기체처럼, 말하자면 거기서 의식이라고는 조금도 작동하지 않는 해면체 덩어리처럼 느낀다. 논리적 사고와 언어 표현으로부터 미끄러져 내리는 이성적 생물체. 습관상 '주체'로 불리지만 정작 자신이 판단하고 분별하고 말하고자 하는 논리와 언어로부터 소외된 주체라는 이름의 타자. 계속 생각의 안으로 들어서려 하지만 자꾸 언어 밖으로 밀려나는 미끄러운 공. 글을 쓰지 못하는 순간의 필자는 자신을 이와 비슷하게 느낀다. 이럴 때 모니터 속 앞서 써진 문자는 다음 입력을 기다리며 깜빡이는 커서 앞에서 반벙어리 상태가 된 필자를 무심하게 비출 뿐이다. 선행 언어로서 다음에 올 말에 어떤 도움도 주

지 않으면서, 그렇다고 완전히 사라지지도 않으면서.

그렇다면 비평가는 이런 비평의 교차점/교착상태에서 어떻게 벗어나는가? 아니면 그 지대는 결코 벗어날 수 없는 곳인가? 만약 사태가 그와 같다면 우리가 여태까지 만나온 비평가와 그/녀의 글은 어떻게 존재할 수 있었단 말인가? 아무리 천재라도 그/녀가 곧 언어는 아니니까, 단언컨대 한 번도 언어가 나를 소외시키고 내가 언어를 살려내지 못하는 교착상태에 빠져보지 않은 작가는 없을 것이다. 그렇지 않다면 우리 앞에 한 비평가의 여러 글이, 여러 비평가의 지속적인 활동과 비평의 역사가 어떻게 펼쳐질 수 있었겠는가? 이는 무엇을 의미하는가? 그것은 모든 비평가가, 모든 글 쓰는 이가 비평의 교차점/교착상태에 빠졌다가 벗어나기를 반복하면서 어쨌든 글을 써왔다는 경험적 사실의 객관적 증명이다. 그 결과로 아마도 우리는 여태까지 아주 비범한 비평가들을 갖게 됐고, 불꽃처럼 상렬하게 연소히는 비평들을 읽을 수 있었을 것이다. 그렇다면 다시 질문으로 돌아가서, 비평가는 어떻게 비평의 교차점/교착상태로부터 풀려나는가? 방법은 그 흐릿함으로 가득한 공간 속에서 의사소통 가능한 의미의 조각과 이미지의 파편들을 찾아내고, 그것들을 자기 머릿속에 냉정히 조합해가면서 사고와 표현의 모호성을 깨뜨려나가는 것이다. 마치 안개에 덮인 세상 속에 망연자실 멈춰 서 있는 것이 아니라, 아주 조그만 빛이나 사물의 그림자에 의지해 더듬거리며 한 발 한 발 나아가는 것처럼.

바르트는 이런 '글쓰기'의 특수성에 대해 정확히 말할 수 있었다. "글쓰기가 언제나 상징적이고, 내향적으로 출현하며, 명백히 언어의 비의적인 면occult side을 향해 있는" 것이라고 말이다.[3] 그가 "글쓰기는 커뮤니케이션을 위한 계기instrument를 전혀 가지고 있지 않다"고 말한 것도 같은 맥락에서다. 그런데 잠깐, 글쓰기가 의사소통의 계기를 갖고 있지 않다고 쓴 바르트의 글은 지금 우리에게 그 말의 뜻을 전달할 수 있지 않은가. 여기에 핵심이 있다. 비평은 이처럼 의사소통의 계기를 갖지 않은 글쓰기를 통해서 의사소통을 이루는 역설의 과정, 안개 자욱한 새벽녘에 명료한 빛을 기대하며 걷는 도정이라는 점이 그것이다.

3　Roland Barthes, *Writing Degree Zero*, Annette Lavers and Calin Smith trans. Hill and Wang, 1967, p. 19.

일

제 것으로 손에 쥐려는 언어가 아닌 따뜻하고 찰지고 선선하고 무게
감 있고 향기 나는 그 무엇과 함께하기. 그래서 세상을 파악(손아귀
에 쥠)해야 한다는 과제로부터 풀려나 나를 일순간 촉감으로, 입자
로, 조각으로, 덩어리로, 숨으로, 그리고 또 무엇으로 변모시키기.

여기서 '그 무엇'은 언어의 저편을 상상하면서 느끼고 사고하고
경험하고 반성할 수 있어야 가능한 것들인데, 어쨌든 언어로 글을
쓰는 이에게는 덫에 걸린 채 수행하는 일이다. 그 덫은 상상도, 느낌
도, 사고도, 경험도, 반성도 결국 언어의 그물망에 걸린다는 점을 살
짝 가리고 있다.

왜 사탕수수의 달콤함은커녕 부러뜨릴 만큼 비틀어도 문장이 잘 흘러나오지 않는 손가락으로 컴퓨터 자판 위를 헤매며, 남들이 일하지 않는 시간에 글을 쓰고 앉아 있는가? 무엇이 지금까지 많은 글을 써 왔음에도 글쓰기의 두려움을 극복하지 못하는 비평가를 매번 그 두려움에서 꺼내 글 쓰게 하는가? 어떻게 비평가는 자기 사고에 대한 확신이 언제나 반을 넘지 못하는 반면, 비평의 취약성을 떠드는 바깥의 목소리는 점점 커져가는 악순환에 처해 '그 모든 것에도 불구하고, 지금 자신이 하고 있는 일 하나에 완전히 붙들려 옴짝달싹못하는 이'가 되는가. 하지만 우리는 거기서 전체가 아닌 어느 아둔한 이, 지금 자신이 하고 있는 일 하나에 완전히 붙들려 옴짝달싹못하는 이의 '별로 쾌적하지 않은 쾌락'. 그것은 '한 번만 더, 한 번만 더'의 충동이다. 말하자면 '나'라는 존재가 음표/언표의 파일, 음절/시그의 운산, 멜로디/말의 … 그래서 더욱 음/언어에 매달리며 … 피아노 치는/글 쓰는 쓰레기로까지 변해버리는 절박한 상황을 그려내야 한다. 그 붙들림, 옴짝달싹못함, 매달림이 고립, 더러움, 일상의 파국을 동반하기 때문이다.

批評, 그 문자 속에서 비평의 이미지

어떻든 간에 비평은 말이고, 글이다. 비평이라는 한자어에도 그 의미는 이미 새겨져 있다. 그런데 한자 자전은 비批에 '상소에 대한 임금의 대답'이라는 뜻풀이를 포함하고 있고, 평評에는 '사관이 군신의 언행을 평론하는 글'이라는 예시를 해놓았다. 이 글자 뜻풀이에 맞춰보면 비평은 현재 신하가 올린 민의民意에 대한 통치권자의 응답이고, 과거 정치에 대한 역사가의 판단이다. 이 글자 그대로의 정의에서 비평이 지향하는 곳은 정치적 의사소통, 역사적 평가일 것이다.

그런데 다시 자전을 들여다보면, 한자 비批는 '손으로 치다' 또는 '밀치다'라는 뜻 또한 가지고 있다. 그리고 평評에는 '꿇다' 또는 '잘잘못을 살피어 정하다'라는 의미가 우선해 있다. 두 글자 모두 이 경우에는 다소 부정적이고 폭력적이기까지 한 뉘앙스를 풍긴다. 두 글자를 합쳐 그 뜻을 해석하면 대상을 쳐내는 일, 꼬아보고 따져보아 잘함과 못함을 규정하는 일이 곧 비평이라는 말이 가능한데, 그 말이 그다지 포용력 있다거나 호혜적으로 느껴지지 않는 것이다.

批評, 그 문자 속에서 비평의 이미지는 이처럼 전혀 상반되게 풀려나올 수 있다. 한편에는 문제제기와 해결, 응답, 부응, 행함에 대한 의미 부여로서의 비평이 있고, 다른 편에는 타격, 거부, 기피, 반목, 식별, 평결로서의 비평이 있다. 이에 대해 오래된 언어의 파편적인 뜻만을 따진 것이니 실상 사람들이 행하고 이해하는 비평과는 깊은 관계가 없다 할 이도 있을 것이다.

하지만 우리 안에 있는 비평에 대한 어떤 선입견은 그 파편적인 뜻들과 희미하게 연결돼 있지 않은가. 특히 '빅 데이터 시대, 비평은 죽었다'거나 '글로벌 문화산업 발전에 비평은 아무런 도움이 되지 않는다'는 말들이 저자에게든 독자에게든 공공연하게, 별 저항도 없이 회자되는 요즘, 사람들이 그렇게 생각하고 말할 수 있는 근저에는 비평이란 언어로 상대를 쳐내는 일종의 폭력, 괜한 갈등과 긴장은 물론 반목만을 만들어내는 불편한 언어라는 편견이 깔려 있는 것이다. 그렇다면 사적이고 주관적인 의사소통 대신 정치적으로 합리적인 의사소통, 오늘 여기서 내리는 즉자적 판단을 넘어 역사의 잣대로 내리는 평가로서의 비평은 어디로 갔는가? 사람들 머릿속에 아직도 이와 같은 의미의 비평이 존재하는가? 분명 그런 관념은 희박해졌다. 그런 의미의 비평은 훨씬 강력하고 자극적인 말들이 경제적 힘을 끌어 모으며 초스피드로 사람들의 의식 위를 굴러다니는 상황에서는 쓸데없이 길고, 무겁고, 오래 걸리고, 무엇보다 권위적이라는 편견에 시달릴 뿐이다.

비평 시간

충격적인 경험을 습관처럼 반복하는 일은 언뜻 생각할 때 그리 평범하지도, 정상으로도 보이지 않는다. 왜냐하면 충격적인 경험이란 그만큼 심리적으로나 물리적으로 강한 자극이 경험 주체에게 가해져서 긴장, 불안, 압박감, 공포를 유발하는 것인데, 통상 사람들은 그런 상태를 힘 닿는 한 회피하려 하지 지속적으로 겪고 싶어하지 않기 때문이다. 그런데 아이들이 노는 모습을 가만히 들여다보면 충격적인 경험이 전혀 다른 양상으로도 전개될 수 있음을 발견하게 된다. 예컨대 아이들은 무서운 이야기를 똑같은 대목에서 매번 똑같은 강도로 무서워하면서도 계속해서 '또 한 번, 또 한 번' 해달라고 조르는 것이다. 심지어 그때마다 '아 재미있다, 아 재미있다'를 연발하며 자신이 무서움을 즐기고 있다는 사실을 표출한다. 그렇게 아이들은 충격 체험을 반복함으로써 공포를 무디게 하고, 외부 자극에 휘둘리는 대신 그것에 조응하고 교감하며 유희하는 능력을 키운다. 이런 예에서 보건대 즐거움이란 단지 쉽고 편하고 느긋하고 쾌적한 상태만이 아니라, 특별한 종류의 예민함, 어려움, 긴장, 고통을 수반하는 사태에서도 가능하다. 이에 대해 비평가를 두고 생각해보자.

비평가는 왜 글을 쓰는가? 비평가는 왜 사탕수수의 달콤함은커녕 부러뜨릴 만큼 비틀어도 문장이 잘 흘러나오지 않는 손가락으로 컴퓨터 자판 위를 헤매며, 남들이 일하지 않는 시간에 글을 쓰고 앉아 있는가? 무엇이 지금까지 많은 글을 써왔음에도 글쓰기의 두려움을 극복하지 못하는 비평가를 매번 그 두려움에서 꺼내 글 쓰게 하는가? 어떻게 비평가는 자기 사고에 대한 확신이 언제나 반을 넘지 못하는 반면, 비평의 취약성을 떠드는 바깥의 목소리는 점점 커져가는 악순환에 처해 '그 모든 것에도 불구하고' 글을 써나가는가? 그것은 '한 번만 더, 한 번만 더'의 충동이다. 이를테면 좀체 충족될 것 같지 않고, 얼마가 지나든 단련될 것 같지 않은 글쓰기의 자극 앞에서 일종의 도박꾼처럼(언제나 판은 새로 시작되고, 패는 새로 돌아간다) 자신을 판돈으로 거는 중독 행위다. 글을 쓰려는 내게 대상의 언어들이 금세 휘어잡히지 않으리라는 두려움이 클수록, 그 대상이 나를 결국 쓰기의 실패로 몰아넣을 것이라는 공포가 잠식할수록 도리어, 내가 헌신만 한다면, 어딘가 숨어 있던 매력적인 언어가 들릴 것 같고, 선명하고 풍요로운 감각이 문장이 되어 샘솟을 것 같다. 두뇌의 피가 일순간 말라붙는 것 같으면서, 또 반대로 그 피폐해지는 느낌으로부터 사물의 의미가 솟아오를 것 같다. 예를 들어 이 같은 상태, 말하자면 이러한 중독성 쾌락이 비평가로 하여금 전혀 즐겁지 않은(아니, 당사자가 아닌 한 그 위험의 감수를 이해하지 못할) 글쓰기를 다시 한번, 그리고 또다시 한번 반복해서 감행하게 한다. 여기서 문제가 되는 것은 그러한 즐김은 어떻게 가능한가인데, 그에 대해 누군가가 비평가의 착각, 과대망상, 미망, 허세 때문이라고 말한다면 그것은 지나치다.

음악에 관한 한 천재적인 재능을 타고났지만 공인된 음악계의 목적 지향적 규범과 훈련법, 예술을 향한 금욕적 의지와 맹목적 헌신은 회피하는(어린 시절 피아노학원에서 겪은 강제적이고 억압적인 교육에 트라우마가 있으므로) 어느 피아니스트의 성장과 사랑을 코믹하게 그린 『노다메 칸타빌레』라는 만화가 있다. 몇 해 전 일본은 물론 국내에서도 큰 인기를 얻어 난데없는 클래식 음악 열풍까지 일으킨 25권 분량의 만화다. 흔히 만화는 우리가 일상에서라면 낯 뜨거워서 쉽게 쓰지 않는 말과 행동을 남발하고, 많은 독자는 바로 그 과잉과 오버액션의 맛에 만화를 보거나 만화는 으레 그러려니 한다. 『노다메 칸타빌레』에도 일상 현실에서라면 작위적으로 여겨질 일이 독자에게 꽤 선선하게 전달되는 장면이 여럿 나온다.

그런 장면 중 하나는 젊고 뛰어난 재능과 리더십으로 무장한 지휘자(그는 사실 주인공인 피아니스트의 연인이자 선배이며, 소박하고 사적인 음악의 성취에 만족하는 그녀를 음악계의 진정한 프로 피아니스트로 이끄는 엄격한 조련자다)가 자신이 결성한 젊은 오케스트라단과 첫 공연에 나서며 '자, 이제 즐거운 음악 시간이다'라고 외치는 부분이다. 이 말에 함축된 의미가 뭘까? 음악 자체의 즐거움 이외에 어떤 다른 이해관계나 목적도 배제하고 음악만을 순수하게 즐기자는 것, 그럴 때 우리는 놀랍게도 커다란 성공을 거두리라는 것이다. 그것은 마치 올림픽 금메달을 목표로 나선 피겨 스케이팅 선수 김연아가 '즐겁게 스케이트를 타고 싶다'거나, 그 말을 받아 전문 해설자가 '모든 부담 감을 떨쳐버리고 경기 그 자체를 즐기기 바랍니다'라고 독려할 때처 럼, 최후의 실질적인 성공을 위해 거는 자기 암시 또는 주술적 메시 지다. 그런데 만화는 현실에서 이중적으로 덧씌워지고 복잡한 감정 이 깔린 그런 유의 즐거움(그러니까 성공이라는 목표를 위해서는 반드 시 즐거워야 한다는 모순 명령)을 그야말로 깔끔하게 처리한다. 만화 컷과 컷 사이에서 꽃잎들이 살랑이며 흩날리고, 멋진 지휘자의 앞머 리가 세련되게 뻗치듯이 베토벤 3번 교향곡 1악장을 연주하는 현악 기 주자들의 활이 힘차게 뻗어나가는 장면을 그려낸 것이다. 상기된 얼굴로 서로를 바라보며 음의 합을 맞추는 지휘자와 단원들의 에너 지, 장밋빛 열정은 차츰 그들 스스로를 도취시키고 객석을 휘감으며 넘실거린다. 그렇게 해서 문자 그대로 '즐거운 음악 시간'은 신생 오 케스트라단에 보내는 청중의 커다란 갈채와 열광적인 반응으로 마 무리된다. 즐거운 음악 시간은 곧 큰 성공으로 굳어진다.

이런 식의 즐거운 시간을 비평에서 상상하기란 쉽지 않다. 상상 해보자. 어느 비평가가 책상 위에 노트북을 펼쳐놓고, 자신이 비평 하려는 대상과 관련한 책, 이미지, 각종 서류 또는 자료가 수북이 쌓 인 주위를 쭉 둘러본 뒤 '자, 이제 즐거운 비평 시간이다'를 외치며 글쓰기에 돌입할까? 절대 불가능한 것은 아니겠지만, 사람들의 상 상 속에서 그런 장면은 어쩐지 낯설고 어색하다. 오히려 좀 전에 우 리가 가상적으로 그려본 '비평가'의 모습이 더 그럴듯하다. 누가 시키지도 않는데 자신의 피폐해짐에서 벗어나지 않고, 언어를 붙잡고 고독과 고통과 고민을 마조히스트처럼 즐기는 비평가의 이미지가 더 현실적이거나 혹은 우리에게 더 친숙하다는 얘기다. 그런 비평의 이미지는 어떻게 친숙해졌을까? 우선 음악의 쾌락은 오랜 시간 아주 많은 사람에 의해 회자된 데 반해 글쓰기, 특히 비평의 쾌락은 별로 논해지지 않았기 때문이다. 또 음악은 온전히 감각적인 반면 글을 쓰는 일은 소설이든 논문이든 장르가 무엇이든 간에 머리를 쓰는 일로 여겨져왔기 때문이다. 그중에서도 비평은 비평가가 독립적으로 잘함과 못함을 따지고 가치를 분별하는 꽤나 계산적인 활동으로 간주돼와서다. 때문에 비평가가 턱시도를 입은 지휘자처럼 잘 차려입은 채 책상에 앉아, 오케스트라 단원처럼 글과 관련된 다수의 개체를 진두지휘하면서, 종이 위나 모니터를 무대 삼아 문장들이 실시간으로 스펙터클하게 실연되고 향유되는 순간을 즐기리라고는 생각하기 힘든 것이다.

대신 우리는 『노다메 칸타빌레』의 다른 장면을 비평가의 즐거운 비평 시간으로 유비시켜볼 수 있다. 예컨대 몇날며칠 음악에 빠져서 식음은 물론 생리적인 현상까지 전폐하고, 유령 혹은 심지어 쓰레기더미와 같은 몰골이 된 여주인공 노다메. 집중하면 입이 튀어나오고 미간이 심하게 구겨지고 등이 굽어 자신의 외모가 기이해진다는 사실에는 무신경한 채 오로지 자기가 내는 음을 귀로 듣고 또 새로 건반을 치고 나가는 그녀. 물론 이런 장면은 여느 대중문화가 모방하는 천재의 모습과 크게 다를 바 없다. 하지만 우리는 거기서 천재가 아닌 어느 아둔한 이, 지금 자신이 하고 있는 일 하나에 완전히 붙들려 옴짝달싹못하는 이의 '별로 쾌적하지 않은 쾌락', 말하자면 '나'라는 존재가 음표/언표의 파열, 음절/사고의 분산, 멜로디/말의 부조화로 애가 타면서도, 그래서 더욱 음/언어에 매달리다보니 피아노 치는/글 쓰는 쓰레기로까지 변해버리는 절박한 상황을 그려내야 한다. 그 붙들림, 옴짝달싹못함, 매달림이 고립, 더러움, 일상의 파국을 동반하기 때문이다.

하지만 사실 그것들은 그때까지 자기 과잉으로 무거워져 있던 주체의 밀도를 낮추고, 그 주체가 외부 또는 타자의 지속적인 자극을 수렴하면서 스스로를 담금질하고 다시 외부로 무엇인가를 산출하게 하는 동력학이다. 그때 주체의 평범성은 고립으로 깨져나가고 이질적인 존재와 사물로 더럽혀진다. 그때 주체는 모든 편안하고 안정되고 익숙한 것들이 흩어지고 무너지는 충격적인 경험을 한다. 밀물과 썰물처럼 운동하는 사고, 감각의 신경활동이 그 주체의 가장자리를 파고들면서 어떤 형태를 빚는다. 이전과는 다른 나, 지금 이 순간에 몰입하는 나, 내가 하고 있기 때문에 바로 그 일에 헌신하는 나를. 즐거운 비평 시간이란 바로 이렇게 나를 자의식 없이 겪고 새로운 의식으로 빚는 시간이다.

바벨의 침묵

신이 듣기를 원하는 유일한 인간의 언어, 라틴어를 상실한 비극적인 양들의 무리인 우리는 메에 하고 우는 것 외에 무엇을 할 수 있단 말인가?[1]

논쟁과 관련해서 오랜 시간이 지났음에도 잊히지 않는 기억들. 그중에 특히 우리가 사회적으로 발언할 권리가 더 많아지고, 자기주장에 힘이 더 실리면 실릴수록 더 씁쓸하게 되살아나고 스스로를 반성하게 되는 기억이 있다. 논쟁 당시에는 꽤 유창한 언변과 분명한 논리를 펴 논쟁 상대로부터 동의 내지는 항복을 받아냈으나, 결국 그 사람과 관계가 소원해지거나 나중에 예상치 못하게 비판의 부메랑을 맞는 경우다. 대체로 그런 기억 속에서 상대방은 내 의견에 반박하거나 항변하지 않는다. 다만 조용히 듣고 있다가 자신의 입장이

---

[1] 미슐레, 『마녀 *La Sorcière*』 2장(Julliard, 50쪽)을 Michel Foucault, *Moi, Pierre Rivière, ayant égorgéma mère, ma soeur et mon frère*⋯, 『내 어머니와 누이와 남동생⋯을 죽인 나, 피에르 리비에르』, 심세광 옮김, 앨피, 2008, p. 369에서 재인용.

나 생각을 명확히 드러내지 않은 채 자리를 뜬다. 그래서 당시 우리 각자는 안일하게도 자신의 주장이 설득력 있게 그 사람에게 전달됐거니 생각했고, 나아가 어리석게도 서로 잠깐 불편하기는 했지만 결국에는 더 좋은 쪽으로 우리가 함께 가게 됐다고 기뻐했을 것이다. 그것이 착각이자 오만이었음을 깨닫는 데는 꽤 오랜 시간이 걸린다. 그리고 실제로 그 사람은 논쟁의 순간 정작 침묵함으로써 나를 공박했을 뿐만 아니라, 아마도 가장 실리적인 방식으로 자신의 입장을 관철한 것이라는 사실을 인생 굽이굽이에서 깨닫는다. 이를테면 그때 상대방의 침묵은 소통을 고갈시키는 독한 공격 무기였던 것이다.

제18대 대통령 선거가 끝난 2012년 12월 말, 대한민국의 대중 미디어는 물론 개인 사용자를 기반으로 한 SNS에서 말들이 넘쳐난다. 그 말들의 양은 선거를 치르기 전 상태를 압도하지만, 내용은 그보다 훨씬 단조롭다. 예컨대 대통령 당선자가 된 후보의 소감에서 시작해 당선 후 국민에게 보내는 첫 "메시지", 유력 인사들의 축하 인사말과 당선자의 답사 등이 속속들이 각종 매체를 통해 전달된다. 또 당선인의 파란만장한 인생 역정과 선거 성공담이 거듭거듭 매체를 통해 회자되고, 대한민국의 새 통치권자가 될 당선자에 대한 각계의 바람과 조언이 줄을 잇는다. 다른 한편 당시 대통령 당선자를 둘러싼 그런 정치적인 말들과 비등한 양을 차지한 말은 대선 결과에 대한 사회학적 분석 담론이었다. 최종 투표율 75.8퍼센트로 1987년 직선제 시행 이후 계속 하락 추세를 보였던 투표율이 처음으로 반등했다는 사실에서부터, 투표율이 70퍼센트가 넘으면 야당에 유리할 것이라는 전문가들의 관성적 예측을 깨고 어떻게 여당 후보가 당선될 수 있었는가에 대한 분석에 이르기까지 범주상 비슷한 말들이 넘쳐났다.

그런데 그 담론 중 특히 의미심장하고 주목할 만한 자료가 하나 끼어 있었다. "방송 3사 출구조사"를 기초로 전체 유권자 중 투표에 참여한 75.8퍼센트를 지역·세대·직업·학력·소득 등을 기준으로 나누고, 그 사람들이 여당 후보와 야당 후보 중 누구를 지지했는가를 분석한 통계 자료가 그것이다. 여기서 그 자료들의 세목을 하나하나 열거하지는 않겠다. 대신 나는 특별히 50대 유권자 중 "89.9퍼센트"가 18대 대선 투표에 참여했고, 그중 "62.5퍼센트"는 박근혜 대통령 당선자를 지지했다는 사실 자료에 초점을 맞추고 싶다. 그즈음 언론사들은 그 통계치를 토대로 18대 대선이 '세대 간 대결'이었다고 논평했다. 한 일간지의 분석에 따르면 "2030세대의 투표 열기와 이를 겨냥한 대선 캠프의 캠페인이 50대 이상 유권자들에게 소외감을 불러일으켰다"고 한다. 한마디로 선거법상 투표권을 가진 모든 사람이 '일인 일표 제도'의 동등한 조건에 있음에도 불구하고, 선거 과정 동안 특정 세대는 더 각광을 받고 선거 판세를 결정할 힘이 더 센 것으로 간주된 반면 다른 세대는 그렇지 못했다는 말이다. 있는 듯 없는 듯 취급됐거나, 심지어 선거 지형에서 부정적인 주체들로 폄하되는 듯한 인상을 받았다는 말이다. 앞서 일간지 기사에서 인용한 50대 어느 유권자의 말이 그런 심리 상황을 대변한다. "정작 유신체제를 경험한 것은 우리인데 '중장년층은 역사 인식이 부족하고 비이성적이고 2030이 나서야 해결된다'는 식의 말이 여기 저기에서 나와 상처를 받았다."[2] 문맥상 그 유권자의 말은 지난 시절 한국의 산업화를 견인한 동시에 독재정치로 한국 민주주의의 발전을 저해했다는 양가적 평가를 받는 박정희 대통령의 딸이 21세기 새로운 시대의 대통령이 돼서는 안 된다는 진보 진영의 논리에 거부감을 느꼈다는 얘기다. 또 그에 동조하며 트위터나 페이스북 등 개인 미디어를 통해 노골적으로 중장년층의 의식과 태도를 평가 절하한 젊은 층에 심리적으로 타격을 받았다는 얘기다. 그리하여 기사에 따르면 그 유권자는 투표 당일 주위 친구들에게 투표 독려 메시지를 돌리며 적극적으로 나섰다고 한다. 비단 그뿐만 아니라 투표율 90퍼센트에 육박하는 수치가 그 세대의 실체를 보여준다. 즉 50대 대다수가 흘러가는 말이 아니라 직접 행동으로 세대의 힘을 드러냈던 것이다.

이상을 종합해보면 18대 대선 선거운동 기간 동안 2030세대의 겉으로 드러난 여론몰이에 50대 이상의 세대는 소외감을 느끼고 상처를 받으면서도 조용히 지켜보고 있다가 실제 투표를 통해 실력 행사를 했다는 뜻이 된다. 아닌 게 아니라 그 대선과 관련해 선거운동이 공식적으로 허용된 23일간, 그리고 그보다 훨씬 전인 2008년 17대 대선 때부터 본격적으로 젊은 유권자들이 각광을 받았고 그들

2　이상 2012년 12월 22일자 한국일보.
http://news.hankooki.com/lpage/politics/201212/h2012122202023546129750.htm

의 목소리에 힘이 실렸다. 여당이든 야당이든 모두 20~30대에게 노골적인 구애 작전을 폈고, 그들의 표가 승패를 좌우한다고 부추겼으며, 어디서든 그들의 요구와 생각을 듣겠다고 했다. 선후 관계는 따질 수 없지만 그러는 와중에 젊은 층은 다양한 미디어를 이용해 언로를 확장해가며 자신들의 주장을 쏟아냈다. 말의 헤게모니가 확연히 젊은 층으로 이동했고, 그 말의 파워가 중장년층을 압도했다. 하지만 그 와중에 문제의 골, 구체적으로 말해서 대한민국 사회를 구성하는 세대들 간에 감정의 골이 깊이 파여 들어갔다. 한쪽 세대가 떠들면 떠들수록 다른 세대는 침묵했으며, 한쪽 세대가 가시적으로 힘을 드러내면 드러낼수록 다른 세대는 보이지 않게 소위 '결정적인 한 방'을 준비하는 형국이 됐다. 20세기 후반 한국 정치 지형을 잠식했던 '지역 간 대결' 또는 '지역주의'가 엄연히 잔존하는 가운데, 2013년에는 '세대 간 대결'이라는 골까지 더해진 것이다. 이처럼 대립과 갈등이 깊어지고 그 양상의 주체와 원인이 분화되는 상황은 누가 봐도 좋지 않다. 누구나 그 상황을 염려한다.

그때 가장 위험한 점은 우리 사회에서 논쟁의 소멸이다. 거시적인 차원에서는 공론장의 비틀림 내지는 편중이 문제이고, 미시적인 차원에서는 공적 담화로든 사적 이야기로든 대화의 경색이 진정 심각한 문제다. 겉으로 보기에 우리 사회는 비약적인 기술력을 기반으로 한 온갖 미디어의 편재 속에 말들이 넘쳐나는 곳이다. 그러나 각자가 내뱉는 언어의 착종, 자기중심적 주장의 난무는 도처에 있을지언정 생각이 섞이고 입장이 교류하는 긍정적이고 생산적인 논쟁은 찾아보기 힘들다. 군사문화의 잔재인 진영陣營 논리에 입각해 나와 적을 나누고 서로를 죽일 듯 공격하는 언어의 비수는 쏟아질지언정, 심리적으로는 불편하더라도 기꺼이 서로 인내하면서 상대방의 말을 듣고 자신의 말을 전하려는 대화의 의지는 멈춘 지 좀 됐다. '자격 없으면 나대지 마라'는 식으로 상대방을 대화·토론·논쟁의 상대로 인정하지 않는 태도를 마치 카리스마의 일종인 것처럼 칭찬하는 분위기. '두고 보자'는 식으로 침묵하다가 뒤통수치기를 유효하고 실리적인 전략으로 추대하는 상황. 이것이 근래 대한민국이 보여주는 '말들의 풍경'이다.

내가 속해 있고 나 또한 그에 일조하고 있을지 모를 우리 사회 그 말들의 풍경은 내게 바벨탑 이야기의 전통적인 해석을 넘어 최근 제기된 흥미로운 주장을 환기시켰다. 그 주장은 '성경의 바벨탑'을 세간에 널리 알려진 것처럼 인간들이 서로 소통할 수 없는 말들 때문에 불통하고 분쟁하게 된 역사의 시작으로 해석하지 않는다. 대신 자신의 도시를 건설하고 한데 모여 살며 스스로의 이름을 빛내고자 했던 「창세기」의 인간들, 그리고 그런 인간의 욕망과 행동을 정지시키고 인간에게 언어 착종과 이산離散이라는 반대급부를 내린 하나님에 관한 이야기가 바로 바벨탑 신화라고 해석한다.

바벨탑 이야기는 구약성서 「창세기」 11장 1절에서 9절에 담긴 내용이다. 이제까지 성경의 이 부분에 대한 해석은 대체로 바벨탑이 지상에 자신들의 왕국을 건설하려 한 인간의 교만에 내린 하나님의 심판, 즉 모두가 서로 다른 언어로 말함으로써 의사소통이 불가능하고 도처로 뿔뿔이 흩어져 살 수밖에 없는 벌에 처해진 인간이라는 의미에 맞춰져 있었다. 하지만 최근 학자들 중에는 바벨이 상징하는 언어 착종과 삶의 분산이 하나님의 벌 또는 심판이라기보다는, 다양한 언어 및 문화의 기원을 의미한다는 새로운 해석을 내놓는 이들이 있다.[3] 아마도 이러한 성서 해석은 포스트모더니즘 이후, 그리고 글로벌리즘과 다문화 사회의 도래와 함께 신학에도 관점의 전환이 이루어졌기 때문에 가능할 것이다. 이를테면 그 같은 주장은 절대적으로 객관적인 지식이라기보다는 일종의 시대성을 배면에 깐 해석이다. 그럼에도 불구하고 이러한 새로운 관점은 그간 바벨탑을 부정적으로만 해석해온 문화에 다른 통찰력을 제공해준다. 요컨대 우리는 언어가 무질서하게 섞여 있는 상황을 다양한 언어의 공존으로, 뿔뿔이 흩어진 삶은 다양한 문화의 전개 및 발전으로 새롭게 해석할 수 있는 것이다. 사태가 가령 이와 같다면 정작 문제가 되는 것은 언어의 고갈, 삶의 고착이다.

「창세기」 11장 7절에서 하나님은 "자! 내려가서 이들의 입술을 혼란케 하여 저희 동료들에게 말을 건네도 서로 알아들을 수 없도록 하리라" 했다. 그리고 곧이어 8절에 담긴바 하나님은 "그들을 분산시켜 지상 전체에 흩어지도록" 했다. 이는 분명 제아무리 새로운

---

3   Bernhard W. Anderson, "The Tower of Babel: Unity and Diversity in God's Creation," in: *From Creation to New Creation: Old Testament Perspective*, 1994, pp. 165-78; Theodore Hiebert, "The Tower of Babel and the Origin of the World's Cultures," JBL 126, no 1., 2007, pp. 29-58.

신학의 시의적절한 해석일지라도 극복할 수 없는 부정성을 띤 언명
이다. 동료에게 말을 건네도 알아들을 수 없다는 것은 의사소통의
불능을 뜻하며, 지상 전체로의 흩어짐은 화합과 연대와 교류의 불
가능성을 뜻하기 때문이다. 그런데 여기서 더 나아가 의사소통을
향한 의지 자체가 인간 상호 간에 부재하게 되면 어떻게 할 것인가?
이산과 분산에 대한 과도한 긍정 내지는 그런 삶에 대한 조증에 가
까운 열광이 우리 내면을 장악하게 된다면? 그런 상태야말로 공포
가 아닌가?

　　서로 알아들을 수 없음에도 포기하지 않고 서로에게 말을 건네
는 일이 차갑게 분리된 채 침묵에 잠긴 세계보다는 더 나은 세계로
우리를 이끌 것이다. 바벨탑에서 언어가 혼재하고 말의 소란이 들끓
는 면모가 유일무이한 신의 이름 아래 정적에 싸이는 것보다 훨씬
낫다. 그 점에서 우리의 말, 글, 논쟁의 가치를 최신 시대정신인 양
'소통' 하나에 맞추려 하기보다는, 그런 소통의 기초로서 서로를 앞
에 두고 하는 말, 침묵하지 않는 논쟁, 갈등과 대립을 회피하지 않는
수다에 두어야 한다. 어차피 인간의 언어가 바벨탑으로 착종되었으
니, 어차피 각자가 제 하고 싶은 말만 하고 돌아설 테니까, 말을 하
고 글을 써봐야 누구도 듣지 않고 누구도 읽지 않을 것이기 때문에
각자 떠드는 동시에 서로에게 침묵하자는 기조는 세계를 빈곤하게
만든다. 세계의 빈곤은 사람들이 서로 싸우고, 상처 입히는 일만으
로 일어나는 것이 아니다. 오히려 각자가 미리 자신을 어떠한 수준
에 위치시킬 것인지를 결정지어놓은 상태에서 방어적이 될 때, 그래

서 새로운 언어가 태어나지 않고 담론이 조직되지 않고 철학의 변증
법이 사라질 때 시작된다.

방사放射와 언어의 불가능성

세계의 한 점에 당신이 있다. 그렇게 있는 당신은 빛이 난다. 다른 이유가 있는 것이 아니라 세상의 모든 존재, 사태들이 각자 고유의 빛을 내는 것처럼 빛나고 있는 것이다. 그 점에서 당신을 둘러싸며 사방에 존재하고 있는 온갖 다른 것, 이를테면 창문 너머 하늘, 마침 방문을 열고 들어와 당신을 보고 말하는 누군가, 손 옆의 책, 저기 버려진 펜, 마당의 잡풀, 지금 마시고 있는 커피, 좀 전의 전화 통화에서 알게 된 문제, 라디오에서 흘러나오는 낯선 고악기 연주, 손끝에 닿고 있는 키보드, 당신이 입력하자 모니터에 나타나는 활자 등등이 또한 나름의 빛을 나름의 존재 방식으로 발산하고 있다고 말해야 할 것이다. 그리고 그 존재의 빛은 화살처럼 자기 존재(있음, 됨, 됨이, 속성, 나아가 그저 이미지라고 말해야 할 무엇)의 단면들을 당신을 향해 쏜다. 밖에서 날아드는 그 섬세하고 찰나적인 빛의 화살은 당신 내부로 고요히 눈에 띄지 않게 스며든다. 물론 당신도 세계의 일부이니까, 당신 또한 다른 존재들처럼 당신의 빛을 밖으로 뻗어낸다. 그러면 그 존재의 빛 화살은 다른 존재들을 향해 날아가 그들의 내부로 흡수될 것이다.

만약 우리가 서로 발산하고 수렴하는 세상 만물의 존재 양상을 시각적으로 볼 수 있다면, 그 모습은 어쩌면 이와 같을지 모른다. 가히 수억, 수천억 줄의 빛다발이 범우주적인 범위에서 쌍방향으로 방사되는 에너지의 축제, 범우주적인 범위 안의 모든 존재가 광합성 작용 하는 빛과 식물처럼 서로에게 흡수되고 뻗어나가는 생명의 정원 같은 것 말이다. 아니면 유기체냐 무기물이냐 따질 것도 없고, 존재냐 사건이냐 구분할 것도 없으며, 인간이냐 비인간이냐 차이를 둘 것도 없이 세계에 존재하는 행위자라면 모든 것이 연결되는 빛의 네트워크를 떠올려도 좋을 것이다.[1]

그런데 가령 세상 만물의 관계가 이렇게 이뤄진다고 생각하려면 여러 가설을 충족시켜야 하고 크고 작은 문제들에 또한 답해야 한다. 그중에서도 각 존재하는 것이 무작위 혹은 무질서하게 관계하는 것이 아니라면(만약 그렇다면 이 세상은 존재할 수도, 변화할 수도 없다. 존재하고 변화한다는 자체가 이미 어떤 형식과 질서를 전제한다) 서로 간 특정한 방식과 규칙으로 각 존재의 빛을 교환할 것이라고 가정해야 한다. 또 관계에는 조화, 화합, 조응, 상호작용만 있는 것이 아니라 반목, 대립, 반사, 파편화, 심지어 비非관계 같은 것도 있다는 전

---

1   이와 관련해 1980년대 중반부터 과학기술학Science and Technology Studies 분야에서 라투르Bruno Latour, 칼롱Michel Callon, 로John Law 등이 사회의 구성과 활동을 인간과 비인간 집합체가 상호 작용하는 네트워크(행위자 네트워크 이론actor-network theory)로 설명했다는 점을 환기시켜준다.

제가 필요하다.

　　무엇보다 언어를 생각할 수 있다. 언어는 달리 말해 각각의 존재가 방사하는 존재의 빛으로서 한 존재가 자기 바깥의 이질적인 존재들에 스스로를 송신하고 수신하도록 하는 관계의 매체가 아닌가. 벌써 신이 태초의 인간 아담에게 동물들의 이름을 지을 권리를 주고, 그에 따라 아담이 각각의 짐승에 깃든 신의 뜻을 따라 그와 닮은 이름들을 지어주는 구약성서의 대목이 그런 언어철학적 해석을 가능하게 한다. 요컨대 아담이 신으로부터 받은 권능, 즉 '이름언어'는 사물을 보고 그 사물과 닮은 이름을 지어주는 능력이다. 그리하여 아담은 "모든 육축과 공중의 새와 들의 모든 짐승에게 이름을 주니라."(창세기 2:20) 가령 날카로운 이빨과 튼튼한 몸통을 가진 사자는 그 존재적 특성을 아담에게 방사했을 것이고 그에 따라 아담은 사자라는 이름을 짓는다. 날씬한 다리와 우아한 목을 가진 사슴도 그런 과정을 통해 자기 이름을 갖게 됐을 것이며, 용맹한 눈빛의 독수리도 그랬을 것이다. 그러면 세상의 이름 없는 것들은 어찌된 것일까? 그것들은 신의 뜻을 밖으로 방사하지 못했고, 그 때문에 아담이 그 존재의 빛을 흡수해 이름으로 반영하지 못했기 때문에 익명으로 남은 것일까? 그럴지도 모른다. 성서는 그런 점에 대해 어떠한 답변도 남겨두지 않았기 때문에 우리는 더 이상 성서에 입각해 생각을 전개시킬 수 없다. 또한 우리가 굳이 신학적인 언어관을 펼치려는 것은 아니지만, 성서에 입각해도 인간의 언어는 바벨탑의 언어 착종 이후 신의 뜻을 절대적이고 투명하게 비추는 능력을 상실했으므로 우리가 우리를 둘러싼 모든 존재가 방사하는 빛을 수렴하고 그 빛을 다시 그 존재에 적확하게 닮은 이름으로 발화할 수 없게 됐는지도 모른다.

세상 만물이 각 존재의 빛을 화살처럼 밖으로 쏘아올리고 그 빛들이 다른 존재들 내부로 흡수된다고 치면, 그 방사의 와중에 이름 없는 것, 소외된 것, 관계망 바깥의 것이 존재한다는 사실은 우리로 하여금 언어 표현의 불가능성을 생각나게 한다. 예컨대 글을 쓰는 이가 타인으로부터, 사물로부터, 사건으로부터 그 존재의 빛을 받지 못하거나, 받았지만 자기 내부에서 용해하지 못함으로써 그 이질적인 존재들을 언어화하지 못하는 상태와 같은 것.

캔디로 육화된 죽은 연인의 몸과 나의 사랑,
그 사랑 속에서 여전히 유지되고 있는
'당신의 당신 됨'과 '나의 나 됨',
그리고 타자인 감상자에게
기꺼이 내어주는 작품이라는 주체의 몸.
곤잘레스 토레스의 작품에서 타자는
이렇게 시적이고 촉각적인 의미로 출현한다.
당신을 사랑하겠습니다.
영원히. 또한 비대칭적으로.

2 이미지 글쓰기

이 장은 정체가 없다. 문학 장르로 구별하거나 글쓰기 형식으로 구별할 정체가 없다는 말이다. 여기 글들은 소설의 한 단면을 모방하기도 하고, 영화를 통해 말하기도 하며, 심각하게 '회화란 무엇인가'를 질문하기도 하지만 그렇다고 해서 문학도, 영화평론도, 미술비평도 고집하지 않는다. 시사時事가 섞여 있지만 정보를 전달하거나 문화 비판에 큰 목적을 둔 것은 아니며, 철학적 화두를 품고 있기는 하지만 논증보다는 사고와 글쓰기의 현실적 전개를 더욱 긍정한다. 이때 '현실적 전개를 긍정한다'는 말뜻은 저자가 자신의 의도에 맞춰 생각과 글을 통제해나가는 것이 아니라, 생각이 드는 바에 따라서, 글이 써지는 형편에 따라서, 그 힘들에 저자가 순응할 수밖에 없는 상태를 의미한다.

반쯤 실현된 욕망

1.

상황 A: "당신을 사랑해요." "네." "그럼 우리 결혼합시다." "네."

상황 B: "당신은 조만간 귀인을 만나 세상이 깜짝 놀랄 만한 행운을 얻게 됩니다." "네." "가만히 있어도 일이 저절로 이뤄지고 남들 보기에 원하는 모든 걸 얻습니다." "네."

상황 C: 'A가 꼭 됐으면 좋겠지만, 안 되면 차선으로 B라도 되면 좋겠다.' "B가 됐습니다." "네." "좋으시죠." "네."

위에 설정한 상황 A의 정황은 이런 것이다. 기본적으로 결혼을 하고 싶어하고, 지금 자기 앞에서 사랑을 고백하는 상대방을 '사랑하지 않는 것도 아닌' 어떤 여자(이 여자는 어릴 때부터 다른 사람들의 기대에 부응하려 해왔고, 그것이 가장 좋은 삶이라고 믿어왔다고 치면)가 프러포즈에 응하고 있다.

다음, 상황 B의 경우는 점쟁이 앞에 앉아 앞으로 자신의 운명을 듣고 있는 한 남자. 살면서 아주 특별나게 고생을 한 것도 아니지만 그렇다고 점쟁이의 말처럼 어느 날 갑자기 자신의 인생에 상상도 못한 행운이 날아들 것이라고도 기대한 적 없는 한 남자(이 남자는 삶에 어느 정도 냉소적이지만 생의 특별한 의미를 추구하는 열정을 지녔다고 치면)가 큰 행운이 깃들 것이라는 점괘를 듣는다.

마지막으로 상황 C는 정말로 간절히 원하는 것과 그보다는 못하지만 어쨌든 얻기만 하면 타인의 부러움을 살 만한 것, 이렇게 두 경우의 수를 두고 내심 전자를 원하면서도 후자라도 얻기를 바라던 어떤 사람(이 사람은 주어진 두 기회에 당연히 최선을 다하려 했지만 스스로 자꾸 둘의 무게를 잴 수밖에 없었다고 치면)에게 결국 두 번째 것을 얻게 됐다는 소식이 날아든다.

여러분이 위와 같이 각 상황을 상상했다면 다시 한번 제안하건대, 그 각각의 상황 속 인물들이 과연 진심으로는 어떤 감정을 느낄지도 상상해주었으면 한다. 상황 A에서 결혼을 원해왔던 여자는 어쨌든 결혼을 하게 됐으니 행복할까? 상황 B의 남자는 자신의 의지가 아니라 운명이 자신의 인생을 행운으로 가득 채워준다는 애기에 마음이 느긋해졌을까? 상황 C의 누군가는 최선은 아니되 누구나 부러워할 차선次善을 얻었으니 그것으로 만족하자는 기분이 될까? 이 같은 질문에 모르긴 몰라도 간단히 '그럴 것'이라고 답할 사람은 그리 많지 않아 보인다. 왜냐하면 세 경우 모두에서 주체의 욕망은 욕망하는 '바로 그것'으로 실현되지 않고 그것과 비슷한 것, 그 욕망 대상의 언저리에 있는 것으로 실현되기 때문이다. 또 양적으로 따져서 절반쯤만 실현되는 것이거나, 질적으로 따져서 불충분하기 때문이다. 게다가 '바로 그것'을 원하는 주체가 '바로 그것'을 향해 의지를 발휘하고 최선을 다할 수 있는 상황이라기보다는 원했든 그렇지 않든 자신의 의지나 실천 밖에서 일들이 진행되기 때문이다.

우리는 살면서 종종 외관상으로는 원하는 걸 얻었고, 만사가 잘 이뤄졌으며, 통상 사람들의 부러움을 살 것이고, 현실적으로는 상당히 좋은 결과를 얻었다고 해도 정작 당사자인 자기 자신만은 속일 수 없는 순간들과 맞닥뜨린다. 그럴 때 우리 얼굴은 웃고 있지만 우리 마음 저 깊숙한 곳은 불안, 미심쩍음, 회의로 구겨지고 어두워져 있다. 구름 한 점 없고, 주름살 한 자락 없는 상태가 될 수는 없는 것이다. 형식적으로는 성취했지만 내밀한 곳에서는 어딘지 석연찮은 구석이 남아 있는 일들, 다가올 미래가 어떻든 지금 여기의 답답함이 해소되지 않은 일들은 우리를 다른 이들과는 함께 나눌 수 없는 종류의 고통으로 고립시킨다. 축하의 꽃다발 속에서 '사실은 꼭 좋지만은 않다'는 속내를 꺼낸다면 욕심이 과하다는 평을 들을 것이며, 행운의 예언이 불행의 전조로 바뀔지도 모르고, 그나마 얻게 된 차선조차 날려버릴 수도 있음을 직감하기 때문이다.

그럼에도 불구하고 원하는 것이 불충분하게 실현될 때 우리는 분명 고통을 느낀다. 그 고통은 애초 아무것도 주어지지 않았을 때와는 다른 고통, 뭔가에 확실히 실패했을 때와도 다른 고통, 현실일 때 겪는 고통과는 다른 고통이다. 그런 고통을 뭐라 이름 붙일 수 있을까?

우리는 사태를 이분법으로 파악하는 데 익숙해 있다. 그리하여 불행의 반대말을 물으면 금세 행복을 대고, 슬픔의 반대말에는 기쁨을, 실패의 반대말에는 성공을 대입한다. 그렇다면 고통의 반대말은 무엇인가? 네이버 국어사전에서 '고통'을 검색하니, 그 단어와 관련된 어휘에서 반대말은 '쾌락' 딱 하나다. 반면 흥미롭게도 비슷한 말은 '고초' '곤란' '쓰라림' '화' '고난' '괴로움' '신산' '아픔' 이렇게 여덟 개나 뜬다. 또 고통을 뜻하는 영어 단어 'pain'을 한 온라인 사전[1]에서 검색해보니 반어는 'joy' 'delight'와 'please' 셋뿐이고, 동의어는 'torture' 'misery' 'torment' 'pang' 등 꽤 많다.

왜 국어에서든 영어에서든 고통을 표현하는 말들은 이렇게나 많은 반면, 고통의 반대말은 상대적으로 소수일까? 이는 동서양을 막론하고 우리 인류에게 그만큼 더 많이, 더 자주, 더 다양한 고통이 부과돼왔다는 사실의 반증일까? 아니면 실제야 어떻든 인간 자신이 의식적·무의식적으로—언어는 곧 그 의식 또는 무의식의 표현이라는 점에서—그렇게 많이, 자주, 다양하게 고통을 받는다고 느껴왔던 것일까? 심정적으로만 생각해봐도 둘 다 가능성이 있는 이유다. 한편으로 인류는 낙원에서 추방된 이후 오만 가지 고통에 노출된 삶을 사는 벌에 처해졌다는 점에서 그만큼 다양한 고통을 표현할 어휘가 새롭게 필요했을지도 모른다. 다른 한편 우리 인간은 끊임없이 자기 자신의 감정, 심리, 지각 상태를 되비춰보는 존재라는 점에

---

[1]　http://dictionary.reference.com/

서 수천, 수만 년 이어진 그 반성의 역사에서 고통을 표현하는 언어 또한 그렇게 많고 다양하게 증식시켜왔는지도 모른다. 만약 그렇다면 우리가 앞에서 가정해본 상황들에서 주체가 느끼는 미묘한 고통 또한 그에 적절한 이름이 있을 터인데, 나는 그 이름을 찾지 못했다. '곤란'만으로는 좀 부족하고, '신산'은 너무 강렬하다.

2.

여기서 문득, 글을 쓰는 나는 나 자신뿐만 아니라 이 글을 읽고 있는 여러분에게 사태를 지나치게 부정적인 측면에서만 생각하도록 끌고 왔다는 반성이 든다. 물이 반쯤 채워진 컵을 보며 누군가는 '물이 아직 반이나 있네'라고 긍정적으로 생각하고, 다른 누군가는 '물이 겨우 반밖에 없네'라고 부정적으로 판단한다. 그리고 이제까지 내 말의 관점은 얼마쯤 후자의 입장을 벗어나지 못했다. 그렇다면 입장을 뒤집어서 상황을 긍정적으로 비춰볼까? 요컨대 욕망이 반쯤 실현된 상태가 내포한 긍정성에 대해서 말이다.

요즘은 사람들의 욕망이 놀랄 만큼 노골적이고 현실적이 되었다. 현실이 그런 와중에 이제는 좀처럼 찾기 힘들어졌지만, 한때 사람들은 피츠제럴드F. Scott Fitzgerald의 소설 속 개츠비나 헤세Hermann Hesse의 소설 속 싱클레어 또는 데미안이 상징하는 인물상을 멋지다고 여겼다. 남들이 보기에는 모든 것을 다 가졌지만 정작 자신은 '뭔가가 결여됐다'고, '내가 원하는 것이 내게 주어진 바로 그것은 아니'라고 느끼는 인물상 말이다. 그래서 항상 어딘가 모르게 우울하고, 속내를 알 수 없는 인물상 말이다. 그럼에도 불구하고 자신의 욕망을 숨기거나 기만하지 않고, 욕망 충족의 정도를 적당히 봉합하지 않고, 자기 내면의 균열에 철저할 정도로 집착하는 삶을 택함으로써 몰락이든 성장이든 삶의 시계추를 한 눈금이라도 움직이는 인물상을 언젠가의 우리는 꿈꿨던 것이다.

> 여기에 남자와 여자가 있고, 저기에 사람들이 말하는 행복의 모든 조건—뛰어난 외모, 매력, 부富, 얄팍하지만 다양한 재능—을 갖춘 짝들이 있다.(이미 하나의 운동, 즉 二項의 과정으로서 정의된 과정의 문제가 아니라면 왜 짝이 제시되겠는가?) 그리고 무슨 일인가가 일어나 이들로 하여금 마치 접시나 병이 깨지듯이 무너지게 만든다. 그리고 분열증과 알코올중독이 죽음이 둘 모두를 앗아갈 때까지 끔찍한 동석同席을 이룬다. 이것이 유명한 자기 파괴인가? 또 정확히 무슨 일이 일어난 것일까? 그들은 능력을 넘어서는 그 어떤 특별한 시도도 하지 않았다. 그럼에도 그들은 그들에게는 너무 큰 전투에 의한 것처럼 부수어진 몸뚱어리, 으깨진 근육, 식어버린 영혼과 더불어 깨어난다.[2]

너무나 냉철해서 아름다운 문장. 그중에서도 마지막 문장은 처

2　　Gilles Deleuze, *Logique Du Sens*, 『의미의 논리』, 이정우 옮김, 한길사, 1999, pp. 267-268.

절함과 절박함이 절정을 이룬다. 망가진 몸과 정신과 더불어 깨어나는 자기라니! 위 문장을 들뢰즈는 피츠제럴드의 작품 속 인물들이 철학적 명제를 제시하고 있다고 논하면서 썼다. 요컨대 그 철학적 명제란 삶에서 균열은 필수적이라는 것, 왜냐하면 그 균열의 선線을 통해서만 우리는 생과 사를, 생성과 해체를, 상승과 몰락의 운동을 사유하고 경험할 수 있기 때문이라는 것이다. 1936년 발표한 소설 『균열The Crack Up』에서 피츠제럴드는 "모든 인생은 물론 몰락의 과정이다"라고 선언하듯이 썼는데, 들뢰즈에 따르면 그런 작가의 인식이 삶을 부정하는 것은 아니다. 그는 피츠제럴드의 인물들이 "자기 파괴"로 몰락했다고—물론 들뢰즈는 위와 같은 문장으로 소설의 표면에 드러난 몰락의 징후들을 비평하지만—결론내리지 않는다. 그런 결론이야말로 성공의 반대말이 곧 실패라고, 행복의 반대말이 곧 불행이고, 쾌락의 반대말이 곧 고통이라고 편리하게 규정지어버리는 빈곤한 사고다. 피츠제럴드가 묘사한 삶의 문학적 형상들에서 들뢰즈가 추출해내는 것은 균열을 덮는 현실적 힘, 균열을 없는 것처럼 봉합하는 안락한 인생이 아니다. 그와는 달리 들뢰즈는 균열의 선분線分에 의해서만 "그리고 그 가장자리들 위에서만" 깨어나는 감각과 의식을 존재론적으로 설명하려 애쓴다. 그것이 그 철학자가 "인생은 물론 몰락의 과정"이라는 소설가의 파괴적 명제로부터 끌어올리는 커다란 긍정성이다.

　　나는 앞서 이제 반쯤 채워진 물, 반쯤 실현된 욕망을 긍정적으로 보는 시각으로 말하겠다고 썼다. 그 구절을 읽으면서 어느 독자는 반쯤 채워진 물이 진정한 갈망과 여하한 노력을 통해 완전히 채워질 것을, 반쯤 실현된 욕망이 우리의 열정과 실천을 통해 결여 없이 실현될 것을 말하리라 예상했을지 모르겠다. 하지만 내가 말하고 싶었던 것은 이것이다. 그 반쯤의 비워져 있음과 그 반쯤의 채워짐을 지각할 수 있는 경계가 바로 긍정성이라고. 내부도 아니고 외부도 아닌 그 비상한 경계 상태, 어느 한쪽의 이름을 붙일 수 없는 그 긴장의 선분이 바로 축복받을 만한 것이라고 말이다. 그래서 이 글의 맨 처음 여러분 같으면 어떤 심정이 되겠냐고 묻기 위해 제시했던 세 가지 상황에서 그/녀가 고통을 느낀다면, 그 이유는 자기 욕망의 경계선상에 자신을 세우려 하지 않았다는 사실, 그 경계선상에서 끝까지 긴장감 있게 서 있지 않고 다른 이의 손을 빌려 내려왔다는 사실에 있다. 그 고통에 이름을 붙인다면 자기 파괴가 아니라 자기 방치다.

이미 성공한 실패

'실패를 딛고 일어섰기 때문에 성공할 수 있었다.' 유명 정치가의 자서전, 스타가 출연한 토크쇼, 화제가 된 인물의 인터뷰에 가장 빈번하게 등장하는 스토리가 바로 이와 같다. 우리는 한 사람이 성공하기까지 겪은 고난과 역경의 이야기를 그렇게 실패를 통해서 듣는다. 지금은 번듯하게 성공했지만, 과거에는 기억하기도 싫은 실패를 거듭했고 그 실패가 약이 됐다는 식이다. 아무리 미담의 주인공이 좋다고는 해도, 그렇듯 힘들었던 기억을 꺼내 만인에게 공개하는 데는 다 그럴 만한 이유가 있다. 이를테면 지금의 성공에 자만하지 않고 겸손하겠다는 뜻과 함께, 누구나 노력하면 자기처럼 성공할 수 있다는 아름다운 뜻이 내포돼 있는 것이다. 보고 있자면 내 일도 아닌데 가슴이 뿌듯해지고, 우리 모두가 성공한 그 사람 같이 될 수 있다는 상당히 긍정적인 마음가짐이 된다.

사실 우리 머릿속에는 성공과 실패를 가름하는 기준이 학습돼 있다. 또 그 둘에는 밝음과 어둠, 행복과 불행, 능력과 무능력, 근사함과 비루함 같은 다른 의미가 부착돼 있으며, 언제나 이미 전자가 후자를 압도하고 극적인 판결을 내리는 단순명쾌한 공식이 작동한다. 따라서 모든 실패는 결과적으로 성공했을 경우 실패가 아닌 성공의 밑거름으로 가공되고, 그 고유한 경험 내용이나 가치는 논할 여지가 없어진다. 예컨대 성공의 트렌드를 따르지 않고 비주류를 견지하는 데서 오는 독립성과 창조적 자유, 다른 이들이 실패라고 판결내리는 경로에서 아직 실현된 적 없는 잠재성의 길을 틔우는 기술 같은 것은 그 고유한 자리를 얻지 못하는 것이다. 흔히 우리가 성공한 누군가의 과거 실패담을 반복해 들어도 정작 우리 자신이 그런 인생 역전의 주인공이 되기 어려운 이유가 여기 있다. 이를테면 누군가, 어떤 일이, 어느 경우에 성공하면 사람들은 그에 환호하고 그 안에 무언가 성공의 은밀한 열쇠가 있을 것이라 생각해 밑도 끝도 없이 알고 싶어하며, 그것을 모방해댄다. 하지만 성공한 결과를 기준으로 제아무리 성공 이전의 시간들을 추체험하려 해도, 이미 그 시간들은 훗날 자의에 의해서든 타의에 의해서든 아름답게 각색된 경험의 파편들과 감정이입된 심리의 편린으로 인해 빡빡하게 굳어 있어 거기서 새로운 사건이 생성되기는 힘들다.

극작가 베케트Samuel Beckett의 말 중에 "다시 시도하라. 또 실패하라. 더 낫게 실패하라"를 사람들은 즐겨 인용한다. 계속 시도해서 실패를 줄여나가라는 의미로 말이다. 하지만 그의 주장에서 핵심은 성공의 담보물로서의 실패가 아니라 실패 안의 여러 가능성에 있다. 실현 불가능한 것의 추구, 주류 이외 다른 것과 잠재적인 것을 발명하는 일 등등.

당신을 사랑하겠습니다.
영원히. 또한 비대칭적으로.

'타자'란, 글자 그대로 '다른 것他者, Other thing'이다. 그런데 여기서 '다름'은 근본적이고, 절대적이다. 그래서 주체 입장에서는 이 '다름'이 표상 불가능하다. 주체가 '표상할 수 있다'는 사실 자체가 이미 타자가 아니라, 주체이거나 주체와 같은 것同一者을 의미하기 때문이다. 또 그런 경우의 타자는 더 이상 타자가 아니라, 주체의 일부로 편입되거나 또 다른 주체로 변질될 수밖에 없기 때문이다. 엄격히 말해 타자는 주체에게 인식으로 완벽하게 파악할 수 없으며, 감각으로 향유할 수 없고, 주체의 그 어떤 힘으로도 통제할 수 없는 '다른 존재 그 자체'다. 철학, 미학, 정신분석학이 타자를 '불가사의'하며 낯설고 섬뜩한 것' 등으로 설명하는 이유가 여기 있다. 또 미술이나 문학작품에서 타자의 재현이 비정형적 형태를 띠거나 기괴하고 해체적인 이미지로 등장하는 이유가 거기 있다. 물론 그러한 학문의 기술記述 또는 예술의 재현조차 정확하게는 이미 타자와 거리가 있는 정의, 타자에 대한 표현의 한계를 극복하지 못한 것이다. 그만큼 타자에 대한 완벽한 설명이나 재현은 결코 가능하지 않다.

하지만 타자는 우리로 하여금 끊임없이 그에 대해 생각하게 하고 그 존재를 느끼게 하고 뭔가를 하게 한다. 무엇보다 타자는 주체 자체 안에도 있기 때문이다. 주체가 전적으로 자기 자신인 것이 아니라, 그 주체에게 이질적이며 불가해하고 현시할 수 없는 무엇이 '주체 내부의 타자성'으로 있다는 얘기다. 프로이트가 1919년 쓴 「친숙한 낯섦Das Unheimliche」[1]이라는 정신분석학 논문에는 이를 상징적으로 보여주는 대목이 있다. 그는 논문의 한 주석에서 주체가 예기치 않게 자기 자신과 대면하게 될 때 발생하는 정신적 충격이 '친숙한 낯섦'의 범주에 든다며 다음과 같은 사례를 든다. 어느 날 기차로 여행을 하던 중 프로이트는 덜컹거리는 침대칸에서 문과 문 사이에 달린 거울을 통해 자신의 모습을 보게 됐다. 하지만 예상치 못한 일이어서 그랬는지 평소와는 다른 환경 탓이었는지 그는 거울상을 자신으로 인지하지 못하고 "정말로 혐오스러운" 한 사내가 객실을 잘못 찾아든 것으로 오인한다. 물론 이내 그 이미지가 자기 자신이라는 사실을 깨달았지만, 프로이트로서는 자기가 전혀 낯선 타자로 인지되는 그 같은 상황의 기이함을 쉽게 떨쳐버릴 수는 없었을 것이다. 그리하여 훗날 프로이트는 그 경험을 논문에서 '분신Doppel-gänger'에 의해 야기되는 친숙한 낯섦, 그러니까 본래 친숙하고 내밀

---

[1]   프로이트의 이 논문은 국내에서 「두려운 낯설음」으로 번역돼 있다. 지그문트 프로이트, 『프로이트 전집-예술, 문학, 정신분석』, 정장진 옮김, 열린책들, 2012, pp. 399-452. 국역본은 독일어 "Das Unheimliche"를 "두려운 낯섦"으로 번역했는데, 프로이트가 본문에서 논하다시피 그 단어는 오래전부터 친숙했던 것이 어떤 조건 하에서 기이한 불안과 공포를 야기할 때를 표상한다는 점에서 '친숙한 낯섦'으로 번역하는 것이 의미 전달에 더 용이하다고 본다.

한 자기가 낯설고 섬뜩하고 두려운 감각을 불러일으키는 이질적인 존재로 현전할 때 주체가 겪는 "정신적인 충격"의 하나로 집어넣은 것이다. 사실 반드시 프로이트가 말하는 만큼의 충격은 아니더라도 우리는 때때로 자신이 익숙하게 구축해놓은 자기 모습이 아니라 이상하고 낯설게 보이는 자기 모습과 마주치고 놀라곤 한다. 누군가가 찍은 내 사진이나 영상 속에서 내 모습은 나의 분신/이미지임에 틀림없지만 그 얼굴, 목소리, 몸짓은 생경하고 어색하며 많은 경우 나의 마음에 들지 않는 것이다. 말 그대로 나이면서 내가 아닌 것, 나의 분신. 그때 나는 야누스처럼 갈라진 채 나를 바라보는 반쪽의 나를 전혀 어떻게 할 수가 없다.

사르트르는 실존주의자로서 "타자는 나의 지옥"이라고 했지만, 타자는 주체가 그 스스로를 가두고 누구도 묻지 않는 죄 없는 죗값을 치르는 "감옥"이기도 하다. 형용모순으로 들리지만 실제 삶에서 이 같은 관계는 그리 드물지 않다. 프랑스 작가 클로델Philippe Claudel의 영화감독 데뷔작인 〈아주 오랫동안 당신을 사랑해왔습니다Il y a longtemps que je t'aime, I've loved you so long〉에는 대사 딱 한마디로, 그 같은 주체-타자의 관계 및 그 형용모순의 상황을 짚어내는 장면이 나온다. "최악의 감옥은 자식의 죽음이야. 거기서 결코 빠져나오지 못하지." 이 짧은 말은, 극의 종결부까지 시종일관 유지해오던 프랑스 영화 특유의 모호한 의미를 뚫고 나와, 그때까지 영화의 분위기를 주도했던 차분한 시선과 우아한 소음을 정지시키면서, 연기하는 여배우의 가슴을 쥐어짜고, 그걸 보는 우리의 내면을 가격加

擊한다.

　그렇다. 우리 아버지, 어머니가 쓸쓸하게 혼자 읊조려왔듯이, '자식 앞에서 부모는 영원히 죄인'이다. 하지만 이 정도는 누구나 관습적으로 할 수 있는 말이다. 그러면 거기에 더해 어린 자식을 자신보다 앞세워 죽음으로 보낸 어머니라면 어떤가? 그 어머니가 느낄 고통과 죄스러움의 강도는 측정할 수 없지만, 아직까지 이 정도는 신파적으로 들린다. 클로델 감독은 더 멀리 나아가는데, 극중에서 어머니는 병이 원인이었던 자식의 죽음을 스스로 나서서 자신의 죄로 고백하고 심지어 법적 처벌까지 받는 것이다. 그런데 여주인공 줄리엣이 나지막이 외쳤듯이, 그 어머니에게는 현실의 교도소가 아니라 그 자식의 죽음이라는 감옥으로부터 출소 혹은 해방될 수 없다는 사실만큼 무서운 형벌은 없다. 그것은 법이 내리는 형벌도 아니지만, 도덕이나 윤리적 벌도 아니다. 그것은 그저 어머니로서의 주체가 자식의 부재 앞에서 벗어날 수 없고, 나아가 자발적으로 떠안으려 하는 형벌이다. 왜 그런가? 우선 '내 아이'가 나 자신의 영원한 타자이기 때문이다. 그 타자는 나로부터 산출됐으나 완벽히 나와 독립된 존재이며, 나의 분신이지만 내가 전혀 모르는 수많은 면모를 지닌 개별자이며, 내가 보상 없는 비대칭적 사랑을 바쳐야 할 대상인 동시에, 내가 아무런 채무를 지지 않았음에도 평생 빚진 자처럼 복종해야 할 권리의 주재자이기 때문이다. '나의 아이'라는 말 속에서 '의'는 소유격이 아니다. 그 글자는 오히려 앞서 우리가 말했던 주체와 타자의 야누스적 동거, 어머니와 아이의 상호 내포적 관계를 의미한다. 그런 관계에서 '내 아이의 죽음'은 무엇이겠는가? 그때 죽음은 평범한 모자관계가 지속되는 일상에서라면 쉽게 의식하거나 깨달을 수 없는 주체와 타자의 근원적 관계, 즉 내 아이지만 그 아이는 고유한 개별 존재라는 사실을 절대성(죽음은 인간이 관장할 수 없다)으로 청천벽력처럼 깨닫게 하는 신적 기제다. 일상생활 속에서는 자아 중심적이고 이기적인 주체가 자신의 존립 근거가 타자에게 있음을 비로소 깨닫는 기제, 그 상실과 부재의 경험을 온전히 껴안고 겪어내는 것 말고는 달리 어찌할 수 없는 낯설고 두려운 기제인 것이다. 그리하여 자식의 죽음 앞에서 어머니 주체는 제도적 형벌을 통해서라도 그 상실 및 부재와의 대면을 회피한다. 하지만 그녀는 알고 있다. 자신이 사실과 대면해야 한다는 것을. 영화는 그 대면의 순간을 어머니가 "최악의 감옥은 자식의 죽음이야"라고 말하는 장면으로 형상화한다. 절대적으로 사랑하는 이의 죽음을 처음으로 직시하고 인정하는 주체는 그만큼 부정적인 세계에 처해 있는 것이다.

　하지만 타자는 예술가로 하여금 그 존재를 매우 섬세하고 시적인 감각으로 표현하도록 이끌기도 한다. 쿠바 태생으로 미국에서 활동하다가 39세라는 이른 나이에 삶을 마감한 곤잘레스 토레스Felix Gonzalez-Torres의 작품 중에 〈완전한 연인Perfect Lovers〉이 있다. 미국식 실용성이 돋보이는 디자인의 공산품 벽걸이 시계 두 개를, 전시장 벽에 맞붙여 걸어두는 것이 전부인 이 설치작품에서 핵심은 두 원형 아날로그시계 문자판을 도는 시침과 분침을 완전히 일치시켜 설치한다는 점이다. 24시간을 똑같이 도는 두 시계의 네 바늘이 가리키듯이 '동일한 시간을 사는 연인들의 완벽한 사랑'이 그렇게 이뤄질 것이다. 그러나 처음에 똑같은 시각時刻에 맞춰놓은 시계 바늘은 시간이 점차 흐르면서 서로 맞지 않고 각자의 시간을 가리켰다. 작가가 인위적으로 조작하지 않았어도 두 시계는 그렇게 제 시간을 간 것이다. 통상 사람들은 그로부터 영원한 사랑을 맹세하는 세상의 모든 연인처럼, '완전한 연인' 또한 언젠가는 변심하고 언제고 깨질 수 있는 연약한 관계라는 해석을 할 것이다. 하지만 전혀 다른 의미를 읽어낼 수도 있다. 곤잘레스 토레스의 두 시계는 '세상에 완전한 사랑이란 없다'는 회의주의자의 시각視覺과는 거리가 있다. 그보다는 제목의 'Lovers'가 함의하고 있듯이, 또한 똑같은 형태이지만 각자의 몸체와 작동 체계를 가지고 있는 두 개의 시계가 상징하고 있듯이, 사랑은 '나I'와 '너You', '너You'와 '나'라는 각각의 개체가 복수의 형태로 하나가 되는lovers 시간 속의 사건이라는 것이다. 일견 같아 보이지만 서로에게 서로는 결국 그 어느 쪽으로도 소유관계가 발생할 수 없는 '타자'이고, 당신과 내가 함께 실아가는 시간은 그 서로의 타자를 인정하고 존중하는 순간들이라는 점을 〈완전한 연인〉이 각자의 시간으로 가리키고 있기 때문이다.

동성애자로서 곤잘레스 토레스는 이성애 중심 사회가 동성애자를 '타자'로 낙인찍고 그들에게 요구하는 '이성애적 정체성의 동일화'에 저항하기 위해 자신의 사적 연애love affair를 사진, 설치 형식으로 작품화했다. 그리고 자신의 연인이 후천성면역결핍증AIDS으로 먼저 세상을 뜬 이후에는 그의 죽음을 애도하고, 그와의 사랑을 기념하기 위해 전시장에 자신과 연인의 몸무게를 합친 만큼의 사탕을 전시하고, 관객들이 기꺼이 그것을 가져가게 했다. 여기서 우리는 주체로 환원되지 않는 타자, 타자를 그 자체로 존중하고 보존하는 주체, 주체와 타자의 공유를 볼 수 있다. 캔디로 육화된 죽은 연인의 몸과 나의 사랑, 그 사랑 속에서 여전히 유지되고 있는 '당신의 당신 됨'과 '나의 나 됨', 그리고 타자인 감상자에게 기꺼이 내어주는 작품이라는 주체의 몸. 곤잘레스 토레스의 작품에서 타자는 이렇게 시적이고 촉각적인 의미로 출현한다. 당신을 사랑하겠습니다. 영원히. 또한 비대칭적으로.

표식 없는 이들의 나라는 없다

곤잘레스 토레스의 국내 첫 대규모 회고전이 열린 2012년 6월 어느 날, 서울 중구 태평로2가 갤러리 플라토. 눈부신 은빛 양탄자처럼 전시장 바닥에 얇게 깔린 사탕더미에서 사람들이 마음 가는 대로 사탕을 집어든다. 네모난 은색 셀로판지에 싸여 있던 연녹색 빛깔 사탕은 그렇게 누군가의 손에 들려 있다가 이내 혹은 언젠가 누군가의 손과 혀 위에서 개인적인 즐거움을 만들어낼 것이다. 또 거창하게 상상하자면 누군가들의 삶에서 특별하고 달리 대체할 수 없는 유일무이한 의미가 되어줄 것이다. 미술작품임에도 불구하고 자유롭게 가져갈 수 있다는 안내에 약간 들뜬 마음으로 사탕을 집어든 그 '누군가'가 어떤 표식으로 구분되든 간에 말이다. 미술 전문가든 동네 주민이든, 아시아인이든 서구인이든, 시인이든 정치인이든, 이성애자든 동성애자든, 연금을 받는 노인이든 대출 이자에 힘겨워하는 직장인이든, 손이 고운 여자든 방금 들어온 남자든, 교복 치마를 줄여 입은 여고생이든 편의점 아르바이트생이든 간에 말이다.

쿠바계 미국 이민자, 동성애자, 미남, 지적인 현대미술가, 개념미술가, 로스의 연인, 두 마리 샴 고양이와 함께 산 남자 곤잘레스토레스. 그가 정작 현대미술가로 활동한 시기는 길게 잡아도 10년이 채 안 된다. 그러나 요절함으로써 영원히 '젊은 작가'로 남은 그는 현대미술사에서 매우 논쟁적이면서도 사랑스러운 작품들, 지속적으로 소진되면서도 무한히 채워질 수 있는 작품들로 긴 사후의 생을 살고 있다. 앞서의 사탕더미는 그중 가장 널리 알려진 설치작품 중 하나로 '플라시보placebo'라는 제목으로 불린다. 플라시보는 원래 심리적 치료 효과를 목적으로 한 가짜 약僞藥을 뜻하므로 우선 그 사탕작품에서 연상되는 것은 달콤함으로 가려진 고통이다. 사탕이 일시적으로 우리의 기분을 좋게 하듯이, 위약이 일시적으로 환자의 불안과 절망을 잠재우듯이. 곤잘레스 토레스는 그런 의미로 자기 자신과 연인의 건강한 시절 몸무게를 더한 중량만큼의 사탕을 작품화할 생각을 했을지 모른다. 그런데 중요한 점은 그 사탕작품이, 전시 때마다, 심지어 작가가 부재한 지금도 끊임없이 새로 만들어지고 관객 모두에게 나눠지는 방식을 원칙으로 한다는 사실이다. 곤잘레스 토레스는 그렇게 해서 둘의 개인적 연애사에 한정된 미술이 아니라, 원하는 때 언제고, 원하는 곳 어디에서나, 원하는 이라면 누구나 각자의 자유에 따라 조성하고 분배하는 독특한 미술을 창조해냈다.

다수의 미술비평가 및 미술사학자들은 곤잘레스 토레스의 미술에서 제3세계 출신 이민자, 동성애자라는 사회적 표식이 붙었던 작가의 정치적 저항을 읽어야 한다고 주장한다.[1] 아닌 게 아니라 이 작가는 1980년대 초반 휘트니 미술관의 한 교육 프로그램Whitney Museum of American Art's Independent Study Program에 참여하면서 알튀세르, 바르트, 벤야민, 푸코 등 비판적 사상가들의 철학을 공부했고, 『뉴욕타임스』지가 자기 "영감의 원천"이라고 말할 정도로 사회 정치 주제에 적극적이었다. 하지만 곤잘레스 토레스의 작품들은 비판적 메시지를 넘어서는 풍부한 감수성을 담고 있으며, 시사성을 뛰어넘는 다층적 의미를 함유하고 있다. 그가 제목을 짓는 방식은 그러한 작품 성격을 작가 자신이 얼마나 충분히 의식하고 있었는지 말해준다. 이 영민한 작가는 모든 작품을 우선 '무제untitled'로 해서 의미를 크게 열어두는 동시에, 괄호 안에 '플라시보'라든가 '제프'라든가 '완전한 연인'이라든가 '디스코 고고' 등으로 부제를 명시해 의미를 어떤 구체적 지점들에 다양하게 정박시켰던 것이다. 따라서 작가의 깊은 의도는 기성사회의 이념에 미적으로 저항하는 일이나 그 미적 저항을 보며 감상자가 비판적 각성에 이르는 지경보다는, 각자의 인생을 살아가는 감상자가 자기 나름대로 작품의 질과 의미를 향유하는 자유 상태에 있었다고 보는 것이 맞다. 사회가 개인에게 부과하는 이름, 지위, 정체에 따른 차별이나 억압적 판단에서 벗어나 각자가 개별적으로 내밀하게 의미를 만들어내고 발현시키는

---

[1] Nancy Spector, *Felix Gonzalez-Torres*, The Solomon F. Guggenheim Foundation, 1995.

상태 말이다.

예술작품은 무릇 그런 것이다. 즉 개인의 차원에서 발생해 공공의 것이 되고, 공공의 영역에서 개개인에게 고르고 내밀한 감수성의 부분들을 만들어내도록 돕는 것. 현실 질서로 인해 불가피하게 발생하는 차별, 억압, 부자유, 부적합을 넘어 사회 구성원마다 자신들의 마음과 의지, 욕망과 분별력으로 서 있고 그렇게 자존감을 유지하며 사는 일을 긍정하는 것. 이것이 바로 예술이 가진 가장 큰 정치적 역량이다. 사실 사회는 부득불 개인에게 특정 표식을 부과할 수밖에 없다. 그것이 알튀세르가 지적했듯이 국가가 개인을 호명하는 방식으로서든, 나와 당신이 서로를 구별하기 위해 각자의 이름을 부르는 방식으로서든 말이다.

표식이 없는 이들이 모여 사는 나라는 없다. 있다고 해도 어쩌면 그곳이 지옥일지 모른다. 온통 한 덩어리로 뭉쳐진, 무색무취의 동일한 존재들만 바글 와글거릴 테니까. 그런 의미로 '누군가'라는 회색빛 익명 대신, 개별성의 표식을 발견하고 수다하게 창안하는 미적 상상력이 우리에게는 있다.

표식 목록

실제로는 그가 목록에 의지하면서 결국에는 단어를 가지고 똑같은 작업을 했다는 것, 그러면서도 그 스스로는 시각적 목록을 말로 설명한다고 생각하지 않았다는 것은 우연이 아니다.[1]

아킬레우스의 방패에 새겨진 형상들을 열거하는 위대한 시인 호메로스, 『일리아스』 제18권에 등장하는 여러 형상의 목록을 재서술하는 기호학의 대가 에코, 수천 권의 책을 가지고 있는 독신자, 아무와도 말하지 않는 공동주택 거주자, 산책하는 게이, 황제의 침실에 그린 폭포 그림을 지우는 궁중화가, 바르트 곁에 선 콜레주 드 프랑스의 학생, 검은 머리인 백인 여성, 블루 핸즈 화이트칼라, 성격이 예민한 대기업 임원, 정의로운 실종 우편배달부, 내비게이션을 켠 모범택시 운전기사, 정치 신인, 유명한 해커 집단 익명(어나니머스),

---

1　Umberto Eco, *Vertigine della Lista*, 『궁극의 리스트』, 오숙은 옮김, 열린책들, 2010, p. 37.

비평을 단면으로 쪼개는 비평가, 소시민적 중산층, 연예인급 미모를 가진 일반인, 셋째를 임신한 이, 자기를 의심하는 자, 지갑을 잃은 여피, 조교 앞의 용장, 사십대 근심 많은 비평가, 만년 확고부동한 아마추어, 『디자인의 디자인』으로 공허한 반복을 만드는 디자이너, 분열증자, 명패 만드는 사람, 네임 플래너, 몸에서 독기를 뿜는 여자아이, 호주 민토 라이브 페스티벌에서 춤추는 인도 여자아이, 영국계 뉴요커, 빈세트 미넬리의 〈파리의 미국인〉, 금융 사업가 같은 얼굴을 한 경비원, 스타의 패션 감각을 아는 미술가, 하나만 아는 전문 직업인, 중국 백과사전의 동물 목록을 인용하고 있다고 쓴 보르헤스, 최저 임금의 임금노동자, "이탈리아에서는 600하고도 40명, 독일에서는 231명, 프랑스에서는 100명, 터키에서는 91명, 그러나 스페인에서는 이미 1000명하고도 3명"을 꼬드긴 돈 조반니 같은 바람둥이, 근무 태만한 사원, 고소득층 자녀, 『카르미나 부라나Carmina Burana』의 「돈에 관한 시」에 등장하는 인물 모두와 닮은 이, 사이코패스, 현미경 같은 눈을 가진 노인, 알 수 없는 자, 추적자, 도망자, 실종자

마지막으로 우리는 모든 목록의 어머니를 만나게 된다. 끝없이 진화하고 있기 때문에 정의상 무한한 그것은 바로 월드 와이드 웹이다.[2]

---

2   Umberto Eco, 같은 책, p. 360.

아니다. 모든 목록의 어머니는 이미지와 언어로 이뤄진 사회 전
체다. 월드 와이드 웹, 책, 그림, 조각, 음악, 무용, 도서관, 박물관,
엑스포, 백과사전, 만화경, 신문, 온갖 일터의 직책, 시장, 백화점,
파노라마, 분더캄머, 갤러리, 주식시장, 증권가, 쇼핑몰, 합작회사,
컨버전스, 종합대학, 바, 클럽, 아웃렛, 유물실, 묘비들, 수장고, 납
골당, 법원, 고궁, 후원, 문서고 등등 유한한 세부를 가진 장場들의
집합체. 그 장들을 낳고 각각에 한정 없이 표식을 부과하는 아주 늙
고 언제나 젊어지는 어머니. 이미지와 언어.

作庭記
사쿠테이키

風情、그 장소는 이와 같았구나、

石をたてん事
石立
돌을
세우는
일

生得の山水
자연 풍경

일본식 정원과 글쓰기의 아름다움

내가 교토에 가본 적이 있다는 사실을 아는 누군가가 내게 묻는다. 그곳에서 가장 인상 깊었던 것이 무엇이냐고. 혹은 도시 전체가 일본 전통문화의 정수로 정교하게 꾸려진 그 유서 깊고 아름다운 곳에서 무엇이 가장 좋았냐고. 그러면 나는 이렇게 대답할 것이다. 길가 하수도를 덮고 있는 대나무 덮개가 가장 인상 깊었다고. 참 아름다웠다고. 직사각형 하수도 구멍에 딱 맞는 길이로 잘린 중간 두께의 대나무들이 군더더기 없이 일렬로 반듯하게 묶여 있는 그 덮개에서 나는 일본인들이 사물을 대하는 태도와 취향을 보았노라고 말할 것이다.

그것은 일본 문화를 표상하는 하나의 기표처럼, 여름 끝자락 어느 날 대낮의 햇볕 아래를 걷고 있는 이방인 여행자에게 다가왔다. 물론 그것은 하찮은 하수도 덮개다. 하지만 플라스틱이 아니라 자연물을 조금 이용해 생활의 때 끼고 그늘진 곳을 가리고, 있는 것을 그대로 두는 것이 아니라 꽤 미세한 손놀림으로 날것의 상태를 인공의 상태로 심미화하는 일본인들만의 오랜 감수성이 그 하찮은 것에도 당연하다는 듯이 깃들어 있었다. 그래서 말하자면 나는 당시 대나무 하수도 덮개를 하나의 미학적 지표로 삼아 교토의 금각사 금칠金漆을 보고, 은각사 모래정원과 뒷산 소나무들 사이에 숨은 듯 전시된 이끼들을 봤던 것 같다. 혹은 후자, 즉 조바심 날 정도로 조심스럽고 예민한 인간의 손길이 빚어낸 건축물, 소소한 흔적, 심지어 풍경 전체에 충분히 기가 질린 나머지 주택가 여느 집 앞에 조용히 깔린 대나무 하수구 덮개에서도 다소 우스운 일이지만 어떤 미학을 발견했던 것인지 모른다.

　　새삼 이런 생각을 떠올릴 수 있었던 것은 한 권의 번역서 덕분이다. 일본 헤이안 시대인 11세기 중반 궁궐 건축과 수리 담당 관료였던 다치바나노 도시쓰나橋俊綱가 정원 만드는 기술을 모아 저술했다고 전해지는 『사쿠테이키作庭記』가 국내에 번역 출간된 것이다.[1] 그 덕분에 시공과 언어의 다름을 넘어 지금 여기서 한국어로 편안히 그 책을 읽게 된 내게 꽤 인상 깊게 새겨진 문구는 "돌을 놓는 법"이다. 번역자에 따르면, 일본어로 '이시오타텐코토石をたてん事'를 번역한 이 말은 직역으로는 "돌을 세우는 일石立"이란다. 다만 정원 일에서는 돌을 가지고 단지 세우기만 하는 것이 아니라 눕히는 등 여러 작업 방식이 있기 때문에 포괄적으로 '놓는다'는 역어를 선택했다고 한다.

1　　다치바나노 도시쓰나, 『사쿠테이키-일본 정원의 미학』, 김승윤 옮김, 연암서가, 2012.

그런데 중세 일본인 저자 또는 당시 건축과 조경을 관장하던 이들 사이에 '세우다'라는 동사가 쓰였을 때는 그만한 맥락이 있었던 것이 아닐까. 가령 '세우다'는 단지 정원에 돌 하나 배치하는 일만을 가리키는 것이 아니지 않을까. 그보다는 인간 행위자가 이미 있는 것에 따르되, 특별한 뜻을 세워 대상에 의도를 가지고 인위적인 변화를 가하고, 그렇게 해서 산수山水가 '그저 그렇게 있는 것自然'이 아니라 인간의 문화文化가 되도록 하는 것, 그 일련의 태도와 정신과 실천을 '세우다'에 담고자 했던 것이 아닐까. 책에서 마주치는 다음과 같은 문장들이 그러한 유추를 가능하게 한다.

예컨대 "땅과 연못의 모양에 따라 각 장소에 맞는 풍정風情을 구상하면서 자연풍경生得の山水을 회상하여, '그 장소는 이와 같았구나' 하고 견주어 생각하면서 정원을 만들라"든가 "소나무 껍질 모양은 소나무 껍질 찍기처럼 파편 모양들 사이에 홈이 있어야 한다. 돌이나 식물을 배치하는 것은 작정자[정원 만드는 이]의 뜻에 달렸다" 등이 그렇다.[2]

또 "물이 떨어지도록 만드는 방식은 여러 가지가 있기 때문에 개인의 취향에 따르는 것이 최선"이라고 조언하는 대목이나 "'도망가는' 돌이 있다면, 반드시 그것을 '쫓아가는' 돌이 있어야 한다. 기대는 돌이 있다면 그것을 지지해주는 돌이 있어야 한다. 몇몇 돌이

2　　다치바나노 도시쓰나, 같은 책, p. 33과 51.

위를 향한다면 다른 돌은 아래로 향해야 한다. 서 있는 돌이 있다면 누운 돌이 있어야 한다"고 가르치는 대목이 그렇다.[3]

자연 질서를 따른다는 대전제에도 불구하고 대상의 독특한 분위기를 인간 상상력으로 구상해서 그것을 다시 자연과 비교하라 하고, 대상의 외관을 모방해 만들되 전체는 만드는 이의 뜻에 달렸다고 한다. 그리고 물이 떨어지는 방식처럼 지극히 물리적인 현상에서조차 개인의 취향을 강조하며, 그저 존재하는 돌들에 인간적인 의미와 의지를 투사해 관계를 엮어내라고 주문한다. 이 때문에 우리는 『사쿠테이키』의 저자가 그 문장들을 통해 정원 만드는 기술뿐만 아니라 세계의 질서를 배워 세상에 뜻을 세우며, 자신의 의지와 취향에 따라 삶을 조직하고, 여러 타자와의 관계 속에서 사는 인간 기술을 독자에게 알려주고 있다고 해석할 수 있다. 단순히 언어 표현법상의 차이에 주목하든, 아니면 해석의 차이를 통해 오늘날 거기서 어떤 의미를 파생시키든 간에 '돌을 놓다' 또는 '돌을 세우다' 같은 말은 천 년 전 일본식 정원 만들기에서는 금과옥조, 알파이자 오메가였음에 틀림없다.

나는 일본식 정원 만들기를 다룬 일본 고전 문헌을 읽으며, 새삼 수년 전 교토라는 도시의 풍경과 문화를 경험했을 때 들었던 생각의 편린을 다시 꺼내본다. 이 글의 첫머리 얘기는 그렇게 나온 것

---

3 다치바나노 도시쓰나, 같은 책, p. 53과 71.

이다. 그러므로 내 글은 한편으로는, 그저 그렇게 존재하고 있는 것(교토 자체, 명승지 풍경 일반, 주택가의 그 대나무 덮개)들로부터 특정한 인상을 받고 그 대상들에 대해 내 뜻을 세워 일정한 언어들로 글 짓기를 해 만든 질서('일본의 미학에 관하여' 따위)의 세계다. 그리고 다른 한편으로는, 내가 과거에 직접 경험한 세계와, 시공간을 초월해 특정한 정원 기술을 담은 책이 간접적인 방식으로 내게 경험시켜 준 세계의 공존·융합·교차 속에서 내가 이러저러한 의미 부여를 시작하고, 전체 맥락을 구상하며, 어떤 기억의 단어는 선택하고 어떤 문장 형식은 기피하면서 짜나간 텍스트다. 요컨대 그 글쓰기 과정은 굳이 '일본'을 강조하려는 의도가 없지만, 고전 일본 정원을 만드는 이의 작업 방식이나 태도와 상당히 유사하다.

내가 글쓰기를 일본식 정원 만들기로 비교했다면, 1960년대 말 바르트는 일본의 식사 양태를 글쓰기와 유비시켰다. 그는 두 행위가 "우주에 위계질서를 부여하는 심오한 공간"에서 행해진다고 주장한 것이다.[4]

바르트는 일본 문화에서의 식사가 물질의 축소된 세계 안에서 "흔들리는 기표"를 취사선택하고 음미하는 행위라면, 글쓰기는 "불확실한 언어에 기초"하면서 그 모호하고 완전히 이해될 수 없는 언어를 해체하고 재구성하는 쾌락적 행위라는 뜻에서 그렇게 말했다.

---

4   Roland Barthes, 『기호의 제국』, p. 22.

그도 그럴 것이 일본 음식 섭취 행위는 최소한의 손질만을 가해 거의 자연 상태 그대로 평평한 상에 오른 올망졸망한 요리들을 집는 행위로부터 시작된다. 그때 식사는 먹는 이가 젓가락질로 순서나 양을 정하고, 어떤 것은 먹고 어떤 것은 외면하는 선택을 해가며 완성하는 다층적 공간이며, 방랑하는 젓가락에 따라 "흔들리는 기표"의 자리 잡기다. 글쓰기는 그런 평면(그러니까 밥상 같은 평면이자 원고지의 평면이고, 모니터의 평면인) 공간 위에서 글 쓰는 이가 언어를 맛보고, 선택하고, 해체하고, 재구성하여 공간을 다층화하고 특정한 기표들을 붙잡는 일이다. 그 점에서 둘은 "우주에 위계질서를 부여하는 심오한 공간"을 무대로 한다고 말할 수도 있다.

물론 우주까지 들먹이는 바르트의 주장은 과장돼 보이기도 할 것이다. 하지만 글 쓰는 입장에서 말하건대, 사실 그 행위의 공간은 물리적이거나 정신적이거나, 보편적이거나 개인적이거나, 시제時制적이거나 시대착오적이거나, 즐겁거나 고통스럽거나, 의도적이거나 무의식적이거나, 직접적이든 은유적이든, 모방이든 내 뜻을 세워서든, 파편이든 관계를 구성하든 우리가 상상할 수 있는 모든 인식과 지각 행위가 실행되는 공간이라는 점에서 우주에 버금간다. 마치 일본의 길거리 하수구 위로 대나무 덮개가 놓이듯이, 일본식 정원에서 돌이 놓이듯이, 나는 지금 여기서 이렇게 글을 쓰고 있다.

체셔 고양이의 미소와 예술의 사라짐

1.

그녀는 지금 늦은 저녁 운동을 하고 돌아오는 길이다. 운동이라고 해봐야 한 시간 정도 음악이든 뉴스든 휴대폰을 통해 뭔가 들으며 아파트 뒤편 산책길을 걷다 오는 정도다. 하지만 막상 걷기를 끝내고 집에 올 때쯤에는 배가 고파지기도 한다. 9층 자신의 집에 가기 위해 아파트 엘리베이터에 올라탄 지금도 그녀는 살짝 시장기를 느끼며 이어폰을 타고 들리는 언어들에 귀 기울이고 있다. 물론 자기 뒤에 서 있는 낯선 남자와 엘리베이터에 단둘뿐이라는 사실이 신경 쓰이지 않는 것은 아니다. 하지만 그렇다고 딱히 경계할 분위기도 아니어서 그냥 멍하게 귓속으로 스며드는 그 기계적 재생 음을 듣고 있는 것이다. '아마도 17층 단추에 불이 들어와 있는 것을 보니 이 남자는 거기 사나보다' 뭐 이런 뻔한 생각을 하면서.

  귀에는 여전히 미국 클린턴 정부 시절 부통령을 지낸 앨 고어가 CNN의 〈래리 킹 라이브〉에 출연해 무게감 있는 목소리로 말하는 소리가 들린다. 그런데 그가 환경운동의 다급함을 강조하면서도 부정적인 전망을 피하기 위해 "위험과 기회라는 두 가지 의미가 등을 맞대고 있는 중국의 한자 위기危機"를 예로 들고 있는 순간 어디선가 커다랗게 "꾸르르꺼러러럭" 하는 소리가 울려 퍼진다. 아니 정확히는 고어의 "데이 해브 투 심볼스 백 투 백 퍼스트 민스 대인저 앤 더 세컨드 민스 아퍼튜니티(물론 그 문장은 원래 They have two symbols back to back, first means danger and the second means opportunity 로 쓴다)"와 겹쳐 이중의 불협화음이, 그러나 한쪽 소리는 매우 정확하고 가깝게, 다른 쪽 소리는 알 수 없이 두렵고 낯설며 기이하게 들려온다. 찰나의 순간 그 소리는 사라지고, 마침 9층에서 열린 엘리베이터 문을 통과해 그녀는 내린다.

하지만 이내 그녀는 생경하고 이질적으로 느껴진 그 소음이 자신의 뱃속에서 밖으로 울려 나온 것이라는 사실을 깨닫는다. 그것, 그러니까 자기 몸속 깊은 곳에서 내장이 어떤 다급한 신호처럼 울린 그 배고픔의 소리가 그렇게나 멀고 이질적인 무엇처럼 느껴지다니. 뒤에 얼굴도 모르는 그 낯선 남자의 존재보다 더 무섭고 거칠게 느껴진 그 소리가 자기 뱃속의 무엇이 내는 소리라니. 그녀는 이 사실에 무척 놀란다. 그리고 좀 전에 마치 이방인의 침입처럼 불쑥 그녀의 귓속으로 날아들었던 그 기이한 "꾸르르꺼러러럭" 소리가 사라져 버렸지만, 계속해서 자신의 몸과 마음에 떠돌고 있다는 사실에 더욱 놀란다. 유령 같고 허깨비 같은 그 소리, 그럼에도 불구하고 내 몸의 확실성만큼이나 뚜렷하게 존재하는 저 깊은 몸속의 어떤 장기臟器가, 어떤 물리적 메커니즘이 내게 보내는 그 소리.

문득 그녀는 며칠 전에 읽었던 보드리야르의 책 구절을 떠올린다. 프랑스의 사회학자이자 평론가인 그가 과학과 분석적 지식과 기술이 세계를 재구조화한 근대 이후 세상은 '사라짐의 세계'가 되었다고 단언하며 쓴 다음과 같은 말이다.

사라져버렸지만, 그럼에도 사라지기를 멈추지 않는 무언가를 이렇게 항구적으로 연장하고 있다. 따라서 전체 예술은 죽기 전에, 그리고 죽는 대신에 사라질 줄 아는 것이다. (…) 이건 마치 루이스 캐럴Lewis Carroll의 체셔Cheshire 고양이와 같은데, 그놈의 미소는 고양이 형상이 사라지고 난 후에도 여전히 공중에 떠다닌다. (…) 그러므로 고양이의 미소는 그 자체로 무시무시하지만, 그 고양이 없는 미소는 훨씬 더 무시무시하다.[1]

며칠 전 새벽녘 책상에 앉아 위에 인용한 보드리야르의 문장을 읽을 때 그녀는 머리가 좀 아파있다. 짜증도 슬슬 났다.

그러니까 근대 이후로 문명이 점차 자연의 물질적인 상태에 근거를 두던 데서 벗어나 고도로 관념화되었다고, 그 와중에 테크놀로지가 우리 문화와 예술을 더욱더 비물질적인 것으로 만들었다고, 이

---

[1]   Jean Baudrillard, *Pourquoi tout n'a-t-il pas déjàdisparu?*, 『사라짐에 대하여』, 하태환 옮김, 민음사, 2012, p. 31.

제는 시간과 공간의 물리적인 제약을 벗어난 완전히 비물질적인 상태의 문명에 이르렀다고 말하는 것 아냐. 그걸 당신은 "사라짐의 예술"이라고 말하고 싶은 것 아냐. 근데 뭐 이렇게 어렵고 모호하게 말해. 당신은?

　이런 생각이 들어 머리도 아파오고 짜증도 났던 것이다. 다만 그녀는 보드리야르가 체셔 고양이를 예로 든 것은 마음에 들었다. 사실 앞선 문장들은 이해가 안 가고 뚜렷하게 의미를 파악하기도 힘들었지만, 캐럴의 체셔 고양이를 언급한 대목을 읽는 순간 그녀는 그 프랑스 지식인 특유의 난해한 주장들이 금세 손에 잡히는 듯했다. 언젠가 어디선가 본 듯한 얼굴 없는 고양이의 미소를 그린 그림, 이빨만 둥둥 지면에 뜬 채 입이 찢어지도록 웃고 있는 그 고양이 형상이 머릿속을 스쳐 지나갔으며, 그 기이한 형상에서 느꼈던 독특한 감각이 섬광처럼 되살아났던 것이다. 말하자면 존재와 부재 사이에 어떤 미세한 베일처럼 드리워진 것, 전체를 압도하는 부분의 미약하지만 끈질긴 힘 같은 것, 요컨대 잡을 수 없지만 안 느껴지는 것도 아니고 무시하자니 커다랗게 울리는 어떤 것이 체셔 고양이 형상을 언급한 문장을 통해 감각을 넘어 의미로 전달됐다. 그래서 다행히도 그녀는 보드리야르의 그 복잡한 현대 문명론 내지는 현대 예술론을 이해하며 넘어갔다. 혹은 이해한 것으로 치고 책을 덮었다.

　그런데 자신의 내장이 체셔 고양이와 그 미소처럼 실체가 없이 자신의 존재를 알리는 순간을 경험한 지금, 그녀는 새삼 보드리야르의 문장에 헛웃음을 치고 있다. 그의 말처럼 "아무튼 아무것도 간단하게 사라지지 않는다." 하지만 그의 말에 승복하기 전에 '우리는 이렇게 말해야 할 것이다. 아무튼 어떤 것도 사라지기에 앞서 존재한다'고 읊조리면서. 그 읊조림에 장단을 맞추듯 자기 몸 저 안쪽에서 울리는 낯선/친밀한un/canny 소리를 들으면서.

2.

'체셔 고양이의 미소'라는 모티브가 매력적인 이유는 아마 그것이 우리 머릿속에 구체적인 형상을 그려주기 때문일 것이다. 자세히 따지고 보면 그만큼 모호한 형상도 별로 없지만, 우리는 고양이도 익히 봐왔고 미소도 금방 떠올릴 수 있으니까. 그렇게 자주 봐왔고 익숙하게 연상해낼 수 있는 고양이와 미소의 결합, 그리고 고양이는 사라지고 미소만 대기 중에 일종의 기분 좋은 향기처럼, 감촉 좋은 실크처럼 흩날리는 상황이 멋지지 않을 리 없나. '어쩌면 오늘의 현대미술 또한 그런 것이 아닐까?' 이쯤에서 그녀는 보드리야르가 말한 사라짐의 예술이 정말로 어떤 것인지, 혹은 어떤 상태의 예술인지 온전히 알 것만 같다.

현대미술contemporary art은 1980년대에 본격화된 포스트모더니즘을 통과한 이후로 고정된 미학의 범주나 영역에 귀속되지 않으며, 미술사의 선형적이거나 인과적인 발전 과정을 따라 전개되지 않는다. '미의 절대적 기준'이라는 관념론 미학의 신념이 별 힘을 발휘하지 못하는 지금 여기서, 미술가들은 일상의 아주 작은 것으로부터도 무제한의 예술art unlimited을 시도한다. 그렇게 해서 예컨대 허스트Damien Hirst의 2005년 개인전《새로운 종교New Religion》는 약국에서 파는 알약이 십자가에 매달린 예수의 형상을 대신하는 경지까지 보여줄 수 있었던 것이다. 또 "오래된 것을 사랑스럽게 훼손함으로써 새로운 것을 만들기를 즐기는" 작가 마클레이Christian Marclay는 자기가 찍지도 않은 수많은 옛날 할리우드 영화에서 오로지 시계가 나오는 장면만을 편집해 24시간 분량의 비디오 작품 〈시계The Clock〉를 만들 수 있었다. 디지털 모자이크 방식을 써서 실제 시간과 24시간 일치하며 하루 종일 상영되는 기이한 구조의 그 비디오아트 작품 말이다. 전시 개막식 날 미술관에서 직접 태국 카레를 요리해 관객들이 나눠 먹도록 한 티라바니자Rirkrit Tiravanija의 미술은 어떤가? 순간 백색의 네모난 미의 공간을 주방 겸 식당으로 만드는 그의 미술을 감상자가 가장 멋지고 훌륭하게 감상하는 방식은 작가가 대접하는 그 음식들을 맛있게, 깨끗이 먹어치우는 일이다.

이와 같은 몇몇 현대미술 사례를 기억해내며 현대미술의 독특한 존재 방식, 그러니까 일상의 대수롭지 않은 물건으로 성스러움을 대신하고, 과거의 필름을 요리조리 재접합시켜 극히 현실적이면서도 무한히 반복될 수 있는 24시간을 창조하고, 음식을 만들고 나눠 먹는 와중에 정작 미술의 창조와 향유 과정을 모두 수행하는 작품의 기묘한 방식들을 생각하면서 아파트 9층에 사는 그녀는 불현듯 아까보다 더 강렬한 배고픔의 소리를 듣는다. 그 소리는 현대미술이

삶의 영역으로, 작가 없는 미술계로, 사라짐의 차원으로 스며들면서
그 존재감을 드높이는 미소만큼이나 멀지만 강렬하게 그녀 귓속으
로 파고든다.

공작새의 무지갯빛 깃털 같은 차이

보르헤스는 1977년 6월의 첫날, 부에노스아이레스의 콜리세오 극장에서 단테의 『신곡』을 테마로 강연을 한다.[1] 20세기 세계문학을 대표하는 아르헨티나 출신의 시인이자 문학가, 서구 포스트모더니즘 문학의 원류이자 그 이론의 정신적 지주로 일컬어지는 그가 중세의 고전으로 '문학의 밤'을 가진 것이다. 그런데 여기서 보르헤스는 여느 촌스러운 문학인마냥 『신곡』에 대한 성서적 독해나, 작가의 자의식을 추적하는 독서법을 강변하지 않는다. 그와 달리, 우선 그는 과거 단테가 쓴 것으로 추정되는 편지를 근거로 그 작품이 "글자 그대로 읽기, 도덕적 독서, 유추적 독서, 비유적 독서" 이렇게 네 가지로 읽힐 수 있다고 말한다. 이를테면 독자가 『신곡』을 접하는 다양한 독서의 가능성을 저자 자신이 밝혀두었다고 말하는 것이다. 한 걸음 더 나아가 보르헤스는 그런 독서 방법이 복잡한 양식의 고딕

---

1 이하 관련 인용문은 Jorge Luis Borges, *Siete Noches*, 『칠일 밤』, 송병선 옮김, 현대문학, 2004년 판본이다.

건축물과 세계의 모든 존재를 논했던 스콜라 철학이 가능했던 시대, 즉 중세의 특징이었음을 환기시킨다. 또 800년대 아일랜드의 신학자 스코투스 에리게나Scotus Erigena가 성경을 "공작새의 무지갯빛 깃털"에 비유하며 무한한 의미를 담고 있는 작품으로 정의했다는 점도 알려준다.

왜 보르헤스는 이런 이야기를 청중에게 들려주는가? 요는 이렇다. 독자마다 원하는 대로 읽을 수 있는 다양한 경로와 무한한 의미를 내포한 작품, 계속해서 독자를 불러들이고 그러면서도 존재가 고갈되지 않는 작품은 "우리의 삶보다 훨씬 오래 살아남을 것이고, 각 세대의 독자들에 의해 더욱 풍성해질 것"이라는 사실. 얼핏 '인생은 짧고, 예술은 길다' 유의 진부한 예술론처럼 들린다. 하지만 보르헤스의 뜻은 그보다 섬세하고, 현대적이며, 생산적이다. 한 예로 나는 그의 말에서 다음과 같은 생각들을 새로 뽑아낼 수 있다.

1. 예술작품은 절대 불가침의 캐논이 아니라, 시공간의 결에 따라 항상 이미 새롭게 직조되는 텍스트다.
2. 예술작품은 아우라에 덮인 고전의 권좌에서 시들어가는 것이 아니라, 생경한 태도와 이질적인 이해로 무장한 독자/감상자와 조우하는 삶의 매순간에 기꺼이 스스로를 개방하는 유연하고 다채로운 스펙트럼이다.

물론 이는 내 사유의 언어이고 보르헤스는 또 다르게 표현했을 테지만, 핵심은 앞서 공작새의 무지갯빛 깃털처럼 어느 것 하나도 같지 않고 각각의 색채를 발산하는 작품과 그 작품에 대한 향유를 상찬하는 일이다. 이때 '같지 않음'과 '각자'는 '차이'의 가장 근본적이고 존재론적인 덕목이다. 그리고 다른 말로 여기 비동일성과 개별성은 보르헤스가 자신을 "쾌락주의적 독자"라 칭할 때 의미하고자 했던바, 작품에 대한 역사적 평가나 명성에 영향받지 않고 오직 자신의 "미학적 흥분"에 따라서 책을 읽는 자유의 토대와 같은 것이다.

그런데 여기 우리가 사는 현실에는 지금까지 말했던 '차이'와는 다른 '차이'가 있다. 그 자체로 풍요롭고 다양하기 때문에 무수한 타자를 품을 수 있고 자유와 쾌락을 생산할 수 있는 차이가 아니라, 아주 비좁으며 작고 미세하기 때문에 서로 치열하게 셈하고 서로를 궁지로 밀어붙여야 하는 차이. 여기에 가장 들어맞는 한 사례가 퍼뜩 떠오른다.

당대 전 세계 첨단 전자 매체 시장에서 패권을 다투는 삼성전자와 애플 사는 2011년 4월부터 쉼 없이 자사 스마트폰의 특허권과 디자인권을 상대방이 침해했다며 소송 전쟁을 벌이고 있다. 한국과 미국은 물론 독일, 일본, 네덜란드, 영국, 호주 등 무려 9개국에서 소송이 진행 중이라고 한다. 그야말로 글로벌 기업들이, 글로벌 시장을 겨냥해, 글로벌 상품으로, 치열하게 글로벌 소송전을 치르는 모양새다. 재미있는 점은 이렇게 '글로벌global'이 필수 접두어처럼 작동하는 경제 격전지에서 정작 승패를 좌우하는 것은 극히 작은 '차이들differences'이고, 그것을 증명하는 데 있다는 사실이다. 말하자면 전 지구, 세계 전체를 웅변하면서도 깃털의 몇십만 분의 1보다도 가볍고, 머리카락의 몇백만 분의 1보다도 가는 다름을 따져드는 쟁투. 예컨대 애플은 검은 평면 사각형 스크린에 모서리를 둥글게 만든 자사 아이폰iphone 디자인을 삼성 갤럭시 에스Galaxy S가 베꼈으므로 특허권을 침해당했다고 주장한다. 그리고 삼성은 스마트폰에서 이메일로 사진과 메시지를 동시에 전송하는 기술 및 간단한 터치로 사진을 빨리 넘겨보는 스크롤링 기능의 특허를 애플이 침해했다며 맞선다. 사용자 입장에서는 그리 큰 차이도 아닌 사안들로 싸우는 것처럼 느껴지지만, 이해 당사자들에게는 사활이 걸린 문제다. 사활이 걸린 만큼, 이때 차이는 좀 더 크고 풍요로우며 담대한 문명의 창조와 그것의 쾌락적 나눔으로 나아가는 것이 아니라, 이미 있는 것조차도 나노 단위로 축소시키고 여백의 숨통조차 조이는 식으로 생산과 소비의 쳇바퀴를 돌고 돈다. 여기서 '공작새의 무지갯빛 깃털' 같은 은유는 순진한 과거의 낭만이다. 그리고 '우리의 삶보다 훨씬 오래 살아남는 일'은 보르헤스 식의 즐거운 공유를 비껴나가, 그와 어긋나게 비정한 분할에 따른 독점을 완수해내는 데 있다.

문학장이나 비즈니스 영역에서 보기의 스펙트럼을 조금 좁히면 글로벌 시대 우리의 일상생활이 눈에 들어오는데, 거기서도 우리는 어느새인가 '같음'과 '공유'보다는 '다름'과 '분할'을 훨씬 긍정하고 강조하는 우리 자신을 발견하게 된다. 그런데 그 다름과 분할은 애석하게도 앞서 우리가 보르헤스를 통해서 둘러본 미적인 것들의 다양성과, 그것을 각자의 감성으로 향유하는 개별적 자유와는 좀 거리가 있어 보인다. 실제로는 삼성과 애플 같은 거대 기업의 글로벌 비즈니스 전쟁처럼 일상 곳곳에서, 삶의 순간순간에서 차이의 정치경제학이 작용하는 것이다. 이를테면 나 A는 너 B보다 알파벳 순서에서 하나 앞선 자리에 있으니 더 권위를 가져야 한다. 해외 명문대 출신인 당신은 한국의 지방대 출신인 그보다 학벌이 앞서니 더 많은 보수를 받는 것이 당연하다. 사람들이 서울의 전통 시가지 강북에 사는 것보다 첨단 소비문화의 상징인 강남에 사는 것을 더 높게 치니 우리는 그녀보다 우월한 계층이다 따위의 정치경제학이다. 그것이 지속적이고 첨예하게 나, 너, 그, 그녀, 우리를 가르고 쪼갠다. 글로벌스탠더드에 따라서 이렇게 각자로 나뉘고, 각자의 자리를 배정받아 앉혀진다.

　사실 동일성보다는 차이를, 집단보다는 개별을 긍정하고, 후자를 세계의 새로운 기준global standard으로 제시한 것이 글로벌리즘이다. 글로벌리즘은 서구 모더니즘의 폐해, 요컨대 이분법의 논리에 따라 옳고 그름, 강함과 약함, 논리와 비논리, 선진과 후진, 갑과 을을 나누고 앞의 항목에 맞춰 세계가 줄 세워지면서 발생한 폭력을 극복하고자 1970년대 서구 학계와 문화예술계에서 일기 시작했다. '동일성의 폭력에 맞선 차이의 긍정' '집단의 전체주의가 아니라 개별의 다원주의'가 그 모토들이다. 반면 현실 정치와 경제 차원에서 글로벌리즘은 동서 냉전이 종식된 이후인 1990년대에 본격화됐다. 이때부터 세계의 헤게모니를 쥐고 있는 당사자들은 신자유주의 경제 논리에 입각한 글로벌리즘을 주창했고, 패권 다툼의 틈바구니에

서 살아남고자 하는 측은 자의든 타의든 그러한 글로벌리즘의 조류
에 편승하려 애써왔다. 그러는 와중에 세계를 움직이는 다수의 현실
질서들이 변했을 뿐만 아니라, 우리 삶의 디테일까지도 그 영향 아
래에서 변화했다. 국가 간 자유무역협정FTA의 전 지구적 확대부터
다국적 상품을 당연한 듯 소비하는 우리의 라이프스타일까지, 문화
적 차이와 다양성을 축복하는 인류학적 전환에서부터 만성화된 세
계 경제위기와 사회의 불안정성에 완전히 지쳐버린 우리의 감수성
까지. 큰 판이 전면적으로 변했고, 셀 수 없이 많은 세부가 심층까지
달라졌다. 앞서 작은 예로 든 삼성과 애플의 소송전, 나와 당신의 경
쟁이 그런 판에서 벌어지는 일이고, 그런 세부들의 더 세부적인 상
황이다.

　차이와 개별성의 지나온 궤적이 위와 같고, 그것을 날카롭게
사용하는 현실이 또 위와 같다면 문득 우리는 이런 질문을 할 수밖
에 없다. 왜 우리는 보르헤스가 말한 개별성의 쾌락, 다양한 차이의
풍요를 누리고 산출하는 쪽이 아니라, 이권을 독점하기 위한 차이
와 경쟁에서 나 혼자 살아남으려는 개별성 쪽으로 흘러왔을까? 답
은 많겠지만, 적어도 나는 여기서 '인간은 원래 이기적이고 경쟁적'
이라는 식의 답변만은 하지 말아야 한다고 생각한다. 그것은 결과로
원인을 정의하는 엉터리이기 때문이다.

현실에서 호러까지 한 걸음

영국의 현대미술가인 잭슨Alison Jackson은 고故 다이애나 왕세자비, 엘리자베스 여왕, 찰스 왕세자, 엘튼 존 등 영국사회에서 매우 유명한 인물들의 이미지를 차용한 사진작품으로 논란을 일으키며 부상한 작가다. 그녀는 1997년 다이애나가 연인 도디 알 파예드와 파리의 한 터널에서 파파라치에 쫓기다가 교통사고로 사망한 직후, 마치 그 불행했던 왕세자비의 숨겨진 사생활을 몰래 찍은 것 같은 사진을 세상에 내놓았다. 그 사진 중 하나에서 다이애나는 갓난아이를 품에 안고 도디를 연상시키는 한 남자와 성聖 가족처럼 앉아 있다. 물론 명백히 가짜이고 허구다. 그러나 문제의 사진은 두 사람 사이가 얼마나 깊었는지 엿보고 싶고, 눈으로 확인하고 싶어한 영국 대중의 호기심과 상상력을 들춰냈다는 점에서는 진짜였다. 싫든 좋든 영국 왕실의 통치 아래서 살아온 그들에게 무엇을 알고자 하고, 보고자 하고, 꿈꾸고, 생각하는 그 모든 활동 안에 그 왕실이 얼마나 깊숙이 개입해 있는지를 건드린 점에서는 더더욱 그렇다.

시간과 공간을 잠시 바꿔, 2012년 7월 20일 새벽 블록버스터 영화 〈다크 나이트 라이즈〉가 상영되는 미국 콜로라도 주 오로라 시의 한 영화관. 배트맨 시리즈의 세 번째 편인 그 영화를 두고 영화평론가들은 개봉 전부터 칭찬 일색이었다. 놀라운 시각 효과와 작품성을 보여준다고 말이다. 하지만 슈퍼 히어로의 활약상을 스펙터클하게 보여주는 할리우드 영화 공식에 충실하다는 점에서 크게 놀랄 일이란 그 영화에 애초에 별로 없었다. 진정 놀라운 일은 영화가 상영되는 실제 현장에서 벌어졌다. 한참 스크린 위에서 총질이 난무하고 있을 때, 검은 방독면과 방탄복으로 무장한 청년이 극장 안으로 뛰어들어 관객들에게 '실제로' 무차별 총기 난사를 했던 것이다. 마치 배트맨 시리즈의 악당처럼, 그 영화 중 가장 핫한 장면들처럼.

언론에 따르면 71명의 사상자를 내며 미국사회를 충격과 공포로 몰아넣은 이 끔찍한 사건의 범인은 제임스 홈스, 스물네 살, 백인, 남성, 콜로라도 의대 신경과학 박사과정생, 그리고 외톨이였다. 그는 체포된 이후 줄곧 묵비권을 행사했다. 때문에 사람들은 그가 왜 그런 잔학무도하고 이치 그니없는 일을 저질렀는지 알 길이 없다. 그러나 한 가지는 분명하다. 총기난사범 홈스가 영화 속 악당 캐릭터를 모방했고, 심지어 영화의 가상세계를 자신의 현실로 만들기 위해 끔찍한 폭력을 행사했다는 사실 말이다. 범행을 시작하면서 외친 "나는 조커다"는 그 기괴한 욕망의 신호탄이었다. 누구를 향한 미움이나 무엇에 대한 구체적인 분노가 아니라, 허구의 언어와 이미지에 의해 부추겨지고 실행됐으며 그 점을 과시하는 폭력성. 이것이 2012년 여름 미국의 한 영화관에서 오밤중에 벌어진 총기 난사 사건 심부에 도사린 가장 무서운 점이다.

다시 시공간을 바꿔 2012년 7월 27일 오후 9시, 제30회 하계 올림픽 개막식이 펼쳐진 영국 런던의 올림픽 스타디움. 영화 〈트레인스포팅〉 〈슬럼독 밀리어네어〉로 유명한 감독(대니 보일)이 연출한 개막식은 여느 국제대회와는 사뭇 달랐다. 물론 그 또한 온갖 첨단 미디어와 연출 기법을 동원해 장관을 연출하려 애썼다. 또 인류의 진보나 불굴의 의지 같은 착하지만 다소 식상한 메시지를 그 스펙터클에 끼워넣어 대중의 감동 코드에 부응하려 했다. 그러나 그 개막식은 영국의 무상의료 제도부터 평범한 가정의 일상까지, 이불을 뒤집어쓰고 동화책을 읽는 어린 소녀의 순수한 즐거움부터 스포츠 정신에 위배되는 부정한 방법으로 승리하는 꿈을 꾸는 희극배우의 익살까지 시종일관 땅에 발붙인 정신과 몸에서 나온 현실적인 것이었다. '영국식 인문과 예술의 상상력은 이렇게 강한 현실 인식에서 온다' 싶을 정도다.

이상 세 가지 다른 이야기는 보는 행위와 이미지, 또 대중이라는 공통 요소를 가지고 있다. 대중은 끊임없이 보고, 본 것에 자극받는다. 그런데 그 활동이 총기난사범의 환각처럼 도착적이면 현실은 현실다움을 떠나 호러로 진입한다. 현실에서 호러까지는 단 한 걸음밖에 걸리지 않는 것이다.

잠든 전쟁의 신

1620년경 네덜란드 화가 야코프 더헤인Jacob de Gheyn은 로마 신화의 전쟁 신 마르스Mars를 소재로 판화를 제작했다. 전체 분위기는 음영 처리를 강하게 해서 침울하며 비장하기까지 하다. 그리하여 그 그림은 어떤 불안한 상태, 불길한 징조, 불온한 의도를 느끼게 한다. 당시는 역사가들이 최후의 종교전쟁이자 최초의 국제전쟁으로 평하는 '30년 전쟁'이 신성로마 제국의 근거지였던 독일을 비롯해 유럽 전역으로 확전되던 때다. 신화적으로 말하자면 전쟁의 신이 광포한 창칼을 휘젓던 즈음인 것이다. 그런데 흥미롭게도 더헤인의 판화에서 마르스는 마치 고치 속의 웅크린 누에처럼 망토로 겨우 몸을 감싼 채 불편한 잠에 빠져 있다. 게다가 노쇠한 군인마냥 쪼그라든 그의 발 앞에는 칼과 갑옷이 늘어져 있고 투구 또한 하릴없이 막대 위에 걸쳐져 있어 완전히 전의를 상실한 분위기다. 현실에서는 로마 가톨릭과 개신교 사이의 종교 분쟁이 네덜란드까지 전쟁의 도가니로 몰아넣고 있었지만, 작품에서 전쟁은 그 파괴적 힘을 잃고 무기력해진 상태로 묘사된 것이다.

　화가는 그렇게 시각적으로 전쟁의 중단과 평화의 도래를 표현했다. 그런데 아마도 화가에게 그 메시지는 작품의 이상적이고 보편적인 주제를 넘어 당대인들의 절박한 염원이자 모두가 분명하게 공유해야 할 사회적 의제였던 것 같다. 지나치게 어두워 보이는 그림을 두고 사람들이 의미를 혼동할까봐 걱정스러웠던지 그는 하단에 다음과 같은 문구를 적시했기 때문이다. "마르스가 최고의 영광을 누린 뒤 쉬고 있다. 이제부터는 사람들의 안녕을 위해 그가 더 영광스럽게 쉴 수 있기를." 죽음과 전쟁이라는 본연의 책무를 내려놓고 안식함으로써 영광을 획득하는 마르스라니! 더헤인의 판화는 이런 역설을 구사하여 그 뒤로도 수십 년간 이어진 30년 전쟁은 물론 지구상에서 단 한순간도 완전히 사라진 적 없는 전쟁을 관장하는 신을 속이고 싶었는지 모른다. 혹은 그 전쟁의 무자비한 부지런함을 잠재우고 싶었는지도.

　대한민국에 살고 있는 이라면 누구나 알다시피 6월 6일 현충일이 들어 있는 유월은 '호국 보훈의 달'이다. 내가 기억하기 전부터, 당신이 알기 전부터 이미 6월은 나라를 위해 전장에서 목숨을 바친 호국 영령들을 추념하고 보훈 가족을 위로하며 서로의 애국심을 고취하는 시기로 굳어져 있다. 어린 기억에 이즈음이면 곳곳에 태극기가 휘날리고, TV에서는 현충원의 참배객과 거수경례하는 군인의 모습이 번갈아 비쳤으며, 애국 실천을 역설하는 대통령 연설이 마음을 울렸다. 뻔한 말이 되겠지만, 그 일련의 일들은 과거 언젠가 전쟁이 일어났다는 사실을 증명한다. 또 현재도 전쟁의 상처가 아물지 않았음은 물론, 언제라도 전쟁이 이곳 한반도를 덮칠 농후한 가능성을 시사한다. 그러한 한국 현대사 과정에서 지워지지 않는 흔적이자 현재도 생물처럼 살아 있는 뇌관이 '6·25전쟁'이다.

　1950년 6월 25일 한국전쟁 발발. 1953년 7월 27일 정전停戰 협정 체결. 이후 60여 년이 흐른 현재까지 군사분계선을 사이에 두고 남과 북으로 나뉜 채 크고 작은 분쟁으로 갈등과 대치 국면 지속. 아주 짧게 요약하면 이것이 남한과 북한의 현대사이고 현재다. 이렇게 날짜를 쭉 늘어놓으면 우리가 현대사의 대부분을 정전 상태, 즉 전쟁을 일시 정지시킨 상태로 보내고 있다는 사실이 명시적으로 보인다. 말하자면 전쟁의 신 마르스가 졸고 있는 형국인 것이다. 하지만 그의 졸음 속에서 얻은 한반도의 평화란 얼마나 얇고 위태로운가. 이는 최근 몇 년 사이 단절, 불통, 위기, 극한의 대치가 일상이 된 남북관계가 실감나게 한다. 한 치 앞도 예측 못 하는 남북관계를 보면 한반도에서 전쟁의 신은 꿈도 현실도 아닌 카오스에 빠진 것 같다. 우리가 기댈 곳은 당연히 서구의 낡은 신화가 아니라 현실 정치다. 그런데 정치가 답을 내놓지 못하니 나는 옛 신화 그림이나 들먹이고 있는 것이다.

그림의 진리와 불충不忠

글을 쓴다는 것은, 저자가 존재와 사물을 정확한 자기 확신을 가지
고 표현하는 일, 그렇게 글을 통해 자신을 표현하는 주체적 영역이
전혀 아니라고 한 이는 작가 블랑쇼다. 오히려 글쓰기란 저자를 자
신의 언어, 사고, 감각, 의지로부터 소외시키는 절대적 타자라는 것
이다. 우리는 이에 전적으로 동의하면서, 그러나 그런 관계가 비단
글쓰기와 저자 사이만이 아니라, 그림과 화가 사이의 바로 그것이라
고 말해야 한다. 이를테면 둘 사이는 '나-화가' 주어가 '그린다'라는
술어를 좌우할 수 없을 뿐만 아니라, 심지어 '무엇을' 그린다고 하는
목적어도 명확하지 않은 상태에서 '그려지는 그림이 나를 (내 의도로
부터, 나의 이미지로부터, 내가 보여주고자 하는 바로부터) 소외시킨다'
고 말하는 것이 정직한 그런 관계다. 예컨대 레오나르도 다빈치나
세잔에서처럼, 우리가 당연히 '명작'이라 인정하는 많은 그림이 그
것을 그린 당사자에게는 '습작'이거나 '실패'에 불과한 것으로 여겨
졌던 이유, 기꺼이 '완성'이라 말할 수 있는 작품들이 그린 이 자신
에게는 정작 '회화라는 미지의 영역을 헤매는 경험이자 회의doubt'

였던 이유가 거기 있다.

화가와 그/녀의 그림이 맺고 있는 이 같은 소외, 이것이 바로 우리가 이 글에서 생각할 주제다. 즉 우리는 가능하면 온전히 화가의 측근에서 회화의 특수한 역학을 논해볼 것인데, 이때 문제가 되는 것은 화가가 자기 작품/행위의 소유자 혹은 통치자가 결코 아니라는 점, 그와는 달리 그림 스스로가 행해지는 것이며, 그렇게 화가를 끊임없이 배반하면서 화가로 하여금 지속적으로 그에 매달리게 하는 것이야말로 회화의 진실이라는 점이다. 물론 지금 여기 우리 시대의 회화, 아니 좀 더 정확히 말해 한갓 '그림들'은 아주 오래된 관습의 표현 장르, 자기 고백이자 일상의 짧은 보고서, 환금換金, 직업적 명성과 부의 획득, 예술적 지식의 수단으로 통용된다. 이런 상황에 화가 자신, 비평가, 큐레이터, 화상, 감상자 등 누구 하나 이의를 제기하지 않는다. 뿐만 아니라 가령 '그림의 진리'라든가 '회화에의 헌신'이라는 말 자체를 지극히 낭만적이고 신화적인 언설로 치부하면서, 냉혹한 현실 경제와 예술 제도를 민첩하게 내면화한 지도 꽤 됐다. 심지어 화가는 이제 자신의 그림과 맺는 관계보다는 그 외적인 것들과 엮이는 관계에 골몰한다. 그 결과로 다분히 실용적이고 효율적으로 '잘 그린' 그림들을 내놓고 있는 것 같다. 하지만 그렇다 하더라도 모든 그림이 아니라 어떤 그림들이 우리에게 '눈이 즐거운 물건'을 넘어 특수한 지각 상태로 다가오는 한, 모든 화가는 아니더라도 어떤 화가들이 '잘 그려진' 회화를 향한 고달픈 노역에 기꺼이 지치지 않고 복종하는 한, 우리는 다음과 같은 것을 담론화할 수 있다. 그림에서의 진리는 무엇인가? 그리기의 수행적 역학performativ-ity은 어떤 것인가?

화가와 그/녀의 그리기 사이를 흐르는 소외, 그 이율배반적 역학관계를 상징적으로 보여주는 회화의 모티프를 꼽는다면, 단연 '그림을 그리고 있는 화가의 자화상'이다. 푸코가 벨라스케스Diego R. Velásquez의 〈시녀들Las Meninas〉을 두고 분석했던 것처럼, 그 경우 "화가는 자신이 재현되어 있는 그림에서 보일 수 없고 이와 동시에 자신이 무언가를 재현하기에 열중하고 있는 그림을 볼 수 없는 (…) 이 양립할 수 없는 두 가지 가시성의 문턱"[1]에 처해 있기 때문이다. 즉 가시성과 비가시성의 연동連動, 재현의 주체이면서 동시에 재현의 모델이 된다는 것은 현실적으로 불가능한 일이기 때문이다. 화가의 그리기가 그림을 지배할 때 그 자신은 결코 그림에 대상으로 나타나지 않으며, 만약 그림에 하나의 가시적 모델로 출현했다면 그 그림의 화가는 이미 재현의 지배적 질서에 수렴된 것이다. 하지만 우리는 화가의 자화상에 명시적으로 나타나는 양립 불가능성 말고, 그보다 내밀하고 풀기 어려운 양립성이 어떤 화가와 그/녀의 그리기에 작동한다고 생각해볼 수 있다.

그것이 요컨대 블랑쇼 식으로 말해서, '화가 주체의 비非주체적 영역으로서의 그리기'다. 사실 한 가지 스타일과 소재를 공장의

1　　Michel Foucault, 『말과 사물』, p. 26.

상품처럼 반복 재생산, 대량 자기 복제하는 화가들을 제외한 모든 화가는 이 양립 불가능한 문턱-경계에서 작업하고 있는 것으로 보인다. 즉 아직 비가시적 상태에 있는 것(내가 그리려는 것)과 결과적으로 가시화된 것(그려진 것) 사이, 내가 그림의 주인으로서 그리는 것과 회화라는 메커니즘이 그렇게 그리도록 강제해가는 것 사이, 나의 부재가 곧 그림의 현전으로 문턱을 넘는 그 순간들의 갈등과 노정의 역장力場 한가운데서 화가는 그림을 그린다.

왜 그런가? 그 원인은 회화가 오로지 표면으로만 이뤄지는 예술이기 때문이다.

건축은 내부 구조와 외관, 기능과 파사드facade, 설계와 장식으로 구축되며, 조각 또한 그와 비슷하다. 음악은 작곡과 연주라는 이원적 구조로 수립되고, 문학(글쓰기)도 표현과 의미의 층위가 여전히 정교하게 이중화된 상태로 형성된다. 그런데 그림은 구조가 곧 가시적 표면이며, 그리는 행위가 곧 그림의 출현이고, 표현이 곧 의미 자체인 예술 영역이다. 이것이 아마 회화의 특수성, 회화의 진실일 텐데, 이에 대해 데리다는 다음과 같이 썼다. "회화에서의 진리는 (…) 우리 안에서 매개, 가장, 가면, 또는 베일 없이 재생되는 진리 그 자체를 의미하고, 그렇게 이해될 수 있다."[2] 또한 그는 바로 인접한 곳에서 다시 이렇게 정의한다. "회화에서의 진리는 그것〔회화〕의

2　Jacques Derrida, *The Truth in Painting*, Geoff Bennington and Ian McLeod(trans.), The University of Chicago Press, 1987, p. 5.

초상 안에서 그 형질 하나하나가 충실하게 표상된 진리를 의미하고, 그렇게 이해될 수 있다." 이를테면 회화만의 특수한 진리가 있다고 가정할 때, 그 진리는 다른 무엇에 대한 진리도 아니고, 다른 무엇에 의해 중계되거나 덧씌워지거나 이중의 막으로 은폐된 것도 아니라는 얘기다. 그 진리란 한글로 '그리기', 영어로 'painting'이라는 단어가 이미 보여주고 있듯이 회화에서는 행위 그 자체로, 동사의 진행형으로 매순간 알알이 실현되고 표상된다. 화가들이 왜 그토록 붓질 하나에도 긴장하며, 왜 그토록 자주 자기 그림의 코앞까지 바짝 다가서서 그리다가 또 멀찌감치 뒤로 물러나서 보는 왕복운동을 반복하는지를 설명할 길이 여기에 있다. 또한 왜 그토록 개념이나 논리보다는 그리는 순간의 감각에 매달리고, 모호하고 객관화하기 힘든 무엇을 시각적으로 드러낼 수 있는 기교에 연연해하는지 이해할 지점이 그 진리의 맥락에 있을 것이다. 즉 회화는 표면만으로 존재하고, 그 표면에서 모든 창작과 향유가, 모든 외적 형식과 내적 의미가 결정되기 때문에 화가들이 그럴 수밖에 없는 것이라고 말이다.

물론 여기서 표면은 내부와 외부라는 철학적 이원 구조 가운데 후자에 속하는 것이 아닐뿐더러 미술비평가 그린버그Clement Greenberg가 모더니즘 회화의 순수하고 유일한 정체성으로 규정한 '평면성flatness'과도 다르다. 그린버그의 평면성은 한 특정 시대, 사회 조건 속의 회화 조류를 위해 상정된 추상적이고 형식적인 미술 개념이라는 점에서, 회화 일반의 진리로서 '그리기의 표면'보다 한정적이다. 우리가 말하려는 것은, 가령 이젤 회화의 종언과 동시에 '액션 페인

팅'의 신세계를 창조한 폴락Jackson Pollock에게서나, 비슷한 시기 타블로이드지 『새터데이 이브닝 포스트Saturday Evening Post』 표지에 대중이 좋아하는 삽화를 그렸던 록웰Norman Rockwell에게서나 그림은 바로 표면 위에서 이뤄지는 것이지 다른 어디가 아니라는 점이다. 요컨대 회화가 '표면의 예술'이라는 정의의 핵심은, 이 예술의 깊이, 상승, 확장, 응축운동은 '오직 가시적 표면에서만' 일어난다는 사실이다.

그렇다면 이 표면이라는 문제를 이제 다시 화가가 자신의 그림으로부터 소외되는 문제와 연결시켜 생각해보자. 그림은 근본적으로 그리기라는 수행performance 자체이며, 그 수행의 시작, 전개, 완결과 그림의 향유라는 전 과정이 불가피하게 거기서만 일어나는 장소(표면)라 할 때—이런 개념을 가장 잘 구현한 영역이 바로 동양화인데—, 화가의 어떤 창조적 행위나 자율적 의식도 그 운동의 메커니즘과 틀에 종속될 수밖에 없는 구조다. 먼저 그은 선은 다음에 그어지는 선을 조건화하고, 이번에 가한 한 획 및 붓 터치는 그 이전의 화면 상태에 따라 결정된다. 애초 머릿속에 구상했던 화면의 구도는 정작 그림의 공간에 실현되면서 다른 것으로 가시화되고, 그리려 했던 주제는 선과 면과 형태와 색채의 결합을 통해서만 구현된다. 혹은 화가의 상상력과 물질(그림의 질료) 간의 갈등 속에서 이질적인 상태로 실현된다. 이것은 우리가 한 화가의 제작 과정을 상상하여 가정해본 광경이다. 하지만 태초의 화가가 아닌 이상, 모든 역사적 시간 속의 화가는 이와 같이 자신의 그림으로부터 개인적으로 소외되는 문제만이 아니라, 역사적으로 누적된 이미지의 보고寶庫, 회

131

화의 틀과 문법, 양식과 기법에 의해서 자기 그림에 대한 자신의 지
배권이 위축되는 상황을 경험한다. 내가 그림을 그리기도 전에 이미
내 텅 빈 캔버스를 온갖 형상이, 시각질서가, 미적인 특질들이 장악
하고 있어서, 나는 부지불식간에 그것을 따르고 그것을 가시화하기
위해 애쓴다. 이렇게 기존 회화에 대한 불가피한 뒤따름, 종속적 영
향관계를 끊어버리는 일이 화가에게는 비로소 자신만의 그림이 창
조되는 순간이고 위대한 예술가의 자유가 확보되는 단계다.

바로 이와 비슷한 맥락에서, 독일 현대회화의 거장 리히터Ger-
hard Richter는 "당신이 그림의 의미라고 생각했던 모든 것, 즉 색, 구
성, 공간과 당신이 이전에 알았고 생각했던 모든 것을 잊어버리는
것"이야말로 화가의 "자유"라고 말했다. 그리고 이런 입장이, 그로
하여금 역설적으로 화가의 주관과 직관을 배제한 채 사진을 완벽하
게 베껴 그리고, 추상화를 곧이곧대로 구상적 요소로 분해하도록 이
끌었을 것이다. 사실 대가 리히터만이 아니다. 예컨대 크레파스로
정신없이 둥근 원만 그려놓고 '그림이 잘 안 그려진다'고 말하는 어
린아이, 자신이 뭘 그려야 할지 모르겠음에도 불구하고 하얗게 비어
있는 화판 또는 캔버스 앞을 떠나지 않고 시간을 견뎌내는 작가 지
망 대학원생, 화가 이력 20년을 훌쩍 넘겼음에도 불구하고 여전히
'안정적이거나 정적이거나 영속적인 이미지'[3]를 그릴 수 없는 중견

3　미첼은 '적절한 이미지'에 대한 세간의 믿음과는 반대로 이미지는 "어떤 형이상학적 의미에
　　서도 안정적이거나 정적이거나 영속적이지 않다"고 주장한다. 이는 한편으로 '적절한'이라
　　는 가치 평가의 임의성과 비객관성을 지적하는 말인 동시에 그만큼 이미지란 끊임없이 변화

작가. 이 모두가 자신이 능동적으로 움직이는 장場이 아니라, 그/녀를 자신의 창작 의도로부터, 소유격으로서의 자기 그림으로부터 순간순간 몰아내는 그림이라는 역학 장에서 소외를 견디며 체류하는 자의 모습이다. 이렇게 가시성과 비가시성이 중첩하며 함께 작동하는 표면, 그리고 그 표면 속에서의 끝이 안 보이는 체류가 회화에서의 진리다. 동시에 그림이 화가에 불충不忠할 수밖에 없는 타고난 메커니즘이다.

서양미술사에 한정해 돌이켜보건대, 그림은 자연과 세계에 대한 모방mimesis, 눈속임trompe l'oeil, 환영illusion, 장관spectacle을 추구했다. 그리고 그 도정의 최종 완성은 '한 폭의 그림 같은picturesque'이라는 표현에서 보듯이, 앞서의 관계를 전도시켜 세계가 그림을 따라 지각되거나 미적으로 판단되는 단계다. 간단히 말해, 인간의 시각적 쾌락이 걸어온 길은 화가가 대자연 속에서 떠오르는 태양을 모방해 그리던 단계에서, 반대로 사람들이 일출을 보며 '그림 같다'고 감탄하는 단계로 진행된 것이다. 그리고 이제는 아예 현실의 모방도 없이, 비유적 대상으로 삼을 세계도 없이 그림 이미지가 환유적으로, 파생 실재hyper-real로, 크나큰 권태 속에서 윤전輪轉하는 단계로 접어들었다. 이런 시대의 그림은 더 이상 화가를 자신의 타자로서 소외시킴으로써 기존의 회화와 생산적으로 충돌하고, 습관적으

하고 유동하는 것이라는 말이다. W. J. T. Mitchell, *Iconology: Image, Text, Ideology*, 『아이코놀로지: 이미지, 텍스트, 이데올로기』, 임산 옮김, 시지락, 2005, p.27.

로 길들여진 감각 및 취미에 맞서는 낯선 그림을 그려내도록 담금질할 수 없다. 화가에게 불충함으로써, 화가를 답 없는 자유에 체재하도록 충동질할 능력이 없는 것이다. 이제 그림은 현기증 날 정도로 빠른 생산과 전시와 소유의 유통 경로를 관통하며, 무성 생식하는 아메바처럼 자기 복제와 자가 증식을 거듭하는 것으로 충분히 만족스러운 대상이 됐다. 21세기 들어 약 10년, 특히 세계 미술시장이 엄청난 호황을 영위한 2003년에서 2008년 이후 갤러리로, 경매장으로, 아트페어로 쏟아져 나오는 그림들이 우리의 눈을 매혹하는 껍질일 뿐인 이유를 나는 여기서 찾는다. 거대 서사, 사회정치적 의식, 여성주의, 시각문화에 대한 비판적 코멘트를 내부에 담았다고 선전하는, 그러나 패션 잡지의 화보처럼 매끈하게 다듬어진 껍질이 전부인 그림들. 작가만의 독특한 일상에 대한 고백과 아기자기한 개인적 상상력이 담겨 있다고 감상자를 유혹하지만, 정작 그렇다면 이 세대 내 모든 작가가 거의 일란성 쌍둥이에 가까운 것이 아닐까 의심해야 할 정도로 똑같은 감수성과 주관적 경험의 기표 상태 그림들. 그 '내부'가 있다는 약속이 오늘 우리 옆의 그림을 표면이 아니라 단지 껍질에 불과한 것으로 만든다. 그 매끈한 매만짐이 너무나 대중문화와 상품세계를 직접적으로 표절한 결과이기 때문에, 지금 여기 아주 많은 그림을 미분화된 아메바의 분홍색 기관들처럼 날것으로 보이게 한다.

바르트는 워홀Andy Warhol이 대중문화 이미지를 실크 스크린 기법으로 반복한 그림들에 대해, 고대 그리스 이래로 '유일무이성'을 숭배해온 서구 주체들은 거기서 "모험이 배제된 세계의 덧없음"[4]을 느낀다고 썼다. 말하자면 세계에서 더 이상 새로움, 창조, 생성의 모험이 가능하지 않은 상태, 심지어 그런 지루한 반복의 상태를 끝낼 강렬한 죽음/종말/단절도 주어지지 않는 삶의 상태를 워홀의 그림에서 지각한다는 것이다. 나는 전적으로 바르트의 시각에 공감하는 바이지만, 그럼에도 불구하고 진정 그런 세계는 바르트의 그때가 아니라 지금 여기 도래했다고 말하고 싶다. 이제 우리 감각에는 '모험을 상실하거나 뺏겨버린 데 대한 덧없음 혹은 허무함'도 쉽게 주어지지 않는다. 그저 그림들을 그려대고, 그것을 전시하고, 보고, 소유하면 미술이 제대로 작동하는 것인 세계에서 살고 있기 때문이다. 회화적 모험을 상실한 세계, 그 모험이 하잘것없으며, 게다가 그런 것은 단지 허구일 뿐이라고 내몰린 세계에서도 그림은 여전히 살아남아 있다. 그 허약하지만 질긴 생존이 바로 지금 여기의 그림들을 좀 더 세련되고, 좀 더 휘황찬란한 사물로 변모시켰다는 사실은 기이하다.

어쩌면 '그림에의 헌신', 동시에 '그려지는 그림에 맞서 매번 각성된 지각으로 그림 그리기' 같은 수행적 회화의 세계는 이제 불가능할지 모른다. 고도의 테크놀로지와 글로벌 자본주의가 우리에게 선사하는 것/강제하는 것은 '경제 공동 운명체'이거나 여하한 경우

---

4   Roland Barthes, 「예술, 이 오래된 것…」, 『이미지와 글쓰기-롤랑 바르트의 이미지론』, 김인식 편역, 세계사, 1998, p. 52.

의 '연대 책임'인데, 여기서 예술이라고, 회화라고 예외가 될 수는 없기 때문이다. 아니, 원래부터 그림은 그 기능과 값어치가 애매했던 만큼이나, 더욱더 명료하고 단단하며 확고한 정체성 만들기에 주력할 수도 있다. 명품 상품보다 더 상품다운 소위 '명화', 명품보다 더 반짝거리고 달콤하며 잔혹 취미도 충족시켜주는 특수한 사물로서. 만약 그에 문제가 있다면 거리의 화가로 유명한 밴크시Banksy처럼 익명적이고, 도시 게릴라적이며, 반反자본주의적인 그리기가 대안일까? 그런데 그의 스텐실 그래피티graffiti는 자본과 명성과 권위 중심의 미술계 구조를 변화시키기보다는 그곳의 컬렉션 목록을 변화시키고 있지 않은가? 지금 여기, 불충한 측은 그림이 아니라 우리 자신이다.

2 이미지로 부터

3 미술을 넘어

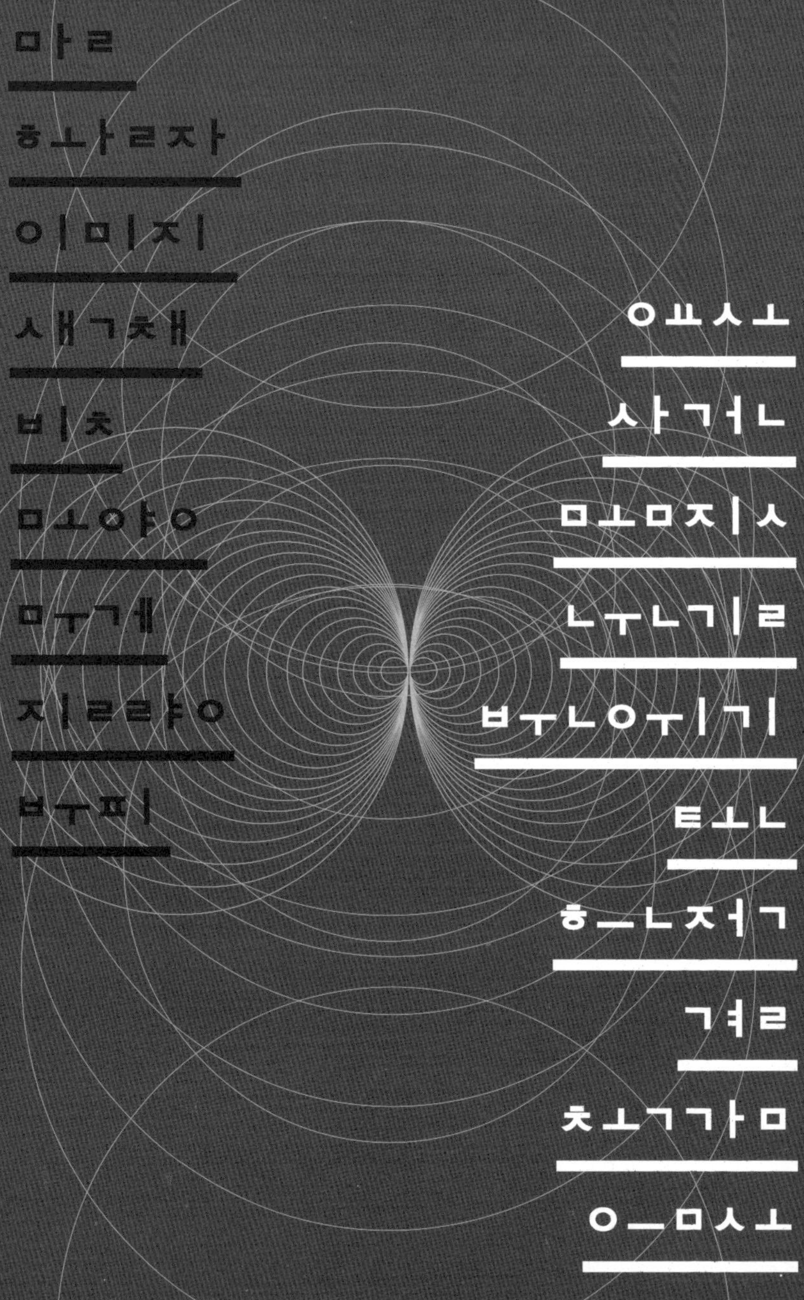

1

비평의
철학

이 장은 철학의 논제와 비평의 논제가 유별하지 않음을 보여줄 것이다. 또한 철학적 글쓰기와 비평적 글쓰기가 다른 수준에 있는 것이 아니라, 서로가 상대를 어떻게 포섭하느냐에 따라 다른 양태를 취한다는 점을 글쓰기로써 설득하려 한다.

상실한 아담의 언어

우리는 말하는 데 곧잘 어려움을 겪곤 한다. 또는 생각 그대로를 표현하지 못했다거나, 자신이 느끼는 것과 표현된 말이 다르다고 느끼는 순간에 놓인다. 이는 단지 언변이 뛰어나지 못해서, 아는 것이 부족해서, 표현력이 좋지 못해서만은 아니다. 그보다는 인간의 언어가 가진 근본적인 한계 때문이다. 우리의 언어는 세계와 결코 동일하지 않다.

니체는 「비도덕적 의미에서의 진리와 거짓에 관하여」에서 '인간의 언어가 과연 실재와 일치하는 표현'인지를 묻는다. 그에 따르면 우리 인간이 무엇인가를 언어로 표현하는 과정은 다음과 같다.

신경 자극을 우선 하나의 이미지로 옮기는 것! 첫 번째 은유. 이미지를 다시 하나의 음성으로 만드는 것! 두 번째 은유. 그리고 그때그때마다 영역을 완전히 건너뛰어, 전혀 다른 새로운 영역으로 들어간다.[1]

즉 언어는 현실을 직접적으로 충실히 모사하는 것이 아니라, '신경 자극'과 '이미지'라는 두 영역의 은유 작용 및 변이 과정을 거쳐 이뤄진다는 것이다. 다시 정리해보면 실재는 우리의 신경을 자극하고, 그것은 우리 안에서 은유의 이미지로 변화하며, 그 이미지는 음성언어로, 그리고 문자언어로, 이어서 보편적인 개념 순으로 이행해가면서 언어로써 표현되는 것이다. 니체는 실재에서 언어로의 이러한 이행이 불가피한 이유를 "주체와 객체같이 절대적으로 상이한 영역들 사이에는 어떠한 인과관계, 어떠한 정확함, 어떠한 표현도 존재하지 않으며, 기껏해야 일종의 미적인 행동 방식ästhetische Verhalten만이 존재하기 때문"이라고 설명한다. 여기서 '미적인 행동 방식'이란 앞서 니체가 '신경 자극'이라 말했던바, 우리가 실재에 대해 갖는 신체적 삶의 생생한 흐름이자 감각적 지각이다. 예컨대 당신이 입안에 음식물을 넣어 맛보면 혀와 연결된 뇌의 특정 신경이 자극을 받고, 그 자극을 전달받은 뇌의 미각 중추에 어떤 느낌이 이미지화되는데, 당신은 그 이미지에 부응하는 언어 표현을 찾아 맛을 해석하고 표현하게 되는 것이다. 흔히는 '맛있다'거나 '맛없다' '짜다' '달다' '맵다' '딱딱하다' '입안에서 녹는다' 등등의 표현을 할 것이다. 하지만 그 말들이 바로 그 음식물을 맛본 상태의 당신 지각과 완벽히 똑같은 것은 아니다. 결국 언어는 그 지각의 생생함을 "하나

1　Friedrich Nietzsche, *Werke in drei Bänden Ⅲ*, ed. K. Schlechta, WB, 1997, p. 312.

의 암시적인 전이, 전적으로 다른 언어로 더듬거리며 번역하는 일"이기 때문이다.[2]

물론 거창한 철학적 논변을 전제하거나 거론하지 않더라도, 존재 자체와 언어 표현의 불일치는 이를테면 우리가 일상에서 경험적으로 느끼는 의사소통의 불충분함으로 빈번히 인지하는 문제다. 'A라고 말하고 싶은 것'이 'A'라는 말 그 자체는 아닌 상황, 'A'라고 말했지만 정작 듣는 이가 그와 동일한 'A'라고 듣지 않는/못하는 상황, 'A'를 말하고 싶지만 그것에 근접할 뿐 결코 그에 완전히 이르지는 못하고 계속해서 다른 말들을 불러들이고 덧붙이는 상황 말이다. 예컨대 지금 내 앞에 아름다운 자연 풍광이 펼쳐져 있다고 치자. 나는 그것을 두고 온갖 순수하고 진정어린 감탄의 말을 늘어놓을 수 있다. 하지만 그 말들이 바로 그 순간에 내가 온몸으로 지각하는 바로 그 상태는 아니다. 단지 그 지각을 대변代辯할 뿐이다.

예술작품과 비평에서도 이것은 마찬가지다. 제아무리 명쾌한 판단을 내릴 줄 알고 탁월한 말과 글의 표현력을 가졌다 할지라도, 비평가는 자신이 현재 말로 내뱉고 글로 쓰는 언어가 단지 작품의 존재, 그리고 그 존재로부터 자신에게 유발된 지각과 인식의 대리물임을 절감할 수밖에 없다. 과연 내가 꼭 이렇게 느꼈던 것일까? 과연 나는 이 말을 하고 싶었던 것일까? 내가 지금 이렇게 말하고 쓰

---

2 이상 니체의 언어관에 관한 이론적 이해는 하선규, 「예술과 문화 혁신의 과제 – 칸트, Fr, 슐레겔, 키르케고르, 니체를 돌이켜보며」, 조선대학교 인문학연구원 이미지연구소 편, 『문화산업 이미지 예술』, 앨피, 2012, pp. 58-60을 참조.

는 것은 과연 얼마만큼 그 말하거나 쓰는 대상, 그리고 특히 내가 그로부터 느끼고 생각한 실체에 부합하는가? 이 같은 의심이 비평가를 사로잡는다. 존재 자체, 사물 자체와 인간 언어의 불일치 혹은 간극, 달리 말해 인간 언어에 결여된 무엇이 그렇게 끊임없이 비평가를 괴롭힌다.

그렇다면 그 불일치, 간극, 결여는 어디서 오는가? 우리는 이 문제에 대해 언어를 근거짓고 언어의 기능을 좌우하는 규칙들에 의거해 언어를 해명하는 구조주의 언어학을 참조할 수 있다. 이를 통해 직관적으로나 경험적으로는 알아도 정작 논리적으로는 설명하기 힘든 언어의 불일치를 체계적으로 설명할 수 있을 것 같기 때문이다.

현대 구조주의 언어학의 아버지이자 기호학의 창시자로 불리는 소쉬르는 언어란 "하나의 사회제도"이며 "관념을 나타내는 기호 체계"라고 정의한다. 즉 몇 가지 특징에 의해 구별되기는 하지만 정치제도나 법률제도처럼 언어 또한 사회제도 중 하나라는 것이다. 또 언어는 그 중요성이 가장 크기는 해도 문자 체계나 상징적 의식 혹은 신호 등에 비견할 만한 기호 체계라는 것이다.[3] 이 같은 '기호학으로서 언어학'의 관점에서 언어 기호는 "개념과 청각 영상[4]의 결

---

3   Ferdinand de Saussure, *Cours de linguistique générale*, 『일반언어학 강의』, 민음사, 최승언 옮김, 2007, p. 23.

4   소쉬르에 따르면, '청각영상'은 "순전히 물리적 사물인 실체적 소리가 아니라, 그 소리의 정신적 흔적, 즉 감각이 우리에게 증언해주는 소리의 재현"을 의미한다. 예컨대 청각영상이라 해서 외부로 내뱉고 들을 수 있는 소리만을 의미하는 것이 아니라, 우리가 시를 마음속으로

합", 달리 말해 "기의signifié와 기표signifiant"의 결합이다. 가령 나무라는 하나의 낱말은 '나무'라는 개념을 지니고 있는데 이 개념이 곧 기의다. 동시에 나무는 'ㄴ-ㅏ-ㅁ-ㅜ'라는 일련의 소리를 가졌는데, 이것이 곧 기표다. 그런데 문제는 이 기의와 기표의 결합이 필연적이지 않고 자의적이라는 데 있다. 기호의 자의성을 단적으로 보여주는 현상을 예로 들면 이해하기 쉬울 것이다. 한글을 쓰는 언어권에서 '나무'라는 기표를 써서 가리키는 나무라는 기의(개념)는 영어로는 'tree', 불어로는 'arbre'라는 기표와 결합한다. 이렇게 언어권에 따라서, 사회의 관습과 의식 구조에 따라서 하나의 기의에 상이한 기표가 결합된 사실은 하나의 기의가 반드시, 필연적이고 자연적으로 하나의 기표와 묶이지 않는다는 사실의 반증이다. 또한 기의와 기표의 관계가 자의적이라는 사실의 반증이다. 물론 소쉬르가 노파심에서 짚고 넘어가듯이 이때 '자의적arbitraire'이라는 말이 "기표가 화자의 자유로운 선택에 의존한다는 의미로 이해되어서는 안 된다."[5] 개인에게는 집단 내에 정립된 기호를 바꿀 힘이 없기 때문이다. 기표와 기의의 자의적 관계에서 핵심은 바로 둘 사이에 본질적이고 절대적인 공유가 없다는 점이다. '나무'라는 단어에는 나무의 속성, 물질성, 양태 같은 것이 들어 있지 않으며, '나무'라는 존재에도 활자 또는 소리로서 '나무'라는 모양, 규칙 같은 것이 전혀 들어

암송할 때나 어떤 단어를 떠올릴 때 머릿속에서 펼쳐지는 언어형상을 포함한다. Ferdinand de Saussure, 같은 책, p. 92 참조.
5　　Ferdinand de Saussure, 같은 책, pp. 95-96.

있지 않다. 그 점에서 둘은 언제나 간극을 내포하고 있고, 존재론적으로는 불일치한다.

그런데 구약성서 「창세기」를 보면 하나님은 "말씀"으로 세상을 창조하지 않았는가? 그 이야기는 곧 세상의 모든 존재가 하나님의 말씀과 일치한다는 것 아닌가? 이때 말과 존재, 기표와 기의는 절대적인 관계를 맺은 것이 아닌가? 또 아담은 신으로부터 사물의 이름을 명명할 능력을 부여받는데, 그가 그렇게 해서 사물에 부여하는 이름은 모두 그 사물로부터 그가 인식한 것이 아닌가? 그러므로 그때 아담의 언어는 사물의 존재와 일치하는 것이 아닌가? 소쉬르의 기호학을 통해 기의와 기표의 자의적 관계를 논리적으로 인정한다 하더라도, 신학을 빌려 우리는 이렇게 기의와 기표가 궁극적으로 일치하는 언어의 가능성을 생각해볼 수 있다.

이와 관련한 사고를 확장시키기 위해 이제 벤야민의 언어관을 참조해보자. 「언어 일반과 인간의 언어에 대하여」에서 벤야민은 성경의 「창세기」 1장과 2장을 분석 텍스트로 삼아 언어의 본성과 인간과 언어가 맺는 특수한 연관관계의 기원을 찾는다. 요컨대 그가 주장하는 바는 언어의 본성을 신학적으로 해명한다면, 언어는 근본적으로 "창조하는 무엇이자 완성하는 무엇이며, 말씀이자 이름"이라는 것이다.[6] 태초에 말씀이 있었고, 그 말씀으로 세상이 만들어졌으며,

---

[6] Walter Benjamin, "Über Sprache überhaupt und über die Sprache des Menschen," 『발터 벤야민 선집 6 언어 일반과 인간의 언어에 대하여. 번역자의 과제 외』, 최성만 옮김, 길, 2008, p. 83. 이하 이 글의 인용 및 참조는 모두 같은 책, pp. 71-95.

그 세상에 하나님이 이름을 주었다고 하는 성경의 내러티브가 그것을 말해준다. 그런데 하나님은 세상의 모든 것을 말씀으로 창조하시면서 유독 태초의 인간 아담만은 흙으로 빚고 숨결을 불어넣어 창조하셨다. 또 아담에게만 사물의 이름을 지을 수 있는 능력을 부여함으로써 "자신에게 창조의 매체로 쓰인 언어를 방출"했다. 이와 같은 성경 해석을 통해 벤야민은 인간의 언어가 근원적으로는 신의 말씀을 사물의 존재로부터 인식("수용")하는 것이자, 그 인식을 바탕으로 사물에 이름을 명명하는("자발성") 것이었다는 주장을 이끌어낸다.

　　우리가 성경을 믿든 안 믿든, 벤야민의 성경 해석을 비의적이라고 판단하든 그렇지 않든 인간이 대상에 대해 인식 또는 지각한 것(유사성을 발견한 것)을 이름으로 표현하는 것이 언어라는 생각은 그리 어렵지 않고 낯설지 않다. 예컨대 우리는 고대 중국이나 이집트의 상형문자가 일정 정도 사물의 형상과 속성을 모방한 글자라는 점을 알고 있다. 또 가벼운 예를 들자면 우리는 친구의 용모나 버릇 등을 보고 별명을 지어 붙이고는 하는데, 그 과정이 벤야민 식으로 말하면 '수용'과 '자발성'의 과정이다. 하지만 우리 모두가 알다시피 언어는 그렇게 감각적으로 지각할 수 있는 유사성을 넘어서지 않던가. 오늘날 이름 속에 누군가의 존재가 담겨 있다고는, 단어 속에 사물의 속성이 고스란히 드러난다고는 도저히 생각할 수 없지 않은가. 벤야민은 뱀의 유혹에 못 이겨 선악과를 따먹은 아담의 원죄를 '실락원의 인간 언어'로 연결시킨다. 아담의 순수한 이름언어는 낙원 추방 이후 인식하고 판정하는 도구적 언어, 단순한 기호, 착종 언어가 되었다는 것이다. 성경에 근거를 둔 해석인 만큼 분명 뭔가 객관적이고 검증 가능한 논리로 들리지는 않겠지만, 벤야민이 말하는 인간의 언어는 현재 우리의 언어다. 의사소통의 수단/도구로서의 언어, 추상화된 기호로서의 언어, 상이한 규칙과 체계로 이뤄진 각각의 언어가 우리가 아는 언어인 것이다. 그 점에서 아마도 사람들은 아담의 언어를 상실했다고 말해도 좋을 것이다. 또 이제 사물의 본질에 가닿아 대상과 유사해지고, 존재 그 자체를 담아 여기서 저기로 완벽하게 실어 나르는 언어는 그저 유토피아적 의사소통을 향한 꿈일 뿐이라고 말해야 할 것이다.

이미지와 텍스트

텍스트의 증인, 대표자, 유사한 실재인 돈키호테는 텍스트를 닮음으로써, 텍스트가 진실을 말한다는 것, 텍스트가 정말로 세계의 언어라는 것에 대한 증거와 의심할 여지 없는 표지를 제시해야 한다. 책의 약속을 실현하는 것이 그의 몫이다. (…) 돈키호테는 책을 증명하기 위해 세계를 읽는다. 그리고 닮음의 번쩍거림만을 증거로 여긴다.[1]

1.

아인슈타인이 다음과 같이 자문자답한다. "어쩌다가 상대성 이론을 발견한 사람이 다른 사람이 아닌 내가 되었을까?" "그 이유는 정상적인 어른이라면 하던 일을 멈추고 공간과 시간에 대해 생각하는 일이 절대로 없기 때문이 아닐까." 이렇게 아인슈타인은 사람들이 자라면서 어느 때부터인가 '주어진 것'으로 당연시하고 더 이상 호기

---

[1]   Michel Foucault, 『말과 사물』, pp. 86-87.

심을 갖거나 새삼스럽게 묻지 않는 것들에 대해 근본적인 수준에서 새롭게 생각했기 때문에 자신이 과학적 진리를 발견할 수 있었다고 생각한다. 사실 시간과 공간에 대해 생각하기보다는 매순간 그에 쫓기고 어디서고 길을 잃지 않으려고 허덕이는 우리 어른들을 떠올려보건대, 아인슈타인의 그 점은 탁월한 능력이 아닐 수 없다.

그렇다면 아인슈타인은 어떻게 해서 새롭게 생각할 수 있었을까? 그는 자신의 과학적 아이디어가 "이미지를 가지고 장난하며 노는 것"을 원천으로 한다고 말한다. 그리고 그 사고의 과정을 다음과 같이 자기 분석했다. "내가 머릿속으로 생각할 때의 메커니즘을 보면, 글이든 말이든 언어는 그 속에서 어떤 역할도 하지 않는 것 같다. 생각의 기본 요소로 작용하는 심리적 실체는 어떤 기호 혹은 마음먹을 때마다 다시 떠올리거나 합칠 수 있는 다소 선명한 이미지다." 요컨대 여기서 아인슈타인은 자신의 사고 체계가 논리와 개념에 앞서 시각적이고 정서적인 이미지를 기본 요소로 한다고 주장하고 있다. 그리고 그에게 새로운 생각은 그러한 이미지들을 여러 차원에서 연상하고 이러저러한 관계 속에 놓아보며 "다소 모호하게 놀이"하는 과정에 다름 아니라는 것이다. 물론 아인슈타인은 이 과정이 첫 번째 단계라면 두 번째 단계는 "다른 사람과 소통할 수 있는 언어나 기호를 이용해서 어떤 식으로든 〔그 이미지〕 요소들을 논리적으로 구성해 연결"하는 일이라고 적시했다.[2] 그렇게 해서 결론적

---

2   이상 Thomas G. West, *In the Mind's Eye: Creative Visual Thinkers, Gifted Dyslexics,*

으로는 이미지 또는 언어 중 어느 한쪽이 아니라 그 둘의 상호작용을 새로운 진리를 발견하기 위한 필수 과정으로 인정한 것이다.

아인슈타인이 자기 사고의 진행 양상을 이와 같이 설명한 점을 근거로 토머스 웨스트Thomas G. West는 인간의 뇌에서 우뇌가 '시각적 사고'를 담당하고, 좌뇌가 '언어 중심의 사고'를 담당하며 창조성은 전자를 통해서 발현되어 후자로 정리된다는 이론을 펼쳤다. 오랜 세월 동안 인류 지식의 무대에서 이성, 언어, 논리가 독점적 권위를 누려온 반면 이미지는 상대적으로 저평가(의심스럽거나 불확실하거나, 비논리적이거나 객관적이지 않거나 등등)되어왔다는 점을 생각할 때, 웨스트의 이론은 이미지적 사고의 힘을 과학적으로 설명한 의의가 있다. 하지만 그보다 더 중요하게 의의를 둬야 할 대목은 아인슈타인도 그렇고, 웨스트 자신도 인정하듯이 우리가 우뇌나 좌뇌, 이미지나 언어 중 어느 한쪽의 독점적인 작용이 아니라 상호작용을 통해서 세계를 지각하고 이해해왔다는 역사적 사실이다. 사람들은 이제까지 보고, 듣고, 냄새 맡고, 맛보고, 만지며 느끼고, 생각하고, 말하고, 읽고, 써왔던 것이다.

---

and the Rise of Visual Technologies, 『글자로만 생각하는 사람 이미지로 창조하는 사람』, 김성훈 옮김, 지식갤러리, 2013, p. 49와 501을 참조.

2.

사람과 사람을 잇는 것은 무엇일까? 또 세대와 세대를 잇고, 민족과 민족, 지역과 지역의 경계를 가로질러서 그 이어짐과 가로지름이 인류의 보편 역사가 되도록 이끄는 것은 무엇일까? 피血? 정情? 문화? 사랑? 혹은 쟁투? 모두 맞을 것이다. 그러나 사람이 동물이 아닌 이상 단순히 피로 맺어졌다고 해서 관계가 이어지는 것은 아니다. 또 인간이 정을 나누고, 사랑을 하고, 문화를 구축하고, 역사를 쌓아나가는 데는 그저 주어진 존재로서 유기체적 생명활동을 이어나가는 차원을 넘어선 의식적 요소가 필요하다. 그 점에서 사람과 사람, 세대와 세대, 민족과 민족, 지역과 지역의 관계 맺기는 무엇을 통해 이루어지는가의 답은 정, 사랑, 문화 또는 생의 쟁투보다 앞선 것이어야 할 것이다.

그 앞서 있는 것이 '언어와 형상'이다. 즉 언어와 형상을 통해서 인간은 서로 정을 나누고, 사랑을 하고, 문화를 일궈나갔으며, 현재도 그렇게 이어오고 있다는 말이나. 우리가 통상 '의시소통communication'이라는 말로 본능적인 행위나 단순한 작용–반작용 상태를 지칭하는 것이 아니라, 그 너머 고도로 복합적이고 다양한 말과 이미지의 교류 및 그 교류의 역학을 지시한다는 점이 그 근거다. 아마도 인류는 처음에는 무엇인가를 표현하고 서로 나눌 욕구와 필요성 때문에 언어와 형상을 발명했을 것이다. 하지만 점차 그 언어와 형상, 그리고 그것을 실어 나르는 매체가 오히려 인류의 사고, 상상, 꿈, 욕망 등을 산출하고 결정지어 나갔을 것이다.

3.

동시대에는 의사소통의 역량이 개인의 대인관계만이 아니라 정치·경제·사회·문화·기술·예술 등 인간 삶의 전 방위에서 가장 중요한 이슈가 되었다. 그 와중에 우리는 과거 그 어느 때보다도 오류나 결여 없는 완전한 커뮤니케이션을 향한 욕망으로 내달리고 있다. 그 욕망의 내달림에서 최첨단 테크놀로지와 나날이 복잡다기해지는 미디어, 촌각을 다투며 쏟아져 나오는 디지털 프로그램 및 어플리케이션은 탁월한 수단vehicle이다. 이를테면 그것들을 통해 더 빨리, 더 동시다발적으로, 더 많이, 더 효과적으로 의사소통하고자 하는 우리 욕망이 순간순간 실현되고, 또한 계속해서 새로운 욕망으로 거듭나고 있는 것이다. 그러나 그 눈부시게 현란한 수단들로 우리의 의사소통 능력과 범위가 비약하는 와중에도 변하지 않는 것이 있다. 어떤 형태의 의사소통에서도 여전히 언어와 형상이 본체를 이루고 있다는 사실이다. 형식적 차원에서 의사소통의 기술과 매체는 급격한 변화를 거듭하나, 그 내용을 이루는 언어와 형상은 다른 어떤 것으로 대체되지 않고 유지된 것이다. 가령 면대면 대화 같은 전통적인 방식의 커뮤니케이션에서든, 스마트폰의 카카오톡 채팅 같은 첨단 기술에 의한 커뮤니케이션에서든 우리는 여전히 쓰고, 말하고, 듣고, 그리고, 보고, 느낀다. 그 점에서 말, 글, 기호, 이미지는 의사소통의 절대적 필요조건이다.

산업사회 이후 인류가 기술과 매체를 끊임없이 고도화, 확장, 복합화하는 과정에서 언어와 형상이 표현 및 의사소통의 중심 자리를 빼앗기지 않았을 뿐만 아니라 그 힘이 더욱더 커지고 있다는 사실은 언뜻 당연해 보인다. 하지만 새로운 기술과 매체가 발명되고 출현하는 만큼이나 언어와 형상이 아닌 다른 무엇이 우리의 표현 및 의사소통을 위해 산출될 가능성도 크지 않았겠는가? 나 자신도 뭐라 제시할 수는 없지만, 예컨대 말, 글, 기호, 이미지가 아닌 어떤 것이 나올 수 있지 않았겠는가? 물론 이런 생각 자체가 터무니없을 수 있고, 부질없을 수 있다. 현실을 말하자면 커뮤니케이션의 중요성과 그 실현 양태로서 매체가 더 발전하고 더 다채로워진 지금, 언어와 형상은 변화에 밀려 퇴물이 된 것이 아니라 인간 역사의 다른 어떤 시기보다도 더 강력한 힘을 부가받으며 '백화제방百花齊放 백가쟁명百家爭鳴'하고 있기 때문이다. 나아가 그 언어와 형상에 의해 우리 삶이, 우리의 리얼리티가 좌지우지되고 있다.

4.

푸코는 『말과 사물』에서 16세기 르네상스 시대 이후 서구의 지식이 어떤 에피스테메의 역사적 단층을 이뤘는지 논했다. 이를테면 "무엇으로부터 인식과 이론이 가능했는가, 어떤 질서의 공간에 따라 지식이 구성되었는가, 역사상 어떤 선험적인 여건을 바탕으로, 어떤 실증성의 조건 속에서 사상이 출현하고 과학이 구성되고 경험이 철학에 반영되고 합리성이 형성"되고 해체되었는가를 질문하고 그 "인식을 위한 가능 조건의 역사"를 탐구한 것이다.[3] 푸코에 따르면, 서구

인식의 역사에는 두 번의 불연속이 있었다. 첫 불연속이 17세기 중반 고전주의 시대를 열었다면, 19세기 초 두 번째 불연속을 통해서는 근대가 모습을 갖추기 시작했다. 그리고 16세기 말까지는 '유사성'이, 17세기 중반부터 19세기 초 이전까지는 '동일성과 차이'가, 19세기 초부터의 근대는 '인간'이 각각 그 시대의 에피스테메였다.

그런데 여기서 우리가 주목할 점은 푸코가 에피스테메의 불연속성을 주장하는 기준, 즉 각 시대가 다른 에피스테메를 형성했다는 근거로 '표현'과 '그 표현의 대상'을 든다는 점이다. 그것은 언어와 이미지, 그리고 그 대상으로서 사물/세계가 각 시대의 에피스테메를 따지는 준거가 된다는 논리를 담고 있다. 16세기 유사성의 시대까지 언어와 이미지는 그 표현 대상으로서 사물/세계를 닮음, 즉 모방관계로 표현했다. 예컨대 회화는 공간을 모방했고, 사물의 이름은 그것의 표면에 나타난 은밀한 유사성에 따라 명명됐으며, 인간의 지혜는 세계의 질서를 닮아 산출되는 식이었다. 그러던 것이 17세기에 접어들면 점차 지식을 구성하는 원리이자 기본 범주가 유사성에서 '동일성과 차이'로 변화한다. "특히 16세기의 인간이 관찰한 바처럼 친근성과 닮음 그리고 친화력이 여전히 하나의 매듭으로 묶여 있고 언어와 사물이 끝없이 교차한 경험의 영역 (…) 전체가 새로운 지형을 띠게 된다."[4] 푸코는 그 새로운 지형을 "합리주의"로 칭

---

3   Michel Foucault, 『말과 사물』, p. 17.
4   같은 책, p. 98.

해도 좋다고 하는데, 왜냐하면 17세기 고전주의 시대에는 언어부터가 존재 자체에 중심을 두기보다는 논리의 "투명성과 중립성"에 무게를 두기 시작했기 때문이다. 그 언어는 합리주의에 입각한 추상적 언어, 분석과 구별짓기의 언어다. 그리하여 이때부터 서구의 지식은 세계를 닮음 관계로 모방하는 데서 벗어나, 수학이 입안한 분석, 질서, 척도의 형식 아래 존재들 간의 동일성과 차이를 따지는 식으로 재편되었다.

하지만 예컨대 일곱 행성으로 이뤄진 태양계와 일곱 구멍을 가진 인간의 얼굴에서 유사성을 발견하고 이에 근거해 매크로 코스모스와 마이크로 코스모스의 심오한 질서를 생각했던 시대가 지고, 과거의 그 같은 지식이 미신, 망상, 오류로 평가 절하되는 시대가 부상했다고 해서 모든 사람이 일사불란하게 그 패러다임의 이행에 적응하지는 않았다. 또한 17세기 고전주의가 시작됐다고 해서 유사성이 일거에 사라진 것은 아닌데, 그 시기 유사성은 제한적이며 조건적인 입장에서 상상력의 형태로 잔존—"닮음은 상상력 쪽에 위치하거나, 더 정확히는 상상력의 효력에 의해서만 나타나고, 역으로 상상력은 닮음에 기대서만 작용"[5]—했다. 17세기 문학세계에는 이렇게 시대적 변이 또는 이행 자체를 작품 속에서 몸으로 현현하고 있는 이가 있다. 바로 돈키호테다. 첫째, 그는 자신이 속한 시대의 인식론적 패

5　같은 책, p. 117.

러다임 변화에 편승하지 않는/못한 시대착오적 인물이다. 둘째, 그는 자기가 현실 판단의 근거로 삼은 인식론이 현재의 원칙이 아니라 지나간 과거의 것임을 자기 자신만 모르는 인물이다.

푸코는 세르반테스의 소설 『돈키호테』의 주인공 돈키호테를 17세기 동일성의 세계가 시작되는 곳에서 과거의 유사성을 붙들고 정지해버린 시대착오적 위인으로 해석한다. 사실 그 주인공은 우리가 알다시피 현실을 기사도騎士道 이야기의 무대로 착각하고, 자신의 실제 삶을 그 문학의 내용과 닮은 것으로 만들려고 애쓰는 인물이다. 다시 말해, 세르반테스의 텍스트 속 돈키호테는 사물들의 유사성—사실 독자 입장에서도 어느 정도는 이미지의 닮음관계가 연상되는—에 따라 현실을 자신이 읽은 기사 이야기(텍스트 속 텍스트)에 맞추느라 고군분투한다. 예를 들어 그에게 눈앞의 풍차는 기사의 용맹으로 무찔러야 할 거인이다. 시골 소녀 둘시네아는 자신이 사랑과 헌신을 바칠 공주여야만 한다. 허름한 주막은 결코 주막이어서는 안 되는데, 그곳은 자신이 편력기사가 되는 의식을 치를 훌륭한 성이어야 하기 때문이다. 이야기가 현실을 근간으로 하는 것이 아니라, 현실이 이야기에 맞춰 변질되어야 하고, 심지어는 지난 시대 숱하게 나온 기사도 책의 내용을 증명해야 하는 상황. 이것이 유사성에서 동일성과 차이로 패러다임이 이행하는 경계 위에 "멈춰버린" 돈키호테가 눈에 그리듯 소설 속에서 보여주는 뒤집힌 구조의 세계다. 언어와 형상이 세계를 모방하는 것이 아니라, 세계가 언어와 형상이 표현한 바대로 읽히고 보이는 세계. 세르반테스의 작품 속에서는 오직 돈키호테만이 그 뒤집힌 세계 속에서 산다. 주변 인물들은 그와는 달리, 현실은 모두 현실로, 허구의 이야기는 모두 허구의 이야기로 구분할 줄 아는 것이다. 돈키호테가 '미치광이' '광인'이라 불린 이유가 그 때문이며, 그의 기행이 텍스트 속에서 벌어지는 지나친 상상력의 산물로 판정되는 맥락도 거기에 있다.

5.

이 책의 1부에서 나는 미국의 블록버스터 SF영화 상영관에서 발생한 무차별 총기 난사 사건을 얘기했다.[6] 그 일을 사례로 한순간에 현실이 호러물이 되고, 호러물이 현실이 되는 무섭고 초현실적인 2012년의 단면을 논했다. 당시 사건 현장에서 범인 홈스는 자신이 영화의 세계를 현실로 만들고 있음을 타인을 향해 과시했다. "나는 조커다." 이 외침이 그 사건 심부에 도사린 가장 무서운 점이고, 17세기 현실에서 중세 기사도 이야기를 증명하려 애쓴 돈키호테와 절대적으로 다른 지점이다. 돈키호테가 시대착오적 인물로서 과거의 이야기를 현실로 믿었다면, 홈스는 현실 도착적 인물로서 영화의 판타지를 현실의 사건으로 전시展示한다는 점에서 그렇다.

　만약 푸코가 살아 있었다면 이런 일이 벌어지는 21세기를 어떻

6　　이 책 1부 6. '현실에서 호러까지' 참조. pp. 120~122.

게 규정할까? 어떤 인식론적 기반이 이 시대에 홈스와 같은 이의 판타지를 실제의 폭력으로 괴물처럼 뒤집어버렸다 말할 것인가? 푸코는 아니고, 일찍이 보드리야르는 1981년에 출간한 책『시뮬라시옹』에서 탈근대 사회를 기호가 자연적 대상을 능가해 더 실재적이고 탁월한 실재, 즉 '하이퍼리얼hyperreal'을 창조해내는 상황으로 진단했다. 쉽게 말해 과거의 회화나 문학이 어떻든 간에 주체의 외부에 주어진 세계를 모방 · 재현 · 참조 · 극복하려 하면서 실재가 아니라 그 모상을 창조하는 데 머물렀다면, 탈근대 사회에서는 이미지가 현실을 초과하는 '과-실재hyper-real'를 만들고 실행시킨다는 것이다. 그는 요즘 우리가 영화관에서 흔히 보는 3D 영화의 초기 버전인 입체 영상에 대해 논하면서 "입체 영상은 우리 자리에서 우리 대신 태어난 것이 아니고, 우리에게 일어날 일을 예견하여 주의를 기울이고 있는 분신이며 빛으로 동일 증식된 우리"[7]라고 썼다. 이 말을 앞서 총기 난사 사건과 홈스에게 대입하면 우리는 1980년대 보드리야르의 판단이 소름끼칠 정도로 지금 여기서 현실화됐음을 실감한다. 영화와 영화 속 악당은 "우리에게 일어날 일을 예견하여 주의를 기울이고" 있었을 것이다. 미래의 어느 시점에 자신이, 자신의 캐릭터가 미국의 한 영화관에서, 평범한 (줄 알았던) 한 청년을 통해 육화되는 충격적 하이퍼/리얼리티를 정확히 지목하고서 말이다.

---

7   Jean Baudrillard, *Simulacres et Simulation*,『시뮬라시옹』, 하태환 옮김, 민음사, 1997, p. 180.

6.

사람과 사람을 잇고, 세대를 지속시키고, 피와 영토의 경계를 가로질러 관계를 만들어나가게 하는 언어와 형상이 우리 시대까지 굳건히 존속하면서 문화와 역사를 일궈왔다는 사실은 찬탄할 만한 일이다. 그러나 그 언어와 형상의 비약적 발전 및 확장이 생명의 실재성을 하찮은 것으로 취급하는 데 일조하거나, 우리의 분별력을 잃게 한 측면은 비극적이다. 실재와 가상을, 세계와 환영을, 유사성과 동일성을, 감각과 이성을 이분법적으로 구분할 수 있다거나 그래야만 행복하다는 얘기가 아니다. 중요한 것은 세계를 향한 우리의 분별력, 사고력, 감각적 지각의 거리aesthetic distance 자체다. 그것을 잃는 순간, 그것을 부지불식간에 포기하는 순간, 이미지와 텍스트의 환상성에 마취되는anesthetized 순간 우리는 이미지와 텍스트를 생산하는 이들이 아니라 이미지와 텍스트에 의해 생산되는 시뮬라크르의 모방자로 추락한다.

분류의 인간학적–미학적 면면

1.

세계를 명쾌하게 正과 反, 이 둘로 분류할 수 있다고 믿는 사람들이 있다. 사고 체계에서 이에 대한 가장 (악)유명한 예는 이분법이 될 것이다. 세간에 '세계는 테러리스트 집단과 이를 저지하고 전 지구적 평화를 수호하는 국가로 나눌 수 있다'라든가 '세상의 아빠는 부자 아빠와 그렇지 못한 아빠로 나눌 수 있다' 따위가 유행하는 것은 그 이분법적 분류의 이데올로기가 의식할 수 없을 만큼 평범해진 결과다.

이와는 반대로 세계는 무한한 다양성의 공존이기 때문에 결코 특정한 틀이나 기준에 맞춰 나누거나 헤아릴 수 없다고 말하는 이들이 있다. 이것은 상대주의로 요약된다. 1920년대 초반, 우주에서는 모든 가치 척도가 상대적이라는 논점을 과학으로 검증한 아인슈타인의 일반상대성이론이 사회·대중적으로 곡해되거나 세속화된 형태로 서구사회에 확산됐다. "시간과 공간, 선과 악, 지식과 가치에 대한 절대적인 기준이 사라졌다. 상대성이론을 상대주의와 혼동하기 시작한 것이다. 그것은 분명 잘못된 일이었지만 피할 수 없는 일이기도 했다."[1] 저널리스트이자 역사가인 존슨Paul Johnson이 이렇게 상대성이론의 세속화를 지적했을 때 핵심은 과학의 분별력 있는 장을 넘어서버린 대중적 상대주의다.

아인슈타인은 가설-실험-검증의 엄격한 과정을 거쳐 '물질의 존재에 따른 시공간의 변형'을 설명한 상대성이론을 발표함으로써 유클리드 기하학의 직선과 갈릴레오의 절대 시간 개념에 기초한 뉴턴의 우주론을 뒤집었다. 그런데 어떻게 그런 과학적으로 엄밀한 상대성이론이 20세기를 거치는 동안 세상사 모든 가치의 판단은 상대적일 수 있다는 식으로 범속해졌을까? 사람들이 그만큼 서구 18세기 계몽주의를 관통하며 이어져온 이분법의 획일적 적용에 숨막혀 했기 때문일 수 있다. 또는 경험상 그에 동의하지 못했기 때문일 수 있다. 속류 상대주의의 만연, 이는 세계란 인간이 유클리드 기하학을 통해 유리수Rational number 또는 무리수Irrational number로 재단해낼 수 있는 대상이 아니라, 오늘날 복잡성 과학에서처럼 예측치 못한 변수와 우연의 개입에 따라 끊임없이 생성 변화하는 존재 그 자체라는 사실을 사람들이 일깨워가던 중 나타난 한 현상이다.

[1]   Paul Johnson, *Modern Times: The World from the Twenties to the Nineties*, 『모던타임스 Ⅰ』, 조윤정 옮김, 살림, 2008, pp. 17-18.

2.

물론 21세기를 살아가고 있는 여기 우리는 때로 여전히 이분법의 논리로 세계를 규정하고, 때로는 '어떤 것도 가능하다'는 관점에서 상대주의의 유연성을 발휘한다. 즉 어떤 경우에는 부/정, 음/양, 찬/반, 정신/물질, 주관/객관의 단순명료한 분류법으로 세상을 들여다보고, 또 다른 경우에는 불확정적이고 가변적이며 복합적인 관점으로 접근한다. 그럼에도 불구하고 이 양상을 구조적으로 들여다보면, 우리는 이분법을 내 사고와 감각의 근본 체계로 내면화한 가운데, 외관상 혹은 사안별로 다원주의와 상대주의의 태도를 취하는 것처럼 보인다. 서구중심주의 및 제국주의의 잔재인 서양/동양, 선진국/개발도상국/후진국이라는 경제적·문화정치학적 틀을 부지불식간에 전제하고 다문화주의와 글로벌리즘을 논하는 것. 미학적 모더니티에 따라 구획된 고급문화/하위문화, 순수예술/대중문화, 엘리티즘/포퓰리즘이라는 위계적 분류를 내속한 채로 팝아트, '퓨전 및 크로스 컬처fusion-cross culture'를 주창하며 위반과 탈경계를 상연하는 것. 지식과 학문 영역에서는 모더니즘의 분과discipline 학문 격자 구조 내에서, 그것의 해체나 학제 간inter-disciplinary 연구, 그리고 지식의 대통합으로서 융합convergence을 대세로 받아들이는 것. 이런 현상이 그 예다. 사실 지난 세기 말부터 '사이' '간극' '틈새'와 그것의 '교차' '가로지름' '융합' '유목'이 어느새 우리 삶의 유행어가 됐고, 학문의 주제어key words가 됐으며, 문화예술이 지향하는 목표가 됐다. 프랑스 혹은 이태리 '정통' 레스토랑을 밀어내고 '퓨전' 음식점이 골목마다 들어선 지 오래다. 학계에서는 '학제 간' 연구가 아니면 연구 지원은 고사하고 소규모 발표조차 하기 힘들어져, 표면적으로라도 분과 간 교류에 몰두하는 학자와 연구자가 대부분이다. 문화예술계는 완전한 창조가 아니라 어디서 본 듯한 것들의 차용appropriation과 브리콜라주bricolage에 열광하고 그 지형을 당연시해간다. 요컨대 기존에 이질적인 것으로 분류됐던 것들의 절합articulation은 이제 신선하고 효과적인 전략을 넘어 어느 면에서는 상투적인 것cliché으로 느껴질 만큼 일반화됐다.

상황이 이렇다 할 때, 문득 다음과 같은 질문이 떠오르지 않는가? 어떻게 우리는 순수, 정통, 고유성, 내재성 같은 것이 아니라 혼합, 하이브리드, 잡종성, 떠돎 같은 것을 이렇게 전면적으로 긍정하게 됐을까? 어떤 이유로 우리는 전체, 조화, 완전성, 정주定住보다 간극, 균열, 부분들의 조각 맞추기, 이질적인 것들의 횡단에 더 많은 시간을 할애하게 됐을까? 이에 대해서는 두 가지 동인動因을 찾을 수 있다. 하나는 정치경제학 차원에서, 서구/동구로 나뉘어 민주주의/전제주의, 자본주의/사회주의(공산주의)의 이항 대립 구도로 냉전을 거듭했던 세계가 20세기 말 후자의 점진적인 몰락과 더불어 전 지구적 자본주의 또는 세계화라는 질서 체제로 재편되었기 때문이다. 다른 하나는 철학·인식론 차원에서, 18세기 서구의 계몽주의 철학자들에 의해 공식화된 객관적 과학·보편적 도덕과 법률·자율적 예술의 분화로 이뤄진 모더니즘의 정신 구조가 후기/구조주의 및 포스트모더니즘의 비판과 회의, 그리고 해체deconstruction를 통해서 전면적으로 패러다임 이동했기 때문이다. 첫 번째 원인은 논의를 미루고, 두 번째 정신 구조적 변이를 살펴보자.

예를 들어, 후기/구조주의자로 불리는 푸코는—물론 그 자신은 생전에 그렇게 분류되는 것을 꺼렸지만—『말과 사물』 서론에서 포스트모더니즘의 개시자로 평가받는 문학가 보르헤스의 작품에 차용된(그렇지만 확인할 길 없는) 중국백과사전의 '동물 분류법'을 소개한다. 서구와 동양의 세계 이해와 사고 체계의 다름difference, 그리고 사물과 언어 간의 표상 불/가능성을 논하기 위해, 이를 논제로 삼은 것이다. 푸코는 "이 경이로운 〔중국백과사전〕 분류법에서 (…) 우리에게 또 다른 사유의 이국적인 매력처럼 보이는 것은 우리 사유가 갖는 한계, 즉 그것을 사유할 수 없다는 적나라한 사실"임을 깨달았다. 문제가 되는 "어떤 중국백과사전"에서 동물은 다음과 같이 분류된다.

a) 황제에게 속하는 것 b) 향기로운 것 c) 길들여진 것 d) 식용 젖먹이 돼지 e) 인어 f) 신화에 나오는 것 g) 풀려나 싸대는 개 h) 지금의 분류에 포함된 것 i) 미친 듯이 나부대는 것 j) 수없이 많은 것 k) 아주 가느다란 낙타털 붓으로 그린 것 l) 기타 m) 방금 항아리를 깨뜨린 것 n) 멀리 파리처럼 보이는 것[2]

---

2   Michel Foucault, 『말과 사물』, p. 7.

읽어도 얼른 머리에 들어오지 않는 여기 쓰인 동물들은 알파벳순으로 정리돼 있어 일단 문서상으로는 질서정연해 보인다. 하지만 그 분류는 우리가 통상 사물에 적용하는 분류 기준으로 따지면 지나치게 가까운 것들을 세분화시켰거나 거리가 매우 먼 것들을 접붙여 놓았다. 세상의 모든 것(백과)을 과학적 진리에 입각해 논리적으로 정의해놓은 책(사전)의 한 항목임에도, 실재와 상상, 사실 묘사와 환영, 외관과 내적 실체 등이 마구 뒤얽혀 있어 합리적 기준과 실증성이 부재해 보이는 것이다. 하지만 푸코는 중국백과사전식 동물분류법을 비객관적이거나 비과학적이라고 폄하하지 않는다. 오히려 그로부터 인간의 인식과 이론, 경험과 문화의 구조를 가능케 하는 지知의 토대épistémè가 역사적·지역적으로 불연속한다는 파괴력 있는 철학을 도출한다. 요컨대 우리에게 선험적으로 주어진 것으로 보이는 관념, 실증적으로 여겨지는 지식, 합리적 가치나 객관적 경험 형태에 바탕을 둔 규준, 질서, 체계가 특정 시공간의 총체적 하부 구조인 에피스테메에 따라 전체적인 변화를 겪는다는 것이다. 이로부터 우리는 절대적이고 결정론적인 진리, 유일무이하고 근본적인 원리, 영구불변하고 공명정대한 기준과 질서를 의심함과 더불어 그것들의 불/가능성을 재고하게 된다. 그런 진리, 원리, 기준, 질서란 결코 없다는 비관적이고 냉소적인 단언보다는, 이제까지의 인간 지식과 경험의 한계, 사고 체계와 문화 구조의 역사적 특정성을 반성하게 되는 것이다. 이러한 반성이 지난 세기 중후반부터 후기/구조주의 철학과 포스트모더니즘 문화예술에 의해 촉발됐고, 지금 우리에게는 일상에서도 자연스러워진 다양성과 이질성의 범람, 경험적 질서의 다변화, 과학적 이론이나 철학적 해석, 그리고 예술 실천에서 상대성과 비결정성과 상호성이 부상하게 된 중요한 계기다.

이제 살펴볼 과거 소비에트(소련)의 백과사전과 관련된 일화는 우리에게 또 다른 측면에서 지식의 구성, 분류의 정치학을 들여다보게 한다. 베리아Lavrenty Pavlovich Beria는 스탈린 치하의 소련에서 '스탈린의 대숙청' 시기라 불린 1936년에서 1938년까지 정치적 숙청과 정적의 처형을 직접 주도한 비밀경찰국장이자 당 권력의 핵심 인물이었다. 1953년 12월 23일 그가 사망한 직후, 1954년 소비에트 백과사전을 출판한 출판사는 그 사전을 구입한 모든 소비에트 독자에게 다음과 같은 서한을 보낸다. 백과사전의 항목 B에서 'Beria'에 해당되는 두 쪽을 찢어 출판사로 보내라는 것이었다. 베리아는 스탈린 사망 후 당 권력 투쟁에서 반反베리아 동맹으로부터 탄핵돼 유죄 판결을 받고 처형됐기 때문이다. 출판사는 베리아 항목 대신 즉각 '사진 도판이 실린 베링 해협에 관한 두 쪽'을 독자들에게 제공했고, 그걸 받은 독자들은 소비에트 백과사전의 찢긴 부분에 베링 해협을 채워넣었다. 이렇게 해서 백과사전적 총체성, 그리고 소비에트 총체성은 재확립되었다.[3] 객관적인 지식의 집대성이라 할 백과사전이 정치적 이해관계와 권력의 향방에 따라 편집되고, 임의의 사건들에

---

3   Slavoj Žižek, *In Defense of Lost Causes*, 『잃어버린 대의를 옹호하며』, 박정수 옮김, 그린비, 2009, pp. 340–341 참조.

종속된 채 변전變轉한 결과 얻어진 그 지적 총체성만큼이나 소련 사회주의 국가의 총체성은 허약하고 덧없는 것이었다. 1989년 서독과 동독의 명시적 경계선이었던 베를린 장벽이 해체된 것을 기점으로 구소련을 비롯한 동구권의 연쇄 몰락, 오늘날 '세계의 공장'이라 불리는 중국의 모습에서 보듯 공산당 체제하 사회주의 국가의 급격한 신자유주의 시장경제화와 글로벌 자본주의로의 편입은 그래서 이미 예견된 일이었는지도 모른다. 앞서 우리가 동시대 문화 상황이 변화한 요인 중 하나로, 냉전 이후 세계질서가 '글로벌스탠더드'로 재편됐다는 사실을 꼽았던 것은 이처럼 역사적으로 크고 작은 사건들을 염두에 두고서다.

3.

분류는 전체를 부분으로, 일반을 특수로 나누는 방법이다. 하지만 이미 전체(일반)를 포괄하고 있는 인식론적 장치이기도 하다. 왜냐하면 '전체(일반)'라는 관념 자체가 존재하기 위해서는, 전체가 아닌 것(일반적이지 않은 것)이 있어야 하고, 그 각각은 결국 전체/비전체, 보편/특수를 분류하고 분할하는 메커니즘 속에서 생성되기 때문이다. 문학의 수사법 중에는 이 전체와 부분을 함께 내포하면서 서로를 매개하는 방식이 있다. 전체로 부분을 표현하거나 부분으로 전체를 나타내는 '제유법'이 바로 그것이다. 가령 '인간은 빵만으로는 살 수 없다'라고 말할 때, 이 '빵'이라는 특정 음식은 '생물학적 욕구 충족' 일반을 표현하고 있다. 그런데 여기서 잠시 역사의 흥미로운 에피소드 하나가 떠오른다. 사치와 향락으로 1789년 프랑스 대혁명을 촉발시킨 왕비 마리 앙투아네트가 '빵을 달라'는 굶주린 민중의 외침에 '빵이 없으면 브리오슈를 먹으라'고 화답했다는 그 유명한 일화 말이다. 이 민폐 왕비는 '빵'이 곧 '생명'을 제유提喩하는 말인지 몰랐던 것일까? 수사법에 무지했다기보다는, 통치권자로서 정신이 박약했고 무책임했다고 말하는 것이 정확할 것이다. 다른 한편, 과장이든 낭설이든 역사가 그렇게 기억하고 있는 이 이야기에서, 우리는 부분으로 전체를 의미하는 제유법과는 다른 무엇을 생각해볼 수 있다. 큰 범주로서 '먹을거리' 일반이 아니라 미각의 섬세한 차이에 따라 분할되는 식食 문화의 다양한 종種을 생각한다면 빵이 곧 브리오슈일 수는 없다. 빵과 브리오슈는 취미taste가 다른 것이다. 이에 대해 민중 혁명이라는 역사적·정치적 문제에서 한가하게 일상의 감각적 취미나 논하고 있다고 말할지 모르겠다. 하지만 진짜 문제는 그렇게 역사/정치/문화/현실 삶을 위계적으로 분리시키고, 앞의 것을 위해서는 뒤의 것이 일정 정도 훼손되거나 감축되는 일을 감수해야 한다는 논리가 인류의 근대사를 고통으로 멍들게 했다는 사실이다. 앙투아네트 왕비의 일화야 물론 민중의 현실에 무지한 폭군의 어처구니없는 반응이지만, 우리는 우리 자신의 구체적 삶이 역사의 대의명분과 현실 정치 논리의 집단화 가운데 희박해지거나, 우리의 꿈과 욕망, 감각과 정서가 최소한의 동물적 연명으로 축소되는 상황에 만족하며 살지 못한다. 문화와 예술은 바로 그 삶의 구체성, 꿈과 욕망의 활동, 감각과 정서의 양태로부터 생겨난다. 동시에 그 문화와 예술로부터 삶, 꿈, 욕망의 아직 도래하지 않은 차원이, 감성의 질과 양이 새로 탄생하기도 하고 분할되기도 한다. 그러므로 제유법의 전체와 부분의 관계는 무한히 다양하고 다자적이며 종결되지 않는다. 마치 카우프만Charlie Kaufman의 영화 〈시네도키 뉴욕Synecdoche New York〉에서 연극 연출가인 주인공이, 인간 인생사 전체를 가장 장대하면서도 디테일하게, 누구도 주인공이 아니면서 모두가 주인공이 되게, 극히 현실적이면서도 연극 그 자체가 되도록 하느라 끝내 작품을 미완성의 아방가르드적 제유로 남길 수밖에 없는 것처럼.

예술에서 '전통'이라는 이름으로 안전하게 범주화된 기성 지대를 일탈해, 낯설고 이질적인 영토를 탐사하는 활동을 '아방가르드avant-garde, 前衛'라고 한다. 이 용어는 본래 전쟁터에서 가장 용맹하게 적진의 방어선을 돌파하는 부대를 일컫는 군사용어였다. 이를 예술에 적용한 데서도 엿볼 수 있듯이, 아방가르드는 선구적이고 투쟁적이며 위반적으로 예술의 새 범주를 찾아내고, 인간 감성을 관성으로부터 분할해내는 예술을 상찬한다. 이것이 다다이즘, 초현실주의, 러시아 구성주의 등 역사적으로 인정된 아방가르드 예술이지만, 그렇다고 해서 '아방가르드' 자체가 역사화됐다고는 말할 수 없다. 사실 그 정체성에서부터 아방가르드는 과거로 고정될 수 없는 것이고, 항상 움직이는 모든 동시대적contemporaneous 예술의 중심 동력이자 가치이기 때문이다. 이를 좀 더 구체적으로 이해하기 위해 현대미술의 두 사례를 살펴보자. 그 둘이 아마도 우리에게 동시대의 '이행하는 삶과 예술transit life and art'을 보여주는 가까운 과거와 현재의 표상이 되어줄 것이다.

그 첫 사례는, 사람들이 20세기를 통틀어 가장 창조적이고 열정적이며 영향력 있는 큐레이터였다고 기억하는[4] 제만Harald Szeemann, 1933~2005이 생전에 기획한 전시다.《태도가 형식이 될 때: 당신의 머릿속에서 벌어지는 것: 작품, 개념, 과정, 상황, 정보When Attributes become Form: Live in Your Head: Works, Concepts, Processes, Situations, Information》라는 긴 제목의 전시. '태도가 형식이 될 때'라는 말은, 그 서술형 문장과 모호한 의미 때문에 어쩐지 전위적이고 강렬한 미적 경험을 표방하는 현대미술과는 맞지 않아 보인다. 하지만 이 문장을 타이틀로 내걸고, 제만이 스위스 베른의 쿤스트할레Kunsthalle Bern에서 1969년 3월 22일부터 4월 26일까지 개최한 전시는 현대미술사의 전설 가운데 하나로 꼽힌다. 그는 전시에서, 그때까지 미술이 당연시해온 창작의 물질적 결과물(미적 사물)로서 작품 중심 전시 관행을 깨고, 과정과 일시성, 태도와 행위, 개념과 사고 같은 무정형의 것들이 그 자체 작품으로서 전시될 수 있음을 보여줬다. 요컨대 '태도'와 '형식'은 이분법적으로 분리되는 것이 아니라, '되기becoming'로 매개적 관계에 있는 것이다. 이를 단적으로 보여주는 전시작을 하나만 꼽아보자. 대지미술가 하이저Michael Heizer

---

4　제만이 2005년 2월 18일 세상을 떠난 뒤 동시대 작가 및 큐레이터 등의 추도사만으로도 우리는 이를 짐작할 수 있다.　http://www.frieze.com/issue/article/harald_szeemann_1933_2005/

는 전시에서 〈패임Depression〉이라는 작품을 선보였는데(정확히 말하면 작업을 실행했는데), 작품은 사실 둥근 형태의 무거운 쇳덩어리를 반복적으로 떨어뜨려 전시장 밖 도로 표면에 움푹 팬depression 흠집을 내는 것이었다. 하지만 물질적 결과로서 작품은 그것이 전부일지 몰라도, 현장의 작가와 관객, 그리고 이후 그(작품)에 대해 알게 된 사람들에게 하이저의 실행은 공간과 시간을 '사건'으로 경험케 한다는 점에서 감성의 분할이며, 새로운 미술 형식의 창출이었다. 이를테면 하이저의 작품으로 도로에 얕게 팬 자국, 시멘트 바닥에 난 균열을 보며, 우리는 우리 자신의 온몸으로 지금 여기를—금 가고 깨지고 상처 자국이 생생한 도시의 한 공간에 발 딛고 서 있는 순간—경험하는 것이다. 이와 비슷하게, 제만의 《태도가 형식이 될 때》 전시 자체가 화이트 큐브 미술관에 매끈하게 정렬된 오브제 작품들로 이뤄진 기존 미술의 표층을 깨고, 현실의 우발적 사건과 인간의 미세한 감각들과 실제의 시공간이 네트워크처럼 엮여 진동하는 역장force-field으로서 현대미술의 길을 열었다. 우리가 이제 자연스럽게 '장소 특정적 미술'이라든가 '퍼포먼스' '개념미술' 등의 명칭으로 분류하는 현대미술의 영역들, "창작 과정 자체가 예술"[5]이 되는 새 차원이 그로부터 열렸다고 해도 과언이 아니다.

　　앞서 글로벌리즘을 자주 언급했는데, 두 번째 사례는 현대미술

5　　Jean-Yves Jouannais, "Harald Szeemann: des expositions faites d'amour et d'obsessions (interview)", *Art Press V*, Special issue No. 17, 1996, pp. 101-102에서 제만의 발언 참조.

계의 작가들에게서 발견할 수 있는 글로벌 활동 양상과 작품 성향을 단적으로 보여주는 경우다. '전 지구적으로 사고하고, 지역적으로 활동하라Thinking globally, Acting locally!'는 세계화의 유명한 구호는 애초 20세기 초반 도시 계획가이자 사회운동가였던 지드Patrick Geddes가 도시 환경 분야에 적용했던 생각을 변용한 것이다. 그런데 이 말이 미술계에서는 단순히 '국제적인 작가'라는 모더니즘적 모델을 넘어, 자신의 태생적·문화적 배경을 예술 실천의 원천으로 삼으면서, 동시에 국가와 국가, 문화와 문화 사이를 넘나들면서 전 지구적으로 활동하는 글로벌리즘 시대의 작가 모델을 지칭하는 것이 됐다. 말하자면 '전 지구적으로 사고하고, 지역적으로 활동'하는 동시에, 구호를 뒤집어 '전 지구적으로 창작과 전시활동을 병행하며 떠돌고, 특정 지역들에서 일시 정주하며 체득한 삶과 문화의 차이를 작품화'하는 작가가 출현한 것이다. 이제 소개하려는 작가 준 양Jun Yang은 이런 양상을 선명하게 보여주는 좋은 예가 된다. 중국에서 태어나 네 살 때 부모님을 따라 오스트리아 비엔나로 이민을 갔고, 거기서 성장한 뒤 미술교육은 네덜란드 암스테르담과 비엔나의 대학에서 받은 이 작가는 현재 대만 타이베이에 살며 작업하고 있다. 그러나 그의 이력서를 보면 거주지는 타이베이뿐만 아니라 비엔나와 일본의 요코하마를 포함한다. 개인사적 측면에서만 봐도 다국적multi-inter-national 배경을 가진 준의 미술 또한 특정 장르에 국한되지 않고 다양하다. 구체적으로 말해서 그의 작품들은 기존 미술 체계와 문법에 간섭하는 태도를 취하거나, 주류-전통적인 의미의 미술이 이질적인 것들로 배타시킨 것을 절합하는 형식을 띤다. 그러나 무엇보다 우리의 지금 논의와 결부해볼 때, 준의 작업에서 가장 주목할 부분은 다음과 같은 것이다. 즉 그의 작품들이 앞서 소개한 그 자신의 개인사와 가족사를 전 지구적 현실의 공적 문제들과 상호 텍스트화시켰다는 점이다. 예컨대 "더 나은 내일"을 위해 고국을 등진 부모님이 비엔나 시내에서 중국 식당을 경영한 것(〈Your Better Tomorrow〉), 중국 본토를 떠나지 않은 할아버지를 가끔씩 만나며 공산당 문화를 접한 경험, '슈퍼맨'이라는 할리우드 영웅과 중국인 청년을 비교-동일시하는 시도(〈From Salariiman To Superman〉), 자신의 중국식 이름이 한자/독일어/영어로 달리 발음되거나 표기되고 다른 의미를 띠는 상황(〈Jun Yang and Soldier Woods〉) 등이 그렇다. 준은 그렇게 함으로써 고도로 다국적이고 다문화화된 오늘 우리의 정치-경제-문화-삶을 완전히 다른 맥락에서 현상해낸다. 이런 복잡한 그물망 같은 예를 앞에 두고 우리는 어떤 분류법으로 현대미술가 준의 성체성을 정의힐 수 있을까? 우리는 그 작품들의 원천과 영향과 결과를 정연하게 리스트화할 수 있는가? 이분법으로? 상대주의로? 아니면 글로벌스탠더드로? 어쩌면 우리는 앞서 어딘가로 돌아가 끝나지 않는, 미완성의 복잡한 제유로서 인생의 무대를 말해야 하지 않을까?

분류의 인간학과 미학으로 말하건대, 우리는 이분법의 눈으로 세계의 무한한 다양성을 지워버리고, 상대주의의 흔들리는 배 위에서 각자의 정체가 어지러워지는 멀미를 경험한다. 그리고 글로벌스탠더드는 뭐든지 다 되는 유포리아Euphoria 속에서 우리를 항상 배고픈 것처럼 느끼게 한다. 모두 신체적 은유를 들고 있지만 우리 신체의 무수하고 구체적인 지각, 매순간에 속하면서 시간을 관통하는 경험과 기억은 우리 앞에 지나칠 정도로 많이 열린 길 위에서 헤매고 있다.

예술의 미세한 분할 능력

강제적 익명성은 모든 개체와 개인, 각각의 사물과 사건을 하나의 대명사, 하나의 숫자, 하나의 기호에 불과한 것으로 추상화시켜버린다. 예컨대 손가락질을 하듯 폭력적인 어감을 가진 '그들'이라는 대명사, 컨베이어벨트 위를 미끄러지는 '4억 5천 3백 6십 2만 4천 3백 9십 2번째' 참치 캔처럼 몰개성으로 둔탁하게 붙여지는 숫자, '파란색 남자화장실 마크'와 '빨간색 여자화장실 마크'처럼 편협한 관례를 따르는 기호로 개체의 개별성을 걸러버린다는 얘기다. 이런 경우 자칫하면 추상화는 전체주의적으로 직동한다. 그리고 이럴 때 추상화의 실체는 전체주의 정치나 동일시의 철학이 세계에 대해 행했던 유무형의 폭력과 닮은꼴이다.

반면 예술은 개별성과 구체성을 묵살하는 전체주의적 정치와 동일화의 인식 작용에 맞서 아직 이름이 없는 것들, 이름이 지워진 것들, 망각되거나 잃어버린 것들, 도래하지 않은 것들, 서로 다른 존재에 이름을 부여한다. 그 이름은 말, 활자, 이미지, 색채, 빛, 모양, 무게, 질량, 부피, 요소, 사건, 몸짓, 눈길, 분위기, 톤, 흔적, 결,

촉감, 음소 등등 꽤 다양하며 다수로 나타난다. 그리고 그 이름은 운동의 궤적을 무한히 나눌 수 있기 때문에 아킬레우스는 거북이를 따라잡을 수 없고, 화살은 과녁에 도착할 수 없다고 주장한 제논의 주장에서처럼 무한한 요소로 분할될 수 있다. 단 이질적인 속성의 운동을 머릿속에서 '공간적으로 상상하는' 예술가의 상상력을 매개로 해서.[1]

이를테면 페렉의 『잠자는 남자』는 '스스로 혼자됨'을 통해서 '너'가 행할 수 있는 하루의 수많은 활동을 밑도 끝도 없이 쪼개낸다.[2] 에른스트Max Ernst의 〈흰나비들을 좇는 33명의 소녀〉는 캔버스 위에 찍힌 하양, 노랑, 빨강, 파랑 물감의 붓 터치로 우리가 물리적 공간 속에서는 그렇게 견고하고 지속적으로 볼 수 없는 눈부신 빛의 방사운동을 포착해낸다. 사이드에 따르면, 『잃어버린 시간을 찾아서』의 프루스트는 "사람을 여러 갈래의 길이 엇갈리는 교차로로, 시간을 일종의 신체로, 등장인물을 지속으로"[3] 볼 줄 알았다. 그리고 베토벤의 말년 작품들은 "자신의 매체를 능숙하게 다룰 줄 아는 예술가가 이제까지 해온 기존의 사회질서와 교감하기를 과감히 포기하고"[4] 모순과 소외, 의도적 긴장과 "비생산적 생산력" 쪽으로 사회

---

1   이 말을 해야 하는 이유는 제논의 역설이 가정하고 있는 운동이 한 상태에서 다른 상태로의 이행, 즉 공간적 운동이라는 점에서 무한한 분할이라는 조건이 성립하기 때문이다. 그러나 베르그송Henri Bergson은 운동을 지속으로 설명함으로써 제논의 역설이 가진 한계를 밝혔다. Henri Bergson, *L'evolution créatrice*,『창조적 진화』, 황수영 옮김, 아카넷, 2005 참조.

2   Georges Perec, *Un homme qui dort*,『잠자는 남자』, 조재룡 옮김, 문학동네, 2013.

3   Edward W. Said, *On Late Style*,『말년의 양식에 관하여』, 장호연 옮김, 마티, 2008, p. 11.

4   Edward W. Said, 같은 책, p. 30.

적 관계의 종류를 수정crystal을 연마하듯 결정화한다. 예컨대 〈후기 현악 사중주〉의 불협화음, 음의 파열, 톤의 비약 등이 그럴 것이다.

놀이=선물로서의 예술

우리 모두가 백남준을 알고 있지만, 우리는 백남준의 모든 것을 알지 못한다. 그 모든 것 중에서도, 우리가 특히 모르는 것은 아이러니하게도 '백남준의 예술'이다. 말하자면 우리에게 백남준은 '한국이 낳은' '세계적인' '비디오아트의 시대를 연' '천재적인 아티스트'와 같은 몇 개의 수식어로 요약된 채 반복 회자되는 현대미술 신화의 유명인 이름에 그친다. 그러나 백남준과 그의 예술은 섣부른 신화로 만족하기에는 차고 넘치는 구체성의 질량, 강도intensity를 내재하고 있으며, 상투어로 반복돼서는 결코 안 될 잠재적 사유와 감성으로 충만한 무엇이다. 그러니 우리는 '이미 죽은 위대한 예술가'로서 백남준을 미술사의 벽장에 넣을 것이 아니라, 오히려 '한 번도 써진 적이 없는 글'을 읽듯이 그와 그가 남긴 아주 많은 것을 삶 · 정신 · 문화 · 예술의 다양한 자장磁場과 접속해 읽어나갈 필요가 있다.

나는 여기서 백남준의 예술 중 핵심에 속한다고 생각하는 '테크놀로지' '신화' '유희' 그리고 '인류 해방'의 문제를 벤야민의 '인간학적 유물론anthropologischer Materialismus'과 접속시켜 살펴보고 싶다. 이는 다음과 같은 두 가지 계기를 근거로 한다. 첫째, 경기도 백남준아트센터가 2009년 기획한 《신화의 전시-전자 테크놀로지》는, 1963년 독일 부퍼탈의 파르나스 갤러리에서 백남준이 행한 첫 개인전 《음악의 전시-전자 텔레비전EXPosition of music-ELectronic television》을 내용적으로 재구성·현재적으로 재해석한 전시인데, 여기서 '신화'와 '테크놀로지'가 백남준 예술에 접근하는 본질적인 화두로 상정되었기 때문이다. 둘째, 예술이 당대의 물질적, 특히 '기술적 조건'과 더불어 미래를 향한 '예술가의 비전'이 융합해 산출되는 '공동체적 무엇'이라 할 때, 백남준의 예술은 그 '무엇' 중 유일무이한 것이며, 벤야민의 철학과 미학 이론은 아직 여전히 '제대로 언어화되지 않은 백남준의 그 무엇'을 풀어낼 지적 담론을 제공하기 때문이다.

종種으로서의 인간은 수천 년 전에 시작하여 그 발전의 끝에 도달해 있다. 그러나 종으로서의 인류는 발전의 시작에 서 있다. 기술을 통해 인류에게 어떤 자연Physis이 조직되고 있다. 이 자연 속에서 인류가 우주와 맺는 관계는 새롭게 (…) 형성 중이다. 인류는 속도에 힘입어 시간의 내부를 향한 예측할 수 없는 여행을 준비하고 있다.[1]

위 문장은 1920년대 중반 벤야민이 쓴 아포리즘 중 하나인 「천

1　　Walter Benjamin, 『발터 벤야민 선집 1 일방통행로. 사유이미지』, p. 164.

문관 쪽으로Zum Planetarium」에서 인용했다. 여기서 그는 서구 근대 사회의 비약적 산업기술 발전과 그것이 제1차 세계대전과 같은 폭력적 현실로 귀결된 가까운 과거를 성찰하면서, 궁극적으로 기술의 목적telos이 인류 해방에 있음을, 즉 기술을 매개로 인간 공동체의 현존이 우주적 범위로 자유롭게 확장되는 데 있음을 역설하고 있다. 벤야민은 이러한 비전을 가장 탁월하게 현상하고, 사람들이 그러한 우주적 지평의 경험을 감각적 지각 속에서 습득할 수 있는 "이미지 공간Bildraum"으로 예술, 특히 영화를 지목하고 있다. 그런데 내게는 백남준의 비디오아트, 그의 테크놀로지에 대한 입장만큼 이 독일 근대 지성의 사유와 생산적으로 '공명'하는 것도 달리 없어 보인다. 백남준의 예술에서는 벤야민이 철학적으로 서술한 테크놀로지의 궁극적인 목적, 미래의 자연과 신체, 감각적 지각의 양상이 고도로 단순 명쾌하면서도 내밀한 이미지로 출현했기 때문이다.

가령 백남준의 유명한 작품인 〈달은 가장 오래된 TV〉(1965~1976)를 보라. 12개의 모니터가 초승달부터 만월까지를 비추는 이 비디오를 통해, 예술가는 인류의 근원적archaic이고 유토피아적인 소망이미지가 투사되는 우주적 원原대상을 일깨운다. 동시에 그 소망이미지가 당대 인간의 현재적이고 기술적인 꿈 형상물로 새롭게 조직되는 현황을 놀랍도록 명료하게 보여줬다. 요컨대 백남준은 인류의 가장 오래된 비전(달)을 당시로서는 가장 젊은 시청각 기술매체TV&Video를 통해 구현함으로써, 선사先史와 역사를 비약적으로 잇고, 감상자에게 선형적 시공간을 뛰어넘는 유희적 경험을 눈앞에

tele-vision 선사했다.

> 아이가 손을 뻗는 법을 배우면, 그 손이 공을 향해 뻗듯이 달을 향해서도 뻗는 바와 같이, 신경감응시도Innervationsversuchen의 와중에 인류는 손에 잡히는 목표만이 아니라, 무엇보다 유토피아적 목표를 겨냥하게 된다.[2]

이렇듯 벤야민이 「기술복제시대의 예술작품」 제2판의 네 번째 주석에 쓴 것처럼, 백남준은 유아의 무구無垢한 유희와 무한無限한 동경이 '인류'라는 거대한 존재의 도약을 위한 기초이며, 그 인류의 목표는 개인의 당면한 현실적 실익이 아니라 공동체 집단의 무한대∞의 이상理想에 있음을 예술로 보여줬다. 그가 자신의 생일을 모티프로 작업한 〈7월 20일〉(1985)을 보면, 인류의 유아기라 할 기원전 0068년 7월 20일은 물음표와 역전된 물음표의 조합이 '사랑'으로 도출되고, 1932년에는 백남준이 태어났으며, 1969년에는 달 착륙이 실현된 것으로 나타나 있다. 그리고 미래 2168년 그날에는 물음표와 물음표의 빼기가 '무한'으로 답변돼 있다. 소박한 포스터 형태를 취한 이 작품 속에서 백남준은 인류의 선사적 이념(사랑)에서부터 테크놀로지적 실현(우주로의 여행), 그리고 무한한 현재의 미래

---

2 Walter Benjamin, "Das Kunstwerk in Zeitalter seiner technischen Reproduzierbarkeit, Zweite Fassung",『발터 벤야민 선집 2 기술복제시대의 예술작품. 사진의 작은 역사 외』, 최성만 옮김, 길, 2007, p. 57.

를, 일종의 놀이처럼 즐겁게 가로지르고 통합한다. 생일 모티프는 그의 다른 작품 〈태내 자서전〉(1981)에서 먼저 다룬 것이다. 여기서 백남준은 자신이 태어난 날로부터 역추산하여 태내에 있던 110일 간 어머니와 '가상적으로' 나눈 대화와 드로잉을 해당 일자의 『뉴욕 타임스』 신문지 위에 기술했다. 거길 보면 백남준의 어머니는 자신의 아들이 "비디오아트를 창시할 것"을 예언하고 있다. 이는 분명 커서 예술가가 된 백남준이 스스로 '주술적 어머니'가 되어 작품에 그의 장래뿐만 아니라 현대예술의 미래를 '예언-기억'하는 말을 써넣은 것이다. 그런데 흥미롭게도 예술에서 그렇게 인류의 시간은 무한대 기호의 리본 모양으로 돌고 돌지 않는가.

여기까지 논한 백남준의 작품들 속에서 두드러지는 것은 무엇인가? 그것은 '백남준 예술의 유희성-놀이'다. 랑시에르Jacques Ran- cière는 『미학 안의 불편함』에서 "놀이"를 "거저 주는 활동"으로 정의하면서, 그 활동이 "동시에 예술의 고유한 영역의 자율성을 세우고 새로운 집단적 삶의 형태들을 건설할 수 있다는 것"을 우리가 어떻게 이해할 수 있는지 물었다. 나는 백남준의 예술이 그에 대한 고도로 가치 높은 답변 중 하나라고 생각한다. 왜냐하면 그의 작품들은 기존의 예술 체제가 상정하고 실행해온 온갖 이데올로기적 장치(장르 분할, 내용을 지배하는 형식 개념 등)를 즐겁게 '중지' 혹은 언어유희로 '추방EXP-EL'하면서, 예술만이 할 수 있는 특수한 방식으로 '예술의 자율성'을 새로이 확보했기 때문이다. 또한 그의 예술정신, 예술적 지향이 '테크놀로지 매체("공")'를 손에 쥔 아이가 '달-인류의 유토피안 드림'의 성취로 나아가듯이, 공동체의 감각적 지각과 인식의 각성, 해방에 기여했기 때문이다. 앞서 인용한 벤야민의 말 가운데 "신경감응시도"는 "혁명"이고, "역사적으로 일회적인 새로운 집단의 그것"이다. 이는 풀어 말해, 공동체가 당대만의 고유한 물리적·기술적 조건을 "감각기관Organ"으로 삼아 감성과 지성을 '신경감응'하듯 공유하고, 그렇게 해서 일구는 '현존의 변혁'을 의미한다.

백남준은 1963년 부퍼탈의 개인전에서 '황소의 머리'를 잘라 전시장 초입에 걺으로써, '기존 예술의 아버지'를 상징적으로 살해했다. 또한 '음악'을 '전시'하고, 산업과 오락 영역에 한정돼 있던 '전자 테크놀로지'를 예술의 감각기관으로 활성화시키는 일련의 작업을 통해 기존 예술 체제에 묶여 있던 '예술'을 해방시켰다. 따라서 당시 전시를 본 한 갤러리스트가 "그는 우리를 전래의 악기들이라는 끔찍한 협소함에서, 그리고 끝을 헤아릴 수 없는 전자음악의 잠재력에서도 풀어준다"고 한 것은 옳다. 하지만 이런 평가는 백남준의 크나큰 예술세계에 견주면 지나치게 협소한 해석이다. 그의 1963년 전시는 음악 영역뿐만 아니라 예술 전반의 틀을 넘쳐흘렀기 때문이다. 또 그와 동시에 해방된 것은 우리 동시대 인류의 신경감응 능력, 비단 예술에 대해서만이 아니라 우주 자연과 기술적 사물, 바로 옆의 누군가만이 아니라 비가시적인 존재들(아직 태어나지 않은 세대, 이미 돌아간 선조)과 감각적 지각으로 교섭하는 능력이기 때문이다.

이상과 같이 백남준 예술에 접근한 나의 지류는 '벤야민의 철학과 미학'에 있지만, 우리는 또 다른 다양한 경로로 거기에 근접해갈 수 있다. 백남준아트센터의 2009년 기획전은 그 접근로의 이정표를 백남준의 1963년 전시에 두었다. 그리고 세부 참조 사항 중 하나로 선禪의 최고 화두를 집약했다고 평가받는 『벽암록』을 상정했다.

상지남 담지북 중유황금충일국 무영수하합동선 유리전상무지식湘之南

潭之北 中有黃金充一國 無影樹下合同船 琉璃殿上無知識.

상강의 물은 남으로 흐르고, 담강의 물은 북으로 흐른다./ 그 우주라는 무봉탑 속에는 황금이 가득하도다./ 이 우주는 한없이 크고 넓어서 그 늘 없는 나무 밑에 모든 사람이 함께 타고 가는 배./ 그러나 유리 궁전에 사는 이들 중에는 참뜻을 알 만한 이 없노라."

여기 인용한 문구는 『벽암록』 제18칙의 일부다. 1988년 백남준은 예술 동료이자 당대 전위예술의 후원자였던 바우어마이스터Mary Bauermeister[3]에게 보낸 편지에 이 선문禪文을 "선물"로 손수 써서 보냈다. 백남준이 어떤 생각으로 동양의 이 비의적인 정신을 전달하려 했는지 헤아리기는 어렵다. 비록 이 예술가가 그 18칙을 '문자'로 써 보냈다 할지라도, 그가 전하고자 한 바는 '불립문자不立文字'에 가까웠을 것이기 때문이다. 그런데 18칙 해제 중 나오는 '무봉탑'이 한

---

[3]　바우어마이스터가 백남준과 그의 예술에 대해 회고한 내용 및 국내외 논자들의 백남준 예술론에 대해 논평한 내용을 다음 책에서 읽을 수 있다. 김남수, 문지윤, 클라우디아 페스타냐 기획 및 편집, 『백남준의 선물 1 관점이동과 시간성』, 백남준아트센터, 2008, pp. 38-56.

가지 해석의 열쇠를 제공한다. 그것은 문자 그대로 '꿰맨 곳이 없는
탑無縫塔'이다. 이를테면 이음새, 틈, 결여가 없는 '완전무결한 전체',
형상으로 치면 '가득 찬 달'과 같은 것이 될 것이다. 그리고 문장에
서 보듯이 무봉탑은 한없이 크고 넓은 '우주'와 동의어다. 혹은 모든
이가 어둠이나 근심 없이 함께 타고 나아가는 '배'이기도 하다. 그
렇다면 백남준의 맥락에서 '무봉탑'은 무엇이고, 무엇일 수 있는가?
그것은 어쩌면 '거저 주는 것'으로서 놀이의 예술, 인간이 결여 없는
세계를 꿈꾸도록 돕는 달과 같은 '공동체적 신화의 이미지'가 아니
겠는가?

우리의 복수 실존과 나의 단수성

> 그는 (…) 한계들의 체험(사랑의 체험·죽음의 체험·한계들에 노출된 삶 자체의 체험)의 나눔을 통해 전개된 공동체(밝힐 수 없는 것)에 접근하고 있다. (…) 우리를 동시에 복수複數의 실존(탄생, 분리, 대립)과 단수성單數性, singularité(죽음, 사랑)으로 이끄는 강렬함, 분출, 상실, 비움이라는 수수께끼에 대해 어떤 지점에서 사유해야만 한다.[1]

한동안 온갖 곳에서 '개인' '개별성' '단독' '사생활'이 유행하더니, 2010년대에 들어서서는 '다중' '집단' '보편' '공존'이 여기저기로 넘실거린다. 혈연으로 맺어지지 않은 새로운 가족의 탄생이 영화를 넘어 현실이 되고, 낯선 이들의 공동 여행이나 공동 거주가 연예 오락 프로그램 바깥에서 일상생활의 활력소로 각광받으며, 공개 연애와 공개 친교가 무한에 가까운 SNS 서비스망을 통해 자발적으로

1　Jean-Luc Nancy, 「마주한 공동체」, 모리스 블랑쇼 · 장-뤽 낭시, 『밝힐 수 없는 공동체 · 마주한 공동체』, 박준상 옮김, 문학과지성사, 2005, p. 127.

만천하에 중계되는 현상이 그 변화를 압축한다. 그런 변화를 학계와 예술계에서는 '공동체'라는 어휘의 부상과 만연, 그 주제에 대한 지적이거나 예술적인 탐색 및 남용 과정을 통해 체감한다. 그러므로 '공동체란 무엇인가.'

2001년 낭시는 블랑쇼의 『밝힐 수 없는 공동체』 이탈리아 번역본 서문을 썼다. 낭시와 블랑쇼는 그렇게 한 권의 책 안에서 철학적으로 공존한다. 그런데 그 공존은 실상 '공동체란 무엇인가?'라는 주제 아래 1983년부터 2003년까지 20년간 이어진 두 사람의 '각자가-함께한' 사유의 일부다. 두 지성은 근대 제국주의 역사를 알고 있고, 나치즘과 파시즘의 폭력을 경험했으며, 자유민주주의와 공산주의 양자의 허구적 지점들을 목격했다. 그런데 정작 1980년대 포스트모더니즘과 함께 동일성의 철학이 배척받으면서 '공동체' 또한 분열되고, 담론장에서 사라지는 상황이 심화된다. 그러자 둘은 그 주제를 공명resonance시켜 사유함으로써 사수했다. 위에 인용한 문장은 그 일부다. 그럼 지금 여기서 우리가 저 문장에 담긴 생각을 올을 풀어 새로운 직물로 엮듯이 풀고 엮는다면, 우리 또한 동시대적으로 '공동체란 무엇인가'를 사유할 수 있지 않을까.

낭시가 말하는 '복수의 실존'과 '단수성'이란 무엇인가? 우리는 '모두' '각자' '자기 자신'으로 태어나서 살아가고 죽는다. 이 사실은 두 가지 다른 존재 양태를 내포하고 있다. 하나는 단수의 존재, 즉 세상에 태어나서 죽기까지 오직 '나' 한 사람으로 존재함. 다음은 복수의 존재, 즉 앞서 단수의 존재가 특정한 누구('나')의 존재 양태인 것만이 아니라 '우리 모두' 똑같은 조건에 있다는 점에서 복수의 실존. 요컨대 우리 '각자'는 단수이지만 그 각자로 분리돼 있는 집합인 '우리'는 복수이고, 그 분리된 각자가 공통의 지반 위에 존재한다는 점에서 "복수의 실존"인 것이다.

이런 복수의 실존이라는 존재 양태에서 우리 각자는 죽음이라는 절대적이고 불가항력인 사건을 피할 수 없다. 하지만 그 사건은 나 자신에 의해 의식되는 것이 아니라 너의 죽음, 타인의 존재가 부재함을 통해서만 인식할 수 있다. 또 우리는 사랑이라는, 자기 자신에게든 모든 사람에게든 결코 양보할 수 없고(나는 내 사랑을 포기할 수 없다) 이해시킬 수 없는(그것을 뭐라 말할 것인가) 내밀한 정념에 사로잡힌다. 하지만 그 사랑은 나 혼자 하는 것이 아니라 당신과 못/이루는 것이다. 누구와도 공유할 수 없고(그러나 이는 블랑쇼가 말한바, "어쨌든 혼자, 하지만 공유된" 것이다), 피할 수도 없으며, 이해나 전유가 불가능함. 누구에게도 전가할 수 없으며, 누구에 의해서도 대리될 수 없고, 나의 소유나 나의 어떠한 동일성으로부터도 벗어나 있음. 그것이 죽음과 사랑이다. 이 같은 점에서 죽음과 사랑은 낭시가 분류하듯이 '단수성'에 속하지만, 하나 이상의 존재 가운데서만 의식할 수 있고 형성될 수 있는 '복수의 실존'이다.

그렇다면 다시 '공동체란 무엇인가?' 매우 일반적인 의미에서 공동체는 같은 시간과 공간에서 하나의 몸체처럼 집합을 이룬 것이다. 또는 혈연, 민족, 사회, 취향, 목적, 관심, 이해 등이 공통된다고 묶이거나 그런 공통됨을 고유한 조건이자 정체성으로 삼는 집단이다. 그래서 공동체는 대체로 낭시가 말한바, '사회-정치적 질서' 안에서 형성된다. 거기에는 그룹들, 이념들, 지배적 인물들이 존재하며, 혈통 또는 인종, 지향 또는 목표, 대표성 또는 지도력 같은 요소들이 민족 또는 국가, 연합 또는 집단, 커뮤니티 또는 소사이어티라는 이름 아래에서 내재적이며 다소간 폐쇄적으로 작동한다. 예를 들면 '한민족 공동체' '국가' '노동조합' '마을 공동체' '종교 공동체' '아파트 공동체' '파시스트 공동체' '게이 커뮤니티' '부르주아 소사이어티' '자유 아시아 연맹' '미국의 소리' '우리 민족끼리' 등등.

하지만 우리는 위와 같은 분류로는 따질 수 없는 이질적인 공동체를 생각할 수 있다. 먼저 '사회-정치적 질서'를 따르는 공동체 안에서 그것을 압도하는 다른 공동체가 조직되는 경우를 보자. 2008년 미국발 금융위기로 전 세계가 경제적 몰락과 파국의 위기 상황에 처했을 때, 당시 매스미디어는 '글로벌 자본주의 운명공동체'를 떠들었다. 이때의 공동체는 1990년대 말에서 2000년대 초 찾아든 눈부신 경제 호황 아래에서 자본의 이해관계에 따라 묶인 집합체다. 그러나 그 글로벌 자본주의 운명공동체는 어떤 정의, 신뢰, 책임의식, 정서적 관계가 아니라 오로지 '자본의 이익'을 따라 묶였기 때문에 아주 사소한 계기에라도 부서져 내릴 수 있는 허상의 공동체다. 그러니 자본의 위기, 구체적으로는 '금융시장 붕괴'라는 최대 악재 앞에서 패닉에 휩싸일 수밖에 없었다. 아이러니하게도 매스미디어가 '운명'이라는 진지하기 짝이 없는 용어를 통해 부지불식간에 짚었듯이, 신자유주의 시장경제의 장밋빛 전망으로 묶인 글로벌

자본주의 공동체는 전 지구적 차원의 삶이 한순간에 위기로 급전직
하하고, 누구도 발 뺄 수 없는 몰락의 경로에 빠지는 공동체였던 것
이다. 그때, 아니 현재진행형인 이 글로벌 경제위기에 처해 우리 모
두는 마치 신탁이 내린 자신의 운명을 알지 못한 채 죄를 범하고 단
죄당하는 오이디푸스처럼 내막도 모르는 채로 파국에 휘말려들었고
개인적인 파탄의 벌을 받고 있다. 사회-정치적 질서의 무기력을 틈
타 자유시장경제 질서를 절대 우위 자리에 세운 전 세계 극소수의
비가시적 경제 권력 집단을 제외하고 말이다. 그 극소수 공동체가
절대다수의 공동체 내부에서 공동체의 안전망을 갉아먹고, 유동성
을 부풀리고, 관계를 파편화시켰다. 그리고 지금도 그 불안정한 삶
의 기반 위로, 불확실한 순간들 안으로, 파편화된 관계 속으로 고용
불안, 경제 양극화, 무한 경쟁이라는 폭탄을 던져 공동체를 흔든다.
그 점에서 동시대 운명공동체로서 글로벌 자본주의는 반反공동체적
공동체다.

또 다른 공동체, 이를테면 소박하게 들리지만 사실 말로 설명
하기에는 무척 까다로운 공동체가 있다. 사랑하는 연인들이 만들어
내는 '짝 공동체'가 그것이다(블랑쇼는 이를 "연인들의 공동체"라고 명
명했다). 나는 당신을 사랑한다. 당신은 나를 사랑한다. 이럴 때 '나'
와 '당신'은 정념으로 채워진 아주 작고 내밀한 공동체를 이룬다. 이
공동체는 앞서 '사회-정치적 질서'의 공동체나 '자유시장경제 질서'
의 공동체와는 달리, 낭시의 표현을 빌리자면 '정념-내밀성의 질서'
를 기반으로 한다. 현실의 연인들이 모두 그런 것은 아니다. 하지만

애초 연인이란 사랑의 정념으로 이뤄지고, 연인관계란 그 정념의 내밀함만으로 맺어지는 관계라 할 때 낭시의 말은 이해하기 그리 어렵지 않다. 모든 사회적·정치적·경제적 현실의 질서 및 이해관계 바깥에서 형성되는 관계의 이상향. 그것이 바로 연인들의 공동체 혹은 짝 공동체다. 그런데 이 공동체는 그 말이 풍기는 달콤한 이미지와는 달리, 그 안에 인간 존재의 비극적 속성을 전제하고 있다. 결핍/결여로서 인간과 그 사랑. 이를테면 인간 존재는 모두 단수성의 존재이고, 존재론적으로 결핍된 실존에 처해 있으며, 또한 그 때문에 사랑하는 것이다.

블랑쇼의 생각을 따르면, "결핍된 실존"인 인간 존재는 존재하기 위해서 "자신에게 이의를 제기하고 때로 자신을 부인하기도 하는 타자를 향해 나아간다. (…) 따라서 인간 존재는 자신을 항상 미리 주어진 외재성外在性, extériorité으로, 여기저기 갈라진 실존으로 체험하게 된다."[2] '주체'로 불리든 '자아'로 불리든 '개인'으로 불리든 '나'는 '타자'와의 관계 속에서만 성립된다. 이항대립의 가장 우선적인 예로서 '나'와 '타자'는 그렇게 사실은 상호의존적 관계에 있는 것이다. 내가 근본적으로 다른 존재와의 관계 안에서만 정의된다면, 내 주체성이 다른 이의 타자성과 필연적 연관관계로 짜여 있다면, 당연히 나는 존재의 부분으로서 '결핍/결여된 존재'다. 우리가

2　　Maurice Blanchot, 「부정否定의 공동체」, 『밝힐 수 없는 공동체·마주한 공동체』, p. 18.

사랑하는 것은 그 결핍/결여 때문이고, 그 결핍/결여 덕분에 우리는 정념과 내밀함의 아주 작은 공동체를 이룬다. 하지만 우리 대부분이 실제로 경험했다시피 그 공동체는 말할 수 없고, 밝힐 수 없는 공동체다. 둘만의 은밀한 사랑, 그 사랑의 비밀스러움 때문에 말할 수 없거나 밝힐 수 없는 것이 아니다. 연인들의 공동체가 말할 수 없고, 밝힐 수 없는 공동체인 것은, 그 사랑의 불가능성 때문이다. 또는 블랑쇼가 말하듯이, "'나'와 '타자'는 같은 시간에 살고 있지 않고, 한 번도 (공시성 가운데) 같이 있지 못하며, 따라서 동시적으로 있을 수 없다. '나'와 '타자'는 (설사 결합되어 있다 하더라도) 이미 '더 이상 아닌'과 짝을 이루는 '아직 아닌'에 따라 분리되어" 있기 때문이다. 그리고 그것이 진정 "공동체의 부재"이자, "부재의 공동체"로서 그 공동체를 말할 수 없고, 밝힐 수 없는 이유다.[3] 하지만 이 연인들의 공동체는 사회-정치적 질서와 경제적 질서를 따르는 공동체가 잠재하고 있고, 많은 경우 실행하는 폭력적 연합, 융합으로 잘못 번역되는 수렴convergence, 사유화를 벗어나 있다는 점에서 공동체의 이상향이다.

반면 현실의 공동체는 짝의 공동체, 연인들의 공동체를 압도한다. 현실의 공동체에서는 오히려 결여, 틈, 차이, 불일치, 결핍, '아직 아닌' 같은 성질들이 존재하지 않는 듯 보이기 때문이다. 대신 단

---

3   Maurice Blanchot, 「부정否定의 공동체」와 「연인들의 공동체」, pp. 11-90.

단한 폐쇄성이, 일치의 조직화가, 과잉된 충만이, '이미 있던 걸로'
이뤄진다. 학계에서 20년은 고사하고 단 몇 차례 오가는 논쟁도 찾
기 힘들어졌다는 사실, 예술작품들에서 감상자들이 감각적 희열eu-
phoria의 극단을 보기가 그 어느 때보다 쉬워졌다는 사실이 거기에
보태져야 할 것이지만.

실패 연구

여기서 강한 빛luce과 약한 빛lucciole의 관계가 완전히 뒤바뀌는 사태를 상상해보자. (…) 이제는 지옥이 대낮처럼 밝으며, 지옥의 부패한 정치가들이 과도한 조명을 받으면서 영광을 누린다. 한편, 약한 빛들은 이제 그들의 실존을 엄습하는 위협과 고발에서 벗어나기 위해 최대한 노력하고 있다.[1]

어떻게 말하면 나는 덫에 걸렸어요. 대중은 나를 리얼리스트로 보죠. 내 작품 중 풍경화처럼 더 잘 알려진 그림들과 비교할 때 이번 추상화들은 휘갈겨 그린 것에 다름 아닌 것처럼 보일 겁니다. 게다가 그것들은 터무니없는 크기니까요![2]

---

1 Georges Didi-Huberman, *Surviance des lucioles*, 『반딧불의 잔존』, 김홍기 옮김, 길, 2012, p. 18.

2 Gerhard Richter, "Interview with Irmeline Lebeer, 1973" in Dietmar Elger & Hans Ulrich Obrist (eds.), *Gerhard Richter Writhing 1961-2007*, d · a · p, 2009, p. 72.

1.

첫째 화두. 가정 자체가 터무니없기는 하지만, 인간이 가령 모든 일에 성공할 수 있다 하더라도 어떻게 해도 결코 성공할 수 없는 단 한 가지가 있다. 바로 죽음이다. 죽음은 인간의 탄생과 마찬가지로 존재의 근원 조건인 동시에 부재의 근원으로 우리에게 주어졌다. 그래서 인간이 죽음에 대해 성공한다는 것은 곧 영생永生을 뜻하는 것 이상으로 인간이 자신이 처한 근본 조건에서 풀려남을 뜻한다. 그때 인간은 더 이상 인간이 아니고 '신' 또는 '절대자'일 것이다. 아직 혹은 어쩌면 영원히, 신이 되지도 못하고 절대의 경지에 도달하지도 못하는 우리는 흔히 이렇게 말한다. 인간이 제아무리 문명을 발전시켜 자연을 지배하고, 부귀영화를 누릴 수 있게 되었다 하더라도 죽음만은 피할 수 없다고. 맞는 말이다. 하지만 우리는 또한 이렇게 말해야 할 것이다. 인간의 필멸必滅, 즉 죽음이라는 결코 해결할 수 없는 과제가 우리 자신과 우리의 문명을 여기까지 이끌어왔다고. 우리는 죽지 않기 위해, 또는 죽음이라는 자연physis의 강압 앞에 그저 손 놓고 있을 수만은 없었기 때문에 실패를 거듭하면서도 존재의 모든 힘을 극단으로 끌어올려 이제까지 인간 중심의 세계관과 문명을 발전시켜올 수 있었다고 말이다.

이와 같은 관점으로 보면, 죽음은 우리의 존재 조건 중 결코 인간이 해결할 수 없는 무한히 부정적이기만 한 문제가 아니다. 오히려 죽음은 역설적인 방식으로 유한한 인간이 존재의 조건을 극복하며 세계를 자신에 맞춰 구성하고, 역사를 앞으로 나아가게 해왔으

며, 인류 앞에 닥쳐온 수많은 난관을 풀어내게 한 충동의 본질 조건
이다. 가령 인간이 죽음을 극복하는 데 성공했다면 그 이후 개인으
로든 집단의 차원에서든 인간의 삶과 역사는 시작도 끝도 없는 무시
간성의 궤도를 돌고 있을지 모른다. 상상만으로는 꽤 안락해 보이지
만 실제가 된다면 공포에 가까운 권태가 지배할 그 궤도를 말이다.
하지만 인간은 죽음과의 싸움에서 계속 실패함으로써 지금까지 살
아올 수 있었고, 오늘도 '더 잘' '더 오래' '더 성공적으로' 살아내려
고 부단히 노력하고 있다. 비록 그렇게 더 잘 살고, 더 오래 살며, 더
성공적으로 사는 것이 구체적으로 무엇인지는 정작 모른다 하더라
도 그런 부단한 욕망의 운동으로 나아가고 있는 것이다. 우리는 이
와 같이 죽음을 극복하지 못한 우리 자신에 대해 관점의 전환을 행
할 수 있다.

둘째 화두. 프랑스의 미술사학자이자 철학자인 디디 위베르만
Georges Didi-Huberman은 『반딧불의 잔존』이라는 아름다운 제목의 저
서, 그러나 내용은 소멸 위기에 처한 현대의 비판적 사유와 저항문
화에 대한 무거운 인식을 담은 저서에서 역사의 어느 시기가 폭력과
비극으로 점철된 사태를 '빛의 전도'라는 개념을 통해 우리에게 들
려준다. 그 시기는 "1941년 1월 말" 서구 20세기 유럽의 가장 큰 파
국이었고 이어서 그들의 가장 깊은 트라우마가 된 파시즘이 맹위를
떨치던 때다. 그런데 흥미롭게도 이 학자는 저작에서 당시 지배 권
력의 힘과 저항 세력의 힘을 변별하기 위해 빛에 대한 독특한 해석

을 내놓는다. 즉 그는 한편으로 정치적 영향력을 행사하는 기득권의 빛을 현실의 기계적이고 물리적인 강한 빛에 연결시키고, 다른 한편으로 저항과 도전의 잠재적 힘을 자연의 약한 빛에 결부시킨 것이다. 예컨대 "파시즘 독재자의 후광을 만드는 선전용 서치라이트"와 "어두운 창공에서 적을 추격하는 강력한 방공용 서치라이트"는 당시 실제로 작동했던 기계장치의 물질적이고 물리적인 "강한 빛"인 동시에 그런 장치의 빛 효과를 이용해 군중의 심신을 지배했던 파시스트의 정치적으로 "강한 빛"이다. 반면 디디 위베르만은 당시 독일 나치의 유대인 학살, 이탈리아 파시스트의 에티오피아 침략전쟁 등 파시즘이 자행했던 폭력에 맞서 실제적으로든 문화예술을 통해서든 저항한 모든 이를 자연의 반딧불에 비유하며 "약한 빛"이라고 정의한다. 그는 저항의 잠재성, 결과를 알 수 없지만 자신들의 "실존을 엄습하는 위협과 고발에서 벗어나기 위해 최대한 노력"했던 당시의 저항자들을 정말 덧없고 미약한 반딧불이의 빛에 은유한 것이다.

이러한 은유 모델을 통해 디디 위베르만은 우리가 통상 밝고 강한 빛을 선천적으로 주어지고 영광으로 충만한 빛이라 상상하고, 어둡고 은폐된 빛을 사악함이나 기만 혹은 밀교적인 것으로 여기는 관습이 비정상적인 상황에서는 큰 오류일 수 있음을 깨닫게 해준다. 현실에서는 그 관계가 전도되는 빈도가 훨씬 높다는 사실, 우리가 이미 경험을 통해 알고 있기는 하지만 인정하고 싶어하지는 않는 바로 그 사실을 말이다. 복된 천국이 아니라 고통의 지옥이 대낮처럼 밝다. 눈 하나 깜짝하지 않고 사기와 기만을 일삼는 이들이 눈이 멀

만큼 강렬한 인공조명을 받으며 영광을 누린다. 폭력과 억압의 초대형 서치라이트가 비판과 저항의 작은 등불조차 샅샅이 색출해 꺼버리려고 어지럽게 공간을 훑는다. 이런 식의 빛의 작용이 실제에 훨씬 가깝다는 것이다. 여기서 우리는 다시 한번 빛에 대한 관점의 전환을 행할 수밖에 없다.

셋째 화두. 위에서 제시한 두 개의 뒤집음, 즉 죽음에 관한 관점의 전환과 빛에 대한 지각의 전도를 생각하면서 우리는 크게 두 가지 입장에 자신을 열어놓을 수 있게 되었다. 그 하나는 어떤 존재나 사태를 이분법으로 구분하는 관습적 사고 및 학습된 태도를 넘어 변증법적으로 다시 보고 사고하는 것이다. 이를테면 그 입장은 벤야민이 제안했던바, 부정적인 것으로 배제된 영역에도 관점의 전환을 도입해 새롭고 긍정적이며 기존의 이해와는 다른 의미의 부분이 출현하도록 하는 인식 방법론을 취하는 것이다.[3] 다른 하나는 사람들이 습관적으로나 이데올로기적으로 당연하다는 듯 취하는 관념, 질서, 힘을 맹목적으로 따를 때 뒤따르는 위험성 및 그와 연쇄적으로 일어나는 좋은 잠재성의 위축을 경계하는 입장이다. 이를테면 밝고 강력하고 성공적이고 힘이 세다고 정의된 어떤 것이 그 이면에서 커다란 부정성이나 억압을 대가로 요구한다는 점, 아니면 반대로 말해, 아

---

[3] Walter Benjamin, *Gesammelte Schriften* Bd. V/1, 1989, p. 573.

직 규정되지 않은 좋은(그러나 현재는 미약한) 것들이 기존의 나쁜(그러나 현재는 강력한) 것을 극복하고 새로움 또는 변혁을 이끌 가능성을 대가로 치러야 한다는 사실을 순간순간 각성하는 입장이다. 우리는 그런 극복의 힘이 디디 위베르만이 은유한 것처럼 어둠 속 반딧불이의 빛처럼 약하지만 절박하고 끈질기게 인류 역사에 잔존하면서 우리 역사의 긍정적 층위를 구축해왔다고 믿고 싶다.

넷째 화두.

유토피아에서 정말 좋은 것은 그것이 정확히 실패한다는 점이다. 내게 실패는 예술의 시적인 차원이다. 나는 정치적 관계에 대항하는 시위에 대해 말하는 것이 아니라 실제로 낭패fiasco가 발생하는 것을 허용하는 데 대해 말하는 것이다. 나는 리처드 세라의 비디오 작품 〈납을 잡는 손 Hand Catching Lead〉(1969)이 이에 대한 가장 좋은 사례라고 언제나 생각한다. 납 조각을 잡느냐 그렇지 못하느냐는 전혀 차이가 없다. 그것은 실패 그 자체가 원더풀 스토리가 되는 순수하게 조각적인 제스처다. 나는 아주 오랫동안 실패라는 개념에 관심을 가져왔다…….[4]

여기 길게 인용한 말은 현대미술 전시 기획의 대가였고 가장 독

---

[4]   Harald Szeemann, "Failure as a poetic dimension"(2001) in Lisa Le Feuvre (ed.), *Failure*, London & Cambridge: Whitechapel Gallery & The MIT Press, 2010, p. 194.

창적인 경험과 사고를 예술 속에서 발견할 줄 알았던 큐레이터 제만이 생전에 어느 인터뷰에서 피력한 의견이다. 유토피아는 정확히—혹은 유추컨대 필연적으로—실패하기 때문에 좋은 점을 가지고 있다는 그의 말, 또 실패는 예술의 시적인 차원이라는 그의 판단은 우리를 혼란스럽게 한다. 왜냐하면 우리는 언제나 힘겹고 고통스러운 현실을 벗어나 어떠한 결여도 없고 여하한 부정도 없는 유토피아를 꿈꿔왔고, 그 유토피아가 실현되지 못하는 현실을 어떤 의미에서는 실패로 간주해왔기 때문이다. 또한 삶의 모든 국면에서와 마찬가지로 예술에서도 언제나 이미 성공이 가장 좋은 것이며 성취해야 할 목표점이라고 설정해왔기 때문이다. 그렇다면 제만은 독창적인 의견을 피력할 마음에 다소 허황되고 난센스에 가까운 말을 늘어놓은 것일까? 또는 과거 보헤미안적이고 낭만적인 예술관으로 지금 여기 세상을 바라보고 실험적인 현대미술 작품을 평했던 것일까?

사적인 속뜻이야 누가 알겠는가마는, 이론적으로 따져서 그의 의견은 매우 철학적이고 매우 예술적이다. 일반적으로 유토피아는 우리가 처한 현실을 봉쇄하고 있는 모든 문제가 해결되거나 그것을 초월하는 최상의 조건 공간이자 절대적 선善의 장소를 의미한다. 하지만 나나 당신이 이미 살아봐서 알고 있는 것처럼, 그런 곳은 현실 어디에도 없다. 논리의 층위에서 따져도 그렇다. 유토피아는 그리스 어원에서부터 '없는 곳no place'이자 '좋은 곳good place'이라는 양가적 의미를 취하고 있어 단일성의 진리로부터 항상 미끄러진다.[5] 유토피아가 "정확히 실패"를 품고 있다고 말한 제만의 깊은 뜻이 여기에 있을 것이며, 같은 맥락에서 그 실패야말로 유토피아의 "정말 좋은 것"이라는 그의 판단은 긍정과 부정을 모순으로 함께 취하는 진리의 본질을 꿰뚫어 나온 말일 것이다. 또 우리가 통상 현실과 반대인 '이상향'을 뜻할 때 쓰는 유토피아의 현재적 용법에 비춰봐도 그것은 현실에서는 결코 실현될 수 없기 때문에 태생적으로 '실패'를 내포하고 있다. 따라서 제만의 주장은 현실이 될 수 없는 유토피아의 속성을 짚은 동시에, 유토피아가 아닌 현실을 무한히 긍정하는 말로 해석해야 한다. 말하자면 유토피아는 성공의 모델이 아니라 실패의 모델로서 우리에게 가치 있는 영원한 가상의 땅이며, 문제투성이인 현실세계는 무한히 유토피아를 꿈꾸고 욕망하는 우리의 매순간 삶이 실패하기도 하고 성공하기도 하는 일종의 여지餘地, room다.

그렇다면 실패가 예술의 시적인 차원이라는 제만의 그다음 말은 어째서 타당한가? 이에 대해서 사람들은 편리하게 가령 '성공은 삶의 실용석이고 이해타산적인 차원'이라는 말을 맞세울 것이다. 사실 성공과 실패에 대한 이분법적 사고 관습이 우리 안에 엄존하듯이, 현실의 삶과 예술에 대해서도 우리 대다수는 여전히 이분법적으

---

5   그리스어로 유토피아utopia는 'u'와 'topia'로 음절이 분리된다. 어원상 'u'는 '없음no'을 뜻하는 접두어 'ou-'와 '좋음good'을 뜻하는 동음이의어 'eu-'로 이중화되기 때문에 '장소place'를 뜻하는 'topos'와 결합할 경우 유토피아는 '없는 곳'이자 '좋은 곳'이라는 두 뜻을 동시에 취한다. 서구 문화의 강력한 수식어구로서 '유토피아'가 예술 창작과 이론에 발현해온 양상에 대해서는 Richard Noble (ed.), *Utopias*, Whitechapel Gallery & The MIT Press, 2009를 추천.

로 생각하고 행위한다. 그래서 마치 현실에서는 할 수 없고 해서는 안 되는 각종 감정의 분출, 위험한 욕망의 실행, 도덕적 금기의 위반, 불가지론적이거나 비의적인 환상의 실현, 이도저도 아니라면 최소한 현실적으로는 무의미한 일들이 예술에서는 허용되고, 나아가 바로 그 같은 일들이 예술의 자유이자 본령이라고 생각하곤 한다. 제만이 실패를 예술 특유의 차원이라고 말했을 때, 그것도 생존 경쟁의 정글 같은 차원이나 구차하고 너저분한 일상의 차원이 아니라 '시적인 차원'이라고 말했을 때, 우리가 우선 그 주장을 현실 삶의 성공적 차원과 이항 구조 속에서 읽은 것은 그런 관습적 사고의 영향이다. 예컨대 저 먼 고대 그리스인들이 디오니소스 축제 기간 동안 소포클레스의 비극 〈오이디푸스 왕Oedipus the King〉을 보며 울부짖을 수 있었던 데서부터 현대미술 애호가들이 인간의 실제 두개골을 재료로 만든 허스트의 〈신의 사랑을 위하여For the Love of God〉에 지지를 보내는 데까지. 우리는 예술의 이름 아래 그 같은 일탈 행위, 감정의 과시, 도발과 스캔들을 성공한 삶의 차원과 유리시켜 승인해 왔다. 그렇다고는 해도 실패가 예술의 시적인 차원이라는 견해는 충분히 해석된 것 같지 않다. 좀 전과 같은 판단은 우리가 통상적으로 내리는 결론으로서 예술을 현실의 피안이자 보충으로만 불러내기 때문이다. 하지만 한 명의 뛰어난 큐레이터로서 제만의 주장에 실린 의미가 거기에 한정될까? 우리는 현실 vs. 예술이라는 이분법의 전제를 벗어나 예술 속에서 삶의 의미를 이해해봐도 좋지 않을까?

"실패 그 자체가 원더풀 스토리"가 된다고 말하며 제만이 예로

든 세라의 퍼포먼스 비디오 영상작품 〈납을 잡는 손〉을 보자. 3분 2초짜리 흑백 무성 영상에서 감상자가 볼 수 있는 것은 오로지 화면 중앙에 클로즈업된 남성의 손이—건장해 보이기는 하지만 군데군데 때가 묻어 있고 허공에 떠서 불안정해 보이는 그 손—빠른 속도로 연속해서 떨어지는 납 조각을 잡으려 애쓰는 반복된 동작이 전부다. 수평으로 뻗은 팔과 대조되어 더욱 수직으로 급히 낙하하는 것처럼 느껴지는 납 조각은 자기를 잡으려는 손을 조롱하듯이, 혹은 매몰차게 손의 그 의지를 꺾으려는 듯이 순식간에 손과 공간 사이를 빠져나간다. 그때마다 손과 팔은 애초 목표물을 잡으려고 들였던 힘의 반동으로 더 크고 요란하게 출렁인다. 간혹 그 납 목표물을 포획했을 때 손아귀의 표정은 뭔가 충만해 보이지만, 이내 그것을 놓아버림으로써 다시 텅 빈 상태로 되돌아간다. 영상은 오직 이러한 순간의 운동들, 과정의 전개들로만 이뤄져 있다. 그 신체운동 또는 행위자의 행위performance는 그렇게 해서 나중에 어떤 결과가 된다거나 다른 무엇을 얻는 식의 스토리가 아니라, 그 자체로 살아 움직이는 스토리다. 과정이 결과에 의해 무화되지 않는 스토리, "태도가 형식이 되는"**6** 스토리, 실패가 딱딱하게 굳어버린 죽음과 같은 것이 아니라 생생한 삶의 순간들 중 일부임을 보여주는 원더풀 스토리 말이다. 그런 의미에서 제만이 '예술이 실패의 시적인 차원'이라고 말

---

6   제만의 기획전《태도가 형식이 될 때》.

하지 않고 "실패가 예술의 시적인 차원"이라고 말한 사실을 새겨야
한다. 그것은 다시 말해 우리가 현실에서 겪는 다종다양한 실패를
예술이 달랜다거나 치유해준다는 뜻보다는, 우연하고 가변적인 삶
의 속성상 매순간 우리 손아귀를 벗어나는 일들이 그만의 독특한 차
원을 갖고 있다는 멋진 뜻으로 해석될 수 있기 때문이다.

다섯째 화두. 「고도를 기다리며Waiting for Godot」의 작가 베케트
는 "예술가가 된다는 것은 다른 이들이 감히 실패할 수 없는 식으로
실패하는 것"이라고 썼다. 그는 이렇게 실패를 끌어안음으로써, 성
공적인 예술에 대한 강단 미학의 규범, 지나치게 성공한 나머지 이
제는 상투형이 된 예술 형식, 대중의 미적 인습에 내재된 새로움·
실험성·전위에 대한 반동적 압력을 벗어나 연극의 지평을 확장했
다고 평가받는다. 그런 평가에 충분히 공감하면서, 우리는 여기서
잠시 그의 말을 변주해보기로 하자. 그러면 '다른 이들이 감히 실패
할 수 없는 식으로 실패하지 못하는 이는 예술가가 될 수 없다' 또는
'다른 이들이 감히 실패할 수 없는 식으로 실패하는 데 성공하지 못
하는 이는 예술가가 되는 데 실패한다'라는 문장이 가능하다.

혹자에게는 다소 말장난처럼 들릴 테지만, 이런 식의 말의 변주
를 통해 우리에게 좀 더 뚜렷하게 드러나는 것은 실패와 성공의 기
이한 뒤집힘이다. 아니, 좀 더 정확히 지목하자면 흔히 우리가 조금
의 의심도 없이 당연한 듯 오로지 성공에만 방점을 찍어왔기 때문에
할 수 없었던 사고, 즉 실패에 성공해야 하는 사태다. 그것은 실패할

일을 성공으로 전환시킨다거나 실패를 발판으로 삼아 성공해야 한다는 따위의 문제가 아니다. 대신 말 그대로 실패 그 자체를 성취해내야 하는 일이다. 하지만 자의든 타의든 성공에 매진해온 우리에게 실패에 성공한다는 것은 있을 수 없는 일이고, 그 자체로 난센스다. 일부러 실패해야 한다니, 그것도 성공적으로 실패해야 한다니, 그 얼마나 말이 안 되는가? 그리고 우리는 일부러 실패하지 않아도 너무나 자주, 너무도 쉽게 실패해왔지 않은가? 실패하지 않으려고 온갖 노력과 열성과 지혜를 짜내도 감히 성공을 얻지 못했고, 성공이 내게 미소지어주지 않아 우리 인생에서 불행한 순간이 얼마나 많았는가? 그런데 적어도 베케트가 내세운 예술가가 되는 조건에서는 성공이 아니라 실패가 '감히' 하기 어려운 일이며, 어떤 대가를 치르더라도 성취해야 할 사태다. 그것은 달리 말하면 모험을 감행하는 일, 실패에 대한 두려움을 넘어 실패를 긍정하고 지배하는 일, 성공의 가도를 추종하는 어느 누구도 가지 않은 길을 새로 닦는 일이다. 나아가 길 없는 길을 자발적으로 선택해 길 없이 가는 일이다.

여섯째 화두. 아방가르드 예술운동의 역사를 되짚어보건대, 그 운동을 이끈 가장 큰 추동력 가운데 하나는 실패다. 이를테면 주류 예술이 실패라고 낙인찍은 데서 시작하기, 주류 예술이 안정적으로 계승하고 보존하는 규범 및 가치를 위반하고 의식적으로 다른 데를 헤매기, 대다수가 추종하는 성공의 경로를 이탈해 완전히 생경하고 위태로운 길을 닦아나가기가 아방가르드의 실천이기 때문이다. 예컨대 마네는 1863년 살롱 공모에 실패한 후 그에 대항하는 의미로 열린《낙선전Salon des Refusés》을 통해 모더니즘 회화의 문을 활짝 열었다. 초현실주의자들은 다른 사람들뿐 아니라 자기 자신들조차 결코 예술이라 여기지 않았던 것들(철지난 아케이드, 엄지발가락, 파리 뒷골목 정육점의 고기, 타자기, 백일몽 등등) 혹은 실패한 언어들("선언문, 구호, 기록, 허풍, 위조 따위"[7])을 주제화함으로써 서구 부르주아지의 폐쇄적 예술에 틈을 낼 수 있었다. 그 틈으로 이후 현대예술의 극단들이 자라날 수 있었음은 물론이다. 이럴 때 실패는 행위자 입장에서는 적극적으로 확보하려 하고, 그 행위의 대상이 되는 측은 극단적으로 거부하는 논쟁적인 용어가 된다.

이를테면 성공이 과대평가의 다른 말이거나 상투형의 반복에 불과한 것일 때, 혹은 지금까지 부적절하지만 우세 종들이 행해온 게임의 논리일 때, 실패 쪽을 선택하는 일은 용기 있는 행동이다. 이때 실패란, 기성의 가치 판단과 전형적 질서의 몽매夢寐로부터 깨어나고 표준에 맞춰져 안정적으로 돌아가는 쳇바퀴를 뛰쳐나와 과감하고 결단성 있게 미지의 길로 들어서는 일이 된다. 중국 근대 문학가이자 사상가인 루쉰은 희망이란 "땅 위의 길과 같다. 본래 땅 위에는 길이 없었다. 걸어가는 사람이 많아지면 그것이 곧 길이 되는 것"이라 일갈했다. 우리는 이렇게 길의 비유를 통해 실패와 희망이 그

7　Walter Benjamin, 「초현실주의」, 『발터 벤야민 선집 5』, 최성만 옮김, 길, 2008, p. 146.

리 동떨어진 것이 아님을, 그 둘이 '혁신의 가능성'이라는 공통성을 갖고 있음을 말할 수 있다.

　일곱째 화두. 다다이즘, 미래파, 구성주의와 함께 20세기 "역사적 아방가르드"로 꼽히는 초현실주의는 어떤 현실의 몽매로부터 깨어나려 했는가? 18세기 계몽주의 이후 이성의 질서와 객관성의 원리가 서구사회 전체 구조 및 일상의 맥락을 무척이나 성공적으로 정비해낸 결과 역으로 그 질서와 원리에 따라 세계와 인간과 현실을 주조하려 드는 근대 합리주의자들의 맹목적 인식으로부터 깨어나려 했다. 또 그런 이성의 의지가 당연한 믿음으로 변질돼 정신의 피로와 나태를 보여줄 뿐인 낡은 부르주아 예술로부터의 깨어남이다.

　1924년 초현실주의 운동을 알리는 글 『초현실주의 선언』에서 브르통은 다음과 같은 문장으로 포문을 연다. "삶에 대한, 삶이 지닌 것 가운데 가장 덧없는 것에 대한 믿음, 그러니까 내 말인즉슨 현실의 삶에 대한 믿음이 계속되다보면, 결국에는 이 믿음이 망가지기 마련이다."[8] 프랑스의 속담 중 "물동이가 물을 자주 퍼 나르다보면 결국 깨지게 마련"이라는 말을 원용했다고 하는[9] 브르통의 그 문장은 반복과 익숙해짐에 대한 경고다. 그런데 여기서 또한 중요한 점은 현실이 객관적으로 주어져 있다기보다는 삶에서 가장 덧없는 것

8　　André Breton, *Manifestes du Surréalisme*, 『초현실주의 선언』, 황현산 옮김, 미메시스, 2012, p. 61.

9　　André Breton, 같은 책, 같은 곳, 이는 황현산의 설명이다.

이라는 깨달음, 현실의 삶이 객관적인 사실이 아니라 하나의 믿음이라는 깨달음이다. 물론 브르통 및 초현실주의자들이 현실을 덧없는 것이라고 정의할 때 그 의미는 현실이 무가치하다거나 무의미하다는 것이 아니라 우연적이고 변화한다는 것이다. 그러니 한때 사람들이 삶이라고 믿는 것들은 언제고 달라질 수 있는 것이고, 여러 계기에 의해 새롭게 조성될 수 있는 것이다. 아방가르드 운동으로서 초현실주의는 그 계기들을 의식의 고착 대신 무의식의 충동에서, 인과적 논리의 연쇄 대신 이미지의 병치에서, 세계에 대한 분석 대신 경이와 황홀경에서 찾았다.

2.

'말레비치의 검은 사각형조차 어떤 실패의 감각으로부터 도출되었다. 어떤 사람은 언제나 사람들이 더 이상 설명할 수 없는 무엇인가에 도달한다.' 재현의 관례가 더 이상 목적에 부합하지 않을 때, 실패는 새로운 가능성을 열 수 있다.[10]

일반적으로 사람들은 '실패'를 '성공'의 대립항으로 설정하고,

---

[10]　Lisa Le Feuvre (ed.), 같은 책, p. 13. 인용구 속 인용구는 아티스트 로스Dieter Roth가 1998년 어느 인터뷰에서 한 말이다. 전거는 같은 책 p. 20에 밝혀져 있다.

거기서 부정적이고 비생산적인 것(상황, 함의)만을 추출해내곤 한다. 하지만 포퍼Karl Popper가 과학 이론에서 제시한 '반증 가능성falsifi-ability'을 염두에 두면, 실패란 창의성의 전개 및 진정한 진보의 실현을 위한 필수 과정에 다름 아니다. 이를테면 과학자가 새롭고 창조적인 어떤 것을 발견/고안하기 위해 가설을 입안하고, 그 가설을 의식적으로 논박하며 일련의 실험을 통해 자체의 적합성 또는 부적합성, 일치 또는 불일치, 개연성 또는 비개연성, 진리 또는 비진리를 가려내는 과정—스스로 반증을 제시하여 전제된 것을 무너뜨리는 과정—안에 이미 생산적이고 성공적인 실패의 면모가 담겨 있는 것이다.

우리가 첫 장에서 실패에 관한 여러 화두를 제시했던 이유는 무엇보다 우리 사고의 관습, 우리 시각의 관행에 일종의 전환을 꾀하기 위해서였다. 실패가 정말 나쁘고 부정적이며 비생산적이기만 한 것인가? 우리가 사태를 이분법의 구도 아래서 바라보는 방식은 정말 온전히 사태의 진면모를 끌어안는 방법인가 등을 질문하고 그에 대해 다르게 생각할 계기를 마련하기 위해서였다. 하지만 그런 지적인 목적 이면에는 실질적이고 다급한 이유도 있다. 나는 현실사회의 문제적 현상들에 대해 지식인과 예술가들의 비판적 접근이 시급하다고 느꼈던 것이다.

2000년대 들어 전 세계 경제위기의 일상화, 실업 및 저급한 노동 조건의 전면화가 심화되고 있다. 또 자본 소유의 정도와 사회의 위계적 계층 분화의—인종, 민족, 전문가적 능력, 문화 수준 등 끝없이 미세하게 설정되는 기준에 따라 나뉘는 것처럼 보이지만 실상 모든 분화가 돈의 리얼리즘으로 행해지는—긴밀한 유착으로 인한 공동체 내부의 극단적 양극화 및 분열이 어떠한 윤리적 · 도덕적 저지선도 뚫고 고강도의 위험으로 치닫고 있다. 결정적으로는 경제적 이익 이외에는 어떤 의미나 가치의 영역도 용납하지 않는 사회체제의 고착이 국가, 민족, 지역, 개인과 집단을 막론하고 동시대 삶을 고통스러운 현장으로 변질시키고 있다. 그 고통과 폭력의 강도는 측정할 수 없을 만큼 내밀하고 강력하다. 그럼에도 불구하고 우리는 마치 그것이 동시대를 사는 사람들의 처지에서는 저항할 수도, 벗어날 수도 없는 운명이기나 한 것처럼 당연시하고 내면화시킨 채 살아간다.

그 저항할 수도 없고 벗어나기도 힘든 사회 조건에서 가장 강력한 이데올로기로 작동하는 것이 '경제적 성공'이다. 오늘 우리에게 성공은 과거의 보편적이고 넓은 의미의 성공, 이를테면 단순히 사적으로 부와 권력을 얻는 일을 넘어 공동체 안에서 인격적 · 도덕적 · 윤리적으로 일정 수준 이상의 역량을 발휘하고 타인의 존경을 받는 전인적인 성공을 의미하지 않는다. 오늘 우리에게 성공은 개인의 차원에서나 집단의 차원에서나 오로지 돈을 위한, 돈에 의한, 돈의 성공으로 귀결된다. 돈을 벌기 위해 공부를 열심히 해야 하고, 돈을 벌기 위해 대학에 가야 하며, 돈을 벌기 위해 유명해지고, 돈을 벌기 위해 어떤 식으로든 성공해야 한다. 심지어 돈을 벌기 위해 '좋아하는 일을 즐겨라'라는 웃지 못할 캐치프레이즈까지 난무하는 것이 지금 여기의 현실이다. 그렇다면 그렇게 돈을 벌어서 무엇을 할 것인가? 기이한 일은 그 답 또한 돈을 버는 것이다. 물론 더 많이. 돈을 벌어서 더 많은 돈을 버는 것. 이 이상한 순환 논법이 우리 시대에 아무런 의식적 저항감 없이, 아무런 사회적인 논쟁도 불러일으키지 않은 채 유통되는 성공이다. 경제인의 성공뿐만 아니라 지식인의 성공까지 재화의 획득 여부가 관건이다. 신생아의 탄생부터 노인의 여생까지가 오로지 경제적 문제에 좌지우지된다. 이처럼 무슨 일을 하든 욕망의 근거 또는 삶의 기반 전체가 오직 돈에 매달려 있기 때문에 더 많은 돈/재화를 벌 수 있다면 어떤 반反인격적이거나 반도덕적이거나 반윤리적인 일도 허용될 수 있다는 관념, 잠깐이라도 한눈 팔면 절대 빈곤의 나락으로 추락할 것이라는 위기감과 공포, 생존을 위해 돈을 버는 것이 아니라 돈을 벌기 위해 생존 경쟁에서 살아남아야 한다는 도착적 강박이 전 지구적으로 횡행하고 있다.

국내외를 막론하고 정치가들은 위와 같은 문제적 사회 상황의 근본 원인이 1990년대 말부터 전 세계를 옥죄기 시작한 착취적이고 천민의식적인 자본주의 체제/신자유주의 경제의 신봉과 그 운용 자체에 내장돼 있음을 결코 인정하지 않는다. 또는 달리 말해 지난 20여 년간 자본과 이윤 팽창만을 미친 듯이 숭배하고 무반성적으로 추종해온 사회체제(자유민주주의가 아니라 자유시장 체제)가 원천적으로 실패했음을 인정하지 않거나 그에 대한 각성조차 없는 것이다. 이는 현재의 정치가들 및 그 편에서 온갖 방만한 해결책 또는 조언을 내놓는 지식인들이, 마치 환부를 숨겨 환자를 치료 불능 상태에 빠뜨리는 의사처럼, 정치적 실패를 경제 수치의 성공으로 치환시켜 은폐하거나 현실의 모든 문제와 그 문제의 해결이 오로지 경제적 성공에만 달려 있는 것처럼 책임을 전가함으로써 파국 위에 파국을 쌓고 있다는 점에서 끔찍이 문제적이다.

오히려 우리는 실패를 인정하고, 더 잘 실패하는 방법을 찾음으로써 당면한 현실의 심각한 위기를 극복하고, 나아가 미래를 새롭게 열 필요가 있다. 이에 관해서는 당대 가장 신랄하면서도 통찰력 있는 쟁점을 부지런히 생산하고 있는 지젝이 근간에 내놓은 흥미로운 정치철학적 논변을 음미해보는 것도 한 방법이다. 그는 현재 통제 불능의 자본주의가 활개칠 수 있는 물꼬를 나치즘, 마오이즘, 스탈린주의의 '실패'가 제공했다고 주장하면서, "과감히 실패함으로써 우리는 앞으로 나아갈 수 있고, 그럼으로써 더 잘 실패할 것"[11]이라고 진단한다. 잠깐, 20세기 초중반 유럽을 공포로 몰아넣은 나치즘, 중국 인민과 지식인들에 대한 '피의 숙청'으로 악명 높은 마오이즘, 테러와 전체주의적 통치를 결합해 사회주의 내 독재 권력을 실현한 스탈린주의가 결국 실패했기 때문에 그나마 역사가 다행히 여기까지 올 수 있었던 것이 아니라, 그 실패로 인해 우리의 현실이 더 나빠졌다고? 물론 지젝의 의도는 그 이즘들이 현실에서 실행한 폭력과 억압을 옹호하는 데 있는 것이 아니라, 그것들이 '이즘'의 이름

11　　Slavoj Žižek, 『잃어버린 대의를 옹호하며』, p. 17.

아래서 위선적으로든 기만적으로든 부르짖었던 혁명의 대의와 보편적 가치를 환기시키는 데 있다. 그 대의와 가치란 간단히 말하면 계급 없는 사회의 실현, 만인이 착취와 억압 없이 사는 현실의 구현 같은 것이다. 하지만 지나온 역사가 보여주건대 나치즘, 마오이즘, 스탈린주의는 그 대의 및 가치를 선전선동의 도구로 악랄하게 전용하면서 역사의 퇴보를, 인류의 비참함을 가중시켰다. 지젝이 지적하는 그들의 실패란 바로 그 같은 전도와 왜곡을 말하는 것이며, 그 전도와 왜곡에 의해 지금의 신자유주의 경제가 잉태될 수 있었던 숨겨진 원인을 이르는 것이다. 따라서 그가 우리에게 "과감히 실패"할 것을 제안할 때, 그 진정한 의미는 지금 우리가 처한 현실을 바로 보고, 그 현실이 회복 불능일 때 과감히 자리를 털고 일어나 그 현실이 아닌 다른 현실을 만들어내야 한다는 긴급한 요구다. 이를테면 그 실패는 글로벌 경제 메커니즘 속에서 살아남기 위해 모든 사람이 각자 그 메커니즘과 생존 규칙을 탁월하게 내면화해 게임의 승자가 되는 일이 결국 뒤집어서 우리 모두의 희생 속에 글로벌 경제 메커니즘만을 살리는 일임을 깨닫는 데서 시작한다. 또는 왜 우리가 글로벌 자본주의 체제를 운영하는 주체가 아니라 그 체제를 존속시키는 먹잇감이 되어야 하는지 이의를 제기하는 데서 출발한다. 이 사회가 당연시하는 성공이 아니라 실패를 논의할 이유가 여기 있다.

다른 한편, 우리에게는 실패의 긍정성을 예술 영역에 특정해서 담론화하는 일도 필요하다. 예를 들어 미술가이자 미학자인 브록은 「원기 왕성하고 영웅적인 실패」라는 글에서 앞서 소개한 포퍼의 이론을 원용한 뒤 "우리 시대 예술에서 성공의 형식으로서 실패가 하나의 주제가 되었다"고 단언한다.[12] 이는 요컨대 자연과학에서 실험이 가설(의 오류)을 반증하는falsifying 최선의 방법으로 간주되는 것처럼, 현대예술에서 실험적 시도와 기성의 전복, 도전적 예술의 제시와 새로운 예술의 발견이 다른 어떤 미학적 과정, 가치, 성과보다도 중요해졌다는 뜻이다. 사실 지난 100여 년간 아방가르드 예술의 역사는 기성의 예술을 반미학적 창작과 비판적 논쟁으로 자극하고, 아직 예술로서 간주되지 않은 생경하고 이질적인 것들을 예술의 새로운 시도로서 긍정하는 실천적 과정이었다. 그에 대한 역사적 평가는 다양하게 이뤄지고 있으니 여기서는 논외로 하자. 다만 우리가 여기서 특히 주목할 점은 현대예술이 끊임없는 예술의 실패, 또는 예술의 반증 가능성을 통해 좀 더 창조적이고 좀 더 진보적인 흐름을 도모할 수 있었다는 사실이다. 반면 미술뿐만 아니라 지금 여기 거의 모든 예술 영역을 장악하고 있는 것은 '시장'이다. 시장의 원리와 메커니즘이 절대적 강자이자 지배 조건이 됨으로써 현재의 예술에서 가장 급격하고 심층적으로 달라진 점은 실험적인 예술작품과 임의적이고 예측 불가능한 예술 시도가 거의 자취를 감췄다는 점이다. 대부분의 예술가, 예술계 전문가(비평가, 기획자, 행정가 등등), 지식인들이 실패를 두려워하며, 논박이나 저항보다는 체제 내적 인정

---

12   Bazon Brock, "Cheerful and Heroic Failure," Lisa Le Feuvre (ed.), *Ibid.*, pp. 180–182. 브록은 2006년 3월 25부터 4월 5일까지 독일 슈른 쿤스트할레 프랑크푸르트Schirn Kunsthalle Frankfurt에서 "성취로서의 실패Failure as Achievement"를 주제로 전시를 열었다.

과 실리적 이해득실에 골몰한다. 그러나 그러한 예술과 예술가적 삶은 벤야민이 일갈했듯이 "탱크 속의 삶"[13]이다. 스스로의 강점만을 믿고 자기 내부로 갇힌 삶, 변화도 없고 자극도 없이 그 안에서 부패해가는 예술인 것이다.

1960년대 플럭서스 운동의 멤버였고 평생 아이슬란드, 스위스, 독일에 스튜디오를 두고 여러 곳을 떠돌며 작업한 것처럼 작품 경향에서도 유목적인 면모를 보였던 아티스트 로스Dieter Roth는 죽기 1년 전인 1998년 작가로서의 대외활동뿐만 아니라 일체의 사회관계를 끊고 자신의 작업실들에 칩거했다. 알코올중독 때문에 얻은 병이 칩거의 직접적인 원인이었지만, 흥미로운 점은 로스가 그 칩거의 나날을 128대의 비디오 작품(〈단독 장면들Solo Scenes〉)으로 부활시켰다는 점이다. 집과 작업실 구석구석에 작가가 직접 설치한 폐쇄회로 카메라가 그의 일거수일투족, 이를테면 작업실 책상에 앉아 책을 읽거나 지난 전시도록을 다시 정리하는 일부터 식물에 물을 주거나 화장실에서 볼일을 보는 순간까지를 면밀하게 포착했다. 그런 소소하고 하찮은 일상의 기록 내지는 작가로서 활동이 정지된 듯 보이는 나이 들고 병든 작가의 1년 치 삶의 고독한 장면들은 언뜻 우리에게 어둡고 부정적인 실패의 이미지를 연상시킨다. 하지만 바로 그 1년 동안의 기록이 다른 어떤 것으로도 대체할 수 없는 한 작가

13　Walter Benjamin, "Woran einer seine Stärke erkennt," Walter Benjamin *Gesammelte Schriften* Bd. IV/1, pp. 371-372.

의 초상으로서, 어떤 미적 재현의 관례도 목적하지 않는 극단의 현실성을 품은 하나의 작품으로서 〈단독 장면들〉을 우뚝 세웠다. 이와 같은 맥락을 보건대, 우리는 그것이 생전에 로스가 말레비치Kazimir Malevich의 회화에 대해 논평했던 것과 비슷하게 "어떤 실패의 감각으로부터 도출"될 수 있었다고 말해야 할 것이다. 1990년대 후반은 현대미술계에서 '유목주의nomadism'가 일종의 열병처럼 퍼지던 때다. 그런 시기에 평생 경계 없는 미술의 영토를 헤맸던 로스는 역으로 자기 안으로 칩거해 들어갔다. 상황은 주류 미술계의 시각에서 보면 분명 예술가로서 실패의 상황이다. 하지만 로스는 유목주의가 현대미술계에서 하나의 재현 체계로 작동하기 시작한 상황의 결을 거슬러 자신과 예술을 솔질했다. 그러니 그 실패의 상황은 부정적이고 비생산적인 운동이 아니라 저항적이고 생산적인 운동을 통해 새로운 존재를 출현시키는 상황이라고 말해야 정확할 것이다.

위에서 우리는 우리가 처한 현실의 어려움, 간단히 해결할 수 없는 문제들, 문제에 문제가 누적돼 스스로 각성하기조차 어려운 파국적 형편에 대해 이야기했다. 그런 논의 자체가 누군가에게는 절망감을 불러일으킬 것이다. 하지만 절망은 끝이다. 또 날카로운 지성을 가진 이론가들이 항상 옳게 비판해왔듯이 우리 삶이 전체주의의 폭력에, 자본주의의 전횡에, 지배자의 기만과 억압에, 기득권의 착취에 예속돼 있다고 상정해서도 안 된다. 비판이 옳기는 하지만, 우리가 그렇게 상정하는 일이야말로 그 전체주의, 자본주의, 지배자, 기득권이 사람들로 하여금 그렇게 믿게 하려는 것을 받아들이는 패배적인 일이기 때문이다. 이론가들의 비판이 전체만을 보고 구조적인 차원에서 논리적·추상적·체계적으로 이뤄지는 저항이라면, 전체와 구조의 압도적 우세를 용인하는 일을 지연시켜가며 이뤄지는 작고 개별적인 저항은 우연적·경험적·비선형적인 성격을 띤다. 그것이 비록 아주 약하고 희미한 빛의 저항일지라도, 그것이 비록 산만하고 산발적인 운동의 양상을 띤 저항일지라도, 그것이 비록 당장은 실용적인 삶이 약속하는 성공의 경로로부터 이탈해 어느 불특정하고 위태로운 길을 헤매는 저항일지라도 우리에게는 그 실천이 필요하다.

우리가
미술을 말하기
이전에
이미지의 기원을,
자기 자신을,
누군가 또는 타인들을,
사랑과 죽음을,
완벽함과 상실을,
혼자 살아감과 공존을
각자의 힘으로 생각해야
한다는 사실이다.
이미지로부터 그 사고의 운동이
에너지를 받을 것이다.

2

이미지로
부터

이 장은 지금 여기 미술의 담론이 지나치리만큼 대중화되거나, 반대로 소수 전문 집단 내부로 폐쇄되고 있다는 문제 인식에서 출발한다. 그리고 바로 그 양 극단의 현상으로부터 멀리 달아나 어떤 추상적 담론을 쓰거나, 반대로 누구나 아는 얘기를 약간의 지식으로 버무려 좀 더 고차원적인 것처럼 만드는 이야기를 쓰지 않으려는 글쓰기 과정을 거쳤다. 그렇게 해서 눈에 보이게 된 것은 무엇인가. 그것은 우리가 미술을 말하기 이전에 이미지의 기원을, 자기 자신을, 누군가 또는 타인들을, 사랑과 죽음을, 완벽함과 상실을, 혼자 살아감과 공존을 각자의 힘으로 생각해야 한다는 사실이다. 이미지로부터 그 사고의 운동이 에너지를 받을 것이다.

이미지와 인간의 조건

'왜 아무것도 없지 않고 이미지가 있었을까?' 프랑스의 매체이론가 드브레Régis Debray가 던진 이 알듯 모를 듯한 질문은 생각보다 깊은 뜻을 담고 있다. 오래전 인류가 그저 자연의 여타 생명체처럼 단순한 생명활동을 이어나가는 존재에 머물지 않고 다양한 이미지의 역사를 구축하게 된 근원적 동기가 무엇이냐고 묻는 말이기 때문이다. 그 질문은 다시 말해, 왜 인간은 다른 동식물들처럼 그저 태어났다가 일정한 시간을 살고 사라져버리는 자연의 생리에 굴복하지 않았는가? 왜 자기 자신과 자신을 둘러싼 세계를 이미지로 표현하며 문화와 예술을 전개시켜 나갔는가? 누군가의 얼굴을 그리고, 신의 형상을 조각하고, 새의 지저귐을 음으로 바꾸고, 바람의 흐름을 몸의 율동으로 표현했는가 등등의 질문을 던지고 있는 것이다. 그림이, 조각이, 음악이, 춤이 인간에게 당장 먹을 것을 제공하거나, 생명을 위협하는 것들로부터 스스로를 보호할 강력한 무기가 되는 것도 아니었을 텐데 말이다.

　미술에 관심 있는 이라면 한번쯤 읽어봤을 곰브리치의 책 『서양미술사』를 비롯해 대부분의 미술책이 과거에 이러저러한 미술가 및 미술작품이 있었다고 말하는 것으로 시작한다. 예를 들면 "아득한 옛날의 미술가들이란 색깔 있는 흙을 가지고 동굴 벽에 들소의 형태를 그려놓았던 사람들"[1]이라거나 "라파엘로의 〈식스투스의 성모〉나 레오나르도 다빈치의 〈모나리자〉 같은 작품들을 예로 들 수"[2] 있다는 것이다. 그러나 다시 생각해보면 어떤 미술가가 있었고, 어떤 미술작품들이 존재하며, 오늘날까지 어떠한 의미로 회자되는지를 논하기 전에, 아주 오랜 옛날 그것들이 애초에 왜, 어떻게 생겨났을까를 따져보는 일이 먼저다. 왜냐하면 오늘날 우리가 당연시하는 미술, 미술가, 미술작품 등 일련의 개념이 기원전 30000년경 단단한 돌에 풍만한 여체를 조각한 원시인류에게 있었을 리 만무하고, 기원전 15000년경 동굴에 소 그림을 그린 이들이 직업의식에서 감상용 그림을 그린 것도 아니기 때문이다. 원시인류는 추상적인 미술 개념과 제도가 만들어지기 훨씬 이전에 이미지를 그리고 새겼다. 이후 그 이미지들이 시간이 지나면서 현재 우리가 '미술'이라 이름 붙인 특정한 문화 형식을 이루는 기초가 되었다.

문화는 인간이 삶을 살아가면서 만들어낸 유무형의 것들을 총칭하는 이름이다. 거기에는 자본주의나 공산주의 같은 거대한 사회 체제부터 최근 유행하는 자잘한 패션 아이템까지 온갖 것이 속한다.

---

1   Ernst Gombrich, *The Story of Art*, 『서양미술사 上』, 최민 옮김, 열화당, 1977, p. 13.
2   Daniel Arasse, *Histoires de peintures*, 『서양미술사의 재발견』, 류재화 옮김, 마로니에북스, 2008, p. 15.

또 역사와 전통이 켜켜이 누적된 인류 문화유산에서 지구상의 어느 조그만 지역에 이제 막 모여 살기 시작한 사람들의 소박한 규칙에 이르기까지 시간과 공간과 수준의 차이를 포괄한다. 우리가 쉽게 보는 듣고 즐기는 그림, 음악, 춤, 연극, 영화, 스포츠도 두말할 것 없이 문화다. 그런 의미에서 문화는 매우 뿌리 깊고 광범위하다. 하지만 그렇다고 해서 인간에 앞서 문화가 있는 것은 아니다. 문화란 인간활동의 소산이기 때문이다.

이처럼 이미지의 기원에 대해서, 미술작품 이전의 이미지에 대해서, 인간의 삶과 문화에 대해서 생각해보는 일은 비록 실증적인 답을 얻지 못하더라도 인간의 근원적인 욕망이 무엇인지를 가늠하는 데 도움이 된다. 그러면 다시 서두로 돌아가 드브레가 질문했던 바와 같이 인류 문화에 이미지, 가령 회화와 조각이 출현한 근원적 동기는 무엇인가. 그 답은 서구 문화사에 오랫동안 전해져 내려오는 다음 이야기에 담겨 있는 것 같다.

고대 그리스 코린트의 시키온에 사는 도공 부타데스Butades of Sicyon에게는 딸이 한 명 있다. 그리고 그 딸에게는 한시라도 떨어지고 싶지 않은 연인이 있다. 그런데 어느 날 그 연인이 전쟁터에 나가게 되어 딸은 비탄에 잠긴다. 그 모습을 보다 못한 아버지 부타데스가 묘안을 짜낸다. 남자를 집에 불러 벽 앞에 앉히고 그 벽에 드리워진 그 남자의 그림자를 따라 그려서 연인이 없어도 그 남자려니 하며 위안 삼으라는 것이다. 촛불 때문에 반대편 벽에 만들어진 연인의 실루엣은 지금 여기 있는 남자의 분신이고, 그 분신의 흔적인 실루엣 그림은 설령 연인이 전쟁터에서 죽어 세상에 없더라도 벽 위에 오래도록 그대로 남아 있을 것이기 때문이다. 아버지의 말을 따라 부타데스의 딸은 불에 탄 장작개비로 젊은 연인의 그림자 윤곽을 그린다. 그랬더니 아버지는 거기에 흙을 발라서 부조를 만들고, 다른 도기를 구울 때 그것을 함께 구워낸다. 얼마 지나지 않아 남자는 목숨을 기약할 길 없는 전쟁터로 떠나고 딸은 혼자 남겨졌다. 하지만 도공의 집 안쪽 벽에 그려진 남자의 실루엣 초상과 도자기 조각은 그의 부재에도 불구하고 그 남자의 온전한 흔적으로서 언제나 도공의 딸 곁에 있었고 죽을 때까지 함께했다.

위의 이야기는 고대 로마의 정치가이자 학자였던 플리니우스가 『박물지Historia Naturalis』에서 전한 내용을 간단히 정리한 것이다. 플리니우스는 오늘날로 치면 일종의 백과사전 같은 그 책에서 '회화의 기원'을 이와 같은 설화로 설명했는데, 현재 사람들은 그 이야기를 회화와 조각의 탄생 신화쯤으로 받아들인다.

신화인 만큼 부타데스의 딸과 연인의 실루엣 그림자 이야기에서 회화의 기원을 논할 객관성을 추출할 수는 없다. 대신 우리는 그 이야기로부터 인류가 처음 이미지를 만들었던 동기를 유추하고 추체험할 수 있다. 이를테면 이미지는 사람들이 사랑하는 이의 부재를 대신해서 더 오래 변하지 않고 남을 수 있는 어떤 것을 원했기 때문에 출현했다는 얘기다. 이 지점에서 의미는 더 확장되어야 한다.

비단 내가 사랑하는 누군가만이 아니라, 나 자신을 포함해 모든 인간 존재는 태어나자마자 변화하고 언젠가는 반드시 죽는다. 물론 세상 만물 또한 변전을 거듭하고, 생성과 소멸의 행로를 벗어날 수 없다. 반면 벽에 그린 사람의 얼굴, 돌에 새긴 인간의 몸, 도자나 청동으로 주조한 세계의 이미지는 실재를 대신해 그 자리에서 그대로 반영구적인 삶을 살아간다. 그런 의미에서 이미지는 필멸하는 인간의 조건, 유전流轉하는 세계의 운명을 극복하고자 한 인류의 뿌리 깊은 열망을 모태로 태어났다고 말할 수 있다. 라스코 동굴벽화가 그려진 이유, 빌렌도르프의 비너스 상이 조각된 이유, 고대 이집트의 멤피스가 벽화로 그려지고 금으로 만든 관 속의 미라로 남겨진 이유가 거기 있을 것이다. 그 아주 오래된 것들이 아직까지도 살아남아 우리에게 미적 감상의 기회를 제공하고, 감동을 선사한다. 그 점에서 시공을 초월한 이미지를 꿈꾼 옛 인류의 소망은 탁월하게 실현됐다. 죽음이라는 인간의 조건을 넘어.

미술가의 자화상과 나르키소스

네덜란드 암스테르담 반 고흐 미술관에는 당연한 일이지만 고흐의 그림이 다수 소장돼 있다. 누구나 인정하다시피 현대 문화예술 대중이 가장 사랑하는 화가인 고흐 자신의 초상화도 여러 점이다. 1885년 브라반트 시기 말엽부터 세상을 떠난 1890년까지 약 5년간 집중적으로 그린 30점의 자화상에서 고흐는 거의 일관되게 측면에서 비치는 자기 자신의 거울이미지를 보여준다. 그는 때로 팔레트를 든 모습을 그렸고, 때로는 배경에 일본 판화를 그려넣기도 했다. 하지만 대부분의 자화상은 텅 빈 공간 속에서 뚫어질 듯이 어딘가를 응시하는 굳은 표정의 고흐 자신만 표상하고 있다. 그렇다면 그 그림들은 화가 고흐의 자기연민이나 자기애narcissism를 보여주는 것일까? 결코 그렇게 말할 수는 없다.

한편으로, 생전에 극도로 고독했고 참으로 가난했던 고흐는 빈곤한 형편에 그림 모델을 쉽게 구할 수 없었기 때문에 자기 얼굴을 그리고 또 그렸다. 비용을 지불할 필요도 없고, 굳이 비위를 맞추거나 창작에 제약을 받지 않아도 되는 가장 용이한 모델로 자기 자신을 채택했던 것이다. 다른 한편, 쉽지 않은 삶과 그보다 더 쉽지 않았던 자기 자신의 내면 문제를 넘어 회화실험을 지속하면서 고흐는 거울 앞에 섰고, 캔버스 위에 자신의 얼굴을 반복해서 띄워 올렸다. 특히 1889년의 자화상, 그러니까 바로 전해인 1888년 12월 그 유명한 고갱과의 언쟁 이후 잘린 귀를 붕대로 감춘 모습을 그린 자화상은 사건의 진실이 무엇이든 간에, 고흐에게 자기 자신을 그리는 일이 어떤 의미였는지를 조용하지만 힘 있게 웅변한다. 말하자면 그 그림은 현실의 척박함과 몰인정, 심리 상태의 불안정성과 고통에 꼼짝없이 묶인 상태에서도 거의 일평생을 회화에 헌신할 수밖에 없었던 고흐 자신의 운명과 과업을 말하고 또 말하고 있는 것이다.

그런데 애초 서구 문화사 및 회화사에서 자화상의 출발은 위에 쓴 고흐의 내러티브와는 좀 다르다. 요컨대 고흐의 자화상은 개인의 내면과 사적 예술 실천을 강조한 근대의 미적 산출물 중 하나이고 미술사가와 미술비평가 또한 그러한 맥락에서 의미를 해석해왔다. 그러나 그보다 훨씬 이전부터 존재한 서구 회화의 전통에서 자화상은 신화의 세계와 깊이 결부돼 있었고, 자기애를 주제화하는 신화적 이미지로 쓰였다.

로마 제국 시대의 시인 오비디우스가 15권으로 집대성한 그리스·로마 신화인 『변신이야기』 중 나르키소스 신화가 우리에게 그와 관련한 이야기를 들려준다. 그 내용을 요약하면 이렇다. 강의 신 케피소스와 님프 리리오페 사이에서 태어났고 눈먼 예언자 테이레시아스로부터 "자기 자신을 모르는 한 영원한 삶을 살 것"이라는 신탁을 받은 나르키소스는 아름다운 용모로 뭇 사람의 사랑을 한 몸에 받는 젊은 청년이다. 하지만 그는 그 누구의 사랑도 받아들이지 않는데, 운명이 정하길 나르키소스의 연모 대상은 오직 그 자신밖에 없기 때문이다. 어느 날 숲속에서 사냥하던 중 그는 물을 마시려고 연못 위로 고개를 숙였고, 거기서 수면에 반사된 자신의 이미지와 처음 마주쳤으며, 곧바로 자신이 보고 있는 그 젊고 아름다운 거울 상像을 타자로서 사랑하게 된다. 물론 그 이미지는 만질 수도 없고, 소유하는 일은 더더구나 불가능한 대상이다. 때문에 나르키소스는 결국 그 물가에서 애끓는 자신과의 실현할 수 없는 사랑에 목말라 죽고 그 자리에 대신 수선화가 피어난다. 『변신이야기』 3권은 이러한 비극적 서사를 다음과 같이 서술하고 있다.

나르키소스는 자신이 사모하는 자기 자신의 모든 것을 사모했다. 뜻하지 않게 그는 자신을 열망하게 된 것이다. 나르키소스는 찬미했고, 자신이 찬미하는 바로 자기 자신이었다. (…) 오! 분별없고 어리석은 청년이여, 왜 사라지는 이미지를 헛되이 붙잡으려 하는가?[1]

오비디우스의 신화가 널리 알려진 이후 수 세기 동안 서구의 미술가들은 나르키소스의 이야기를 '자기애'라는 화제畵題로 삼아 그리

---

1   Victor Stoichita, *A short history of the shadow*, 『그림자의 짧은 역사』, 이윤희 옮김, 현실문화연구, 2006, p. 44에서 재인용.

고 또 그렸다. 예컨대 1531년경 모체토Girolamo Mocetto가 그린 〈연
못가의 나르키소스〉, 1606년경 템페스타Antonio Tempesta가 『변신이
야기』의 삽화로 제작한 동명의 판화, 1903년 워터하우스John Water-
house가 나르키소스를 사랑했던 에코의 신화와 결합해 그린 〈에코
와 나르키소스〉 등등이 있다. 하지만 여기 예를 든 작품들은 관련
이야기를 충실하게 묘사하고는 있을지언정 나르키소스 신화와 회화
의 관계에 대한 숙고 또는 해석은 희박하다. 다시 말해 그 신화 속에
서 타인이 아니라 자신의 반영 또는 거울이미지를 사랑하는 비극적
열망이 단순히 이야기의 슬픈 정조를 넘어, 가시성의 세계를 사랑의
대상으로 삼아 가시성 너머의 세계까지 완벽하게 포착하고 재현하
고자 하는 화가들의 근원 충동을 가리킨다는 점을 놓친 것이다. 또
그림이 실재가 아니라 이미지인 한 이미 항상 재현의 완벽함에서 실
패할 수밖에 없고, 그 때문에 화가들이 품게 되는 불행한 자의식을
그 화가들은 나르키소스의 운명과 결부시킬 생각을 못 했다고 말할
수도 있다.

그와는 달리 르네상스 시대 회화 이론의 거장 레온 바티스타
알베르티는 "회화의 창시자는 나르키소스였다. (…) 회화라는 것은
물의 표면을 예술을 통해 껴안으려는 행위가 아니라면 무엇이겠는
가?"[2]라는 주장을 통해 그 신화의 의미를 화가의 창작 행위로 옮겨

---

2   Leon Battista Alberti, *On Painting*, trans. Cecil Grayson, Hamondsworth, 1991, p. 61.

왔다. 그리고 그것이 바로 우리가 서두에 얘기한 고흐의 자화상이 화가 자신의 성찰과 더불어 회화실험의 산물로서 자리매김하는 시초의 이론적 배경이다.

성장의 불꽃을 지닌 자화상

1932년생 독일의 미술가 리히터는 비단 모국에서뿐만 아니라 전 세계 미술계를 통틀어 가장 유명하고 그만큼 중요한 인물이다. 그는 20세기에서 21세기로 이어지는 현대미술의 역사에서 회화의 진보 및 확장을 이끌어낸 인물이자 살아 있는 거장으로 평가받는다. 동시에 미술시장에서 이전에 그와 같은 예를 찾기 힘들 만큼 엄청난 상업적 성공을 거뒀으며, 그 미술의 자본제적 가치 상승이 여하한 경우에도 멈추지 않으리라 예상되는 초대형 작가다. 그의 미술은 대규모 국제 비엔날레부터 명망 높은 미술관의 개인전까지, 130년 역사를 지닌 쾰른 대성당의 스테인드글라스부터 작은 상업 화랑의 벽에 이르기까지 도처에 다종다양한 형태로 존재한다. 그리하여 지금 이 시간에도 수많은 사람이 세계 곳곳에서 리히터의 작품들과 조우한다. 또한 물론 당연한 일인데, 전 세계 아주 많은 미술대학 학생들이 그에 대해 공부하고 그를 모델로 삼아 미술가로서의 화려한 성공을 꿈꾼다. 미술관이나 갤러리의 감상자들이 리히터의 그림 앞에서 회화가 선사하는 극대치의 미적 쾌감을 향유한다면, 예비 미술가들은 이미 현대미술의 신화가 된 '게르하르트 리히터'로부터 예술에 대한 열망과 예술가로서의 성공적인 삶에 대한 판타지를 동시에 발견하는 것이다.

하지만 모든 완성된 성공 신화에는 반드시 고난과 역경과 갈등의 젊은 시절이 결정적인 요소라는 듯 기입돼 있지 않은가? 아인슈타인은 학창 시절 담임교사로부터 다른 학생들에게 방해가 된다며 학교에 나오지 말 것을 종용받은 적이 있다. 또 세잔은 19세기 후반 이미 당대 최고의 문제적 작가로 유명세를 떨친 유년 시절부터의 친구 졸라가 소설 『작품』에서 자신을 '좌절하고 실패한 화가'로 묘사하는 상황을 감내해야 했다. 리히터에게도 그처럼 결코 세상이 판타스틱해 보이지 않은 시기가 있었다. 자신의 처지를 원망하고, 재능을 의심하며, 타인을 향한 질투에 몸을 떠는 것은 물론 자존감을 갉아먹으며 스스로를 괴롭히던 시기가 있었던 것이다. 사막에 홀로 버려진 듯 피폐한 마음 상태, 세상 모두가 웃고 있을 때 불행히도 혼자서 울고 있는 것 같은 고독한 처지.

그때의 처지와 상태가 고스란히 담긴 그림이 리히터가 열일곱 살 때인 1949년 종이에 수채화로 그린 〈자화상〉이다. 지금은 사진 자료만 남아 있고 어디에 있는지 알 수 없는 그 그림은 '생존하는 최고의 미술가'라는 권좌에 오른 오늘의 리히터와 그의 작품에 익숙한 이들에게는 매우 거칠고 도발적으로 보일 것임에 틀림없다. 1961년 동독에서 서독으로 망명한 지 얼마 안 돼 세계 미술계의 기린아로 떠오르고, 그 이후 줄곧 실패를 모르고 비상해온 화가 리히터 특유

233

의 냉철하지만 매혹적인 표현력, 속내를 알 수 없는 미적 기교를 그 청소년기 자화상에서는 전혀 발견할 수 없기 때문이다. 가령 작가의 심중이나 작품의 의미는 모호하게 감춘 채 시각적 표현의 탁월함으로 감상자의 감각을 즐겁게 하고 매혹시키는 이후 그림들과는 확연히 다른 것이다. 이미 눈앞에 성공한 인물로 서 있는 누군가에게 우리는 실제야 어떻든 당연하다는 듯이 구름 한 점 없는 화창한 과거를 상상적으로 대입하곤 한다. 하지만 청소년기 리히터가 그린 예의 자화상은 뇌우가 치고 검은 빗줄기가 대지를 적시는 칠흑의 밤, 그 같은 마음의 고통을 앓는 청춘을 보여준다.

리히터의 1949년 〈자화상〉은 세상을 향해 격렬한 분노를 표출하는 인간의 얼굴이다. 또는 그 그림을 그린 이가 얼마나 화가 나 있으며 그럼에도 불구하고 슬픈지를 보란 듯이 과시하는 작품이다. 아마도 리히터를 불세출의 작가로 만들어준 그림들, 즉 1960년대 중반부터 흑백사진을 그대로 옮겨 그린 그림들에 매혹돼 리히터를 좋아하게 된 감상자들은 〈자화상〉이 낯설고 불편할 것이다. 작가 자신이 말했듯 "엽서를 복사하듯이 어리석은 짓"이었을지 모르나, 보는 이에게는 회화의 혁신이자 감각적 향유의 황홀경이 됐던 그 '사진을 기반으로 한 그림들photography based painting' 말이다. 예컨대 그의 가장 유명한 작품 가운데 하나인 〈베티〉는 소녀가 된 자기 딸의 뒷모습을 사진에 기초해 화려한 색채, 그윽하고 안정감 있는 톤, 정교한 붓질로 아름답게 재현한 것이다. 반면 〈자화상〉은 그 대극對極에서 열일곱 살 나이의 리히터 자신을 무채색, 격렬하고 불안한 분위기, 내지르는 식의 드로잉으로 점철시킨 것이다. 그 때문에 보는 이는 전자에서 가시적 즐거움, 따뜻함, 사랑의 감정 등을 향유할 수 있다면, 후자에서는 짓눌리는 심정, 소외, 통증에 시달리는 영혼을 부지불식간에 느끼게 된다.

이 지점에서 자연스럽게 떠오르는 질문은 '그렇다면 화가는 왜 그 〈자화상〉을 그렸을까?'이다. 리히터는 1932년 독일 나치 치하 드레스덴에서 태어났다. 이후 독일 바로크 문화예술 전통을 고스란히 간직하고 있던 그 고풍스럽고 위대한 도시가 1945년 연합군의 대공습 아래서 폐허로 몰락하는 상황을 어린 눈으로 목격해야만 했다. 그리고 얼마 뒤부터는 부모의 재정 형편 때문에 드레스덴보다 점점 더 작은 도시들로 떠밀려가는 궁핍한 생활을 견뎌야 했다.

〈자화상〉은 그런 와중에 리히터가 동독 영토의 변두리 지방 치타우에 살 때 그린 것이다. 그로부터 채 20년이 지나지 않은 미래에 사람들이 한 치의 주저함도 없이 '세계 최고의 화가'로 꼽는 미술가가 된 리히터는 당시를 이렇게 회상했다. 청소년기의 그에게 그곳이 엄청난 심리적 압력을 행사했다고. 경제적으로 가난했고, 부모의 관계는 삐걱거렸으며, 그 지방 사투리를 쓰지 못해 사람들과 잘 어울릴 수 없었고, 클럽에서 노는 또래들을 보며 질투에 휩싸이고는 했다고. 그리고 결정적으로 당시 자신은 미술에 재능이 있음을 알고 있었지만 앞으로 어떻게 살면 좋을지 갈피를 잡을 수 없었다고 말이다. 그때마다 리히터는 "니체나 헤르만 헤세처럼 매우 낭만적이지만 씁쓸하고 자조적인 시를 썼다." 그리고 자신의 얼굴을 들여다보며

"분노가 서린" 자신을 그렸다.[1] 〈자화상〉 속 얼굴이 극단적인 명암으로 양분되고, 한쪽 눈이 공격적인 눈빛 속에서 흔들리는 듯하고, 굳게 다문 입술이 그 모양새와는 달리 강해 보이지는 않는 것은 그런 이유 때문이다.

리히터는 십대 후반 자신을 고통스럽게 했던 치타우의 삶에 대한 일종의 반항이자 저항으로 그 〈자화상〉을 그렸다. 하지만 동시에 그 그림을 그림으로써 내부에 뭉쳐 있던 통증을 바깥으로 꺼냈다고 해도 좋을 것이다. 그 통증은 분명 과거 리히터의 삶을 괴롭힌 큰 원인이었겠지만, 역으로 그 통증 덕분에 리히터는 현재의 그가 될 수 있었다. 바로 이런 맥락에서 리히터의 1949년 〈자화상〉은 성장의 불꽃을 내포한 그림이라고 풀이해도 무리가 없다.

오늘 내가 여기서 문득 세계적 거장의 잘 알려지지 않은 자화상을 꺼내든 것은 바로 그 '성장의 불꽃'이 지금 이곳에서 간단치 않은 삶을 사는 젊은이의 고통 속에도 있다는 말을 하고 싶어서다. 무엇을 해야 할지 몰라 무기력한 상태에 빠져 있는 우리의 십대들, 자기가 원하는 것을 못 해서가 아니라 도대체 자신이 원하는 것이 무엇인지조차 모르는 상태로 어른들의 시간을 대신 살아가는 청춘들에게 자기 안에 깊이 잠복한 고통을 마주하고 밖으로 꺼내보라고 권유하고 싶어서다. 불꽃같은 성장은 그다음에 오는 것이다.

---

1   Dietmar Elger, *Gerhard Richter A Life in Painting*, trans. Elizabeth M. Solaro, The University of chicago Press, 2009, pp. 7-9.

낭만주의와 숭고의 그림

괴테가 1774년 출간한 소설 『젊은 베르테르의 슬픔』에서 주인공 베르테르는 이성보다 감성을 중시하고, 사회 통념이나 외적 논리보다 자신의 내면에 더 귀 기울이는 청년이다. 그런 그가 자연의 품에서 우울증을 치료하고자 시골 마을을 찾는데, 거기서 베르테르는 이미 약혼자가 있는 여인 로테를 사랑하게 된다. 그리고 소설이 전개되는 내내 로테를 향한 정열과 번민, 희열과 고뇌, 자책감과 희망 사이를 왕복운동하며, 쾌락의 이미지와 규범의 현실 사이를 떠돌다가 결국 권총 자살로 생을 마감한다. 마치 그의 몸이 고향을 떠나 이곳저곳을 방랑했듯이 영혼 또한 방랑했던 것이다. 또 어느 날 귀족들의 의례적인 파티를 견디지 못하고 해가 지는 언덕을 바라보며 호머의 서사시를 읽는 은밀한 쾌락에 잠겼듯이, 최종적으로 자기 마음 안에 침잠했던 것이다.

위의 문학에서 핵심을 꼽아보자면 정념, 자연에 대한 직관, 방랑, 침잠, 염세, 자유로운 영혼, 주정주의主情主義, emotionalism를 들 수 있다. 그리고 『낭만주의의 뿌리』에서 철학사가 벌린이 정의했듯이 "독창성에 대한 의식, 깊은 감정적 자기 관조, 사물의 차이에 대한 의식"을 거기에 덧붙일 수 있다. 이것이 요컨대 서구 정신 사조에서 "혁명"이라 불릴 만한 단절을 만들어낸 낭만주의의 특징이다. 다시 벌린의 말을 인용하자면, 그러한 낭만주의 혁명은, 17세기 말에서 18세기 초 합리적 이성에 의한 객관적이고 보편적인 진리의 실현을 주창한 계몽주의에 맞서 "예술 영역에서의 갑작스런 약진과 새롭고 격정적인 태도라는 방식"을 낳았다.[1]

독일 18세기 후반은 바야흐로 낭만주의가 철학은 물론이고 문학과 미술을 앞세워 유럽 문화사에 유례없는 주관, 감정, 감성, 자아, 성찰을 중시하는 문화의 화려한 꽃망울을 터뜨리기 시작한 시기다. "질풍노도Sturm und Drang"라는 말이 거기서 유래했다. 또 자연에 경외감을 표하고, 내면 성찰을 위해 고독한 방랑자의 길을 즐겨이 택하는 한편, 사랑의 순수하고 궁극적인 완성을 위해서 기꺼이죽을 수 있는 낭만주의의 신념이 그렇게 형성되었다. 앞서 말한 괴테의 소설은 당시 그런 낭만주의의 도래를 이끌고, 낭만주의적 신념과 태도를 어떤 정교한 그림보다도 더 정교하게 밝혀준 일종의지침서였다.

낭만주의 문학에 괴테가 있다면, 낭만주의 미술에는 카스파 다비드 프리드리히Caspar David Friedrich가 있다. 현재 독일에서는 그의

---

[1] Isaiah Berlin, *The Root of Romanticism*, 『낭만주의의 뿌리』, 강유원 · 나현영 옮김, 이제이북스, 2005, pp. 17-18.

그림을 복제한 이미지가 일상에서 쉽게 쓰이고 있다(나는 독일 카셀시 외곽 어느 모텔에 숙박했다가 나중에 우편으로 영수증을 받은 적이 있는데, 편지봉투 겉면 우표에는 프리드리히의 〈안개 낀 바다를 건너는 방랑자〉가 찍혀 있었다). 그 정도로 독일인들이 애호하고 자랑스러워하는 화가라는 얘기다. 또 독일 미술사뿐만 아니라 서구 근대미술사 전반을 서술할 때 그와 그의 미술세계를 빼놓고는 논의가 안 되는데, 그만큼 프리드리히는 낭만주의 회화에서 유일무이한 존재인 것이다.

괴테의 『젊은 베르테르의 슬픔』이 나온 1774년에 태어나 1840년에 세상을 떠났으니, 어찌 보면 운명적으로 낭만주의자일 수밖에 없는 이 화가의 그림들은 흔히 '숭고회화sublime painting'라 불린다. 이는 두 가지 뜻을 동시에 내포하고 있는데, 한편으로 프리드리히의 그림 자체가 숭고를 주제로 한 회화작품들이며, 다른 한편으로 그의 작품들이 곧 감상자에게 숭고의 감정을 불러일으킨다는 의미에서 그렇다. 그런데 여기서 좀 더 이론적인 설명을 덧붙이자면 칸트의 '숭고' 개념을 참조해야 한다. 왜냐하면 프리드리히가 그린 대부분의 그림이 마치 그 철학자가 숭고에 대해 서술한 내용을 시각적으로 구현한 것 같기 때문이다. 예컨대 칸트는 『판단력비판』에서 "자연 그 자체를 목적으로서 지시하는 것이 아니라 자연에 대해 가능한 직관들을 사용"하는 것이 숭고라고 했다. 그리고 자연 자체가 아니라 우리 자신이 숭고한 감정을 갖게 되는 자연 현상으로 "높게 치솟아 금세라도 붕괴할 것 같은 절벽, 번개와 우레를 동반해 하늘 위에 층을 이루는 먹구름, 막대한 파괴력을 가진 화산, 황폐를 남기고

가는 태풍, 파도치는 대양, 힘차게 흘러내리는 높은 폭포 같은 것"을 예로 들었다.[2]

프리드리히의 그림들은 이렇게 칸트 철학이 제시한 숭고의 예들에 대한 시각예술의 응답이자, 그 그림들 스스로 숭고의 대상이다. 〈대양 앞의 승려〉가 대표적이다. 그림은 크게 네 가지 차원의 공간을 보여준다. 짙푸른 바다가 그 하나다. 바다와 인접해 안개와 먹구름에 감싸인 부분과, 그 너머로 청명한 빛을 은은히 발산하는 부분으로 나뉘며 화폭의 대부분을 차지하는 하늘이 그 둘과 셋이다. 마지막으로 그림의 가장 전경에 그려진 해안가가 있다. 프리드리히는 자연의 여러 공간을 이렇게 광대하고 다층적으로 묘사해놓고, 결정적으로 그 공간의 맨 아래 바닷가 가장자리에 티끌처럼 작게 한 승려를 그려놓았다. 따라서 그 승려는 바야흐로 막대하고 압도적인 자연 앞에서, 물론 그로부터 어느 정도 거리를 둔 자리에서 자신의 "직관들을 사용"해 정신의 고양을 경험하고 있는 것으로 보인다. 이것이 프리드리히가 자신의 그림을 통해 가시적으로 표현한 숭고다. 그런데 숭고는 여기서 그치지 않는다. 프리드리히의 그림 속 승려가 절대적인 힘의 공간으로서 자연 앞에서 느끼는 숭고의 감정은, 그 그림 밖에서 그림을 감상하는 우리에게 전이되어오기 때문이다. 이를테면 액자 구조처럼 그림 속의 숭고는 그림 밖의 숭고와 겹쳐지는

---

2   Immanuel Kant, *Kritik der Urteilskraft*, 『판단력비판』, 이석윤 옮김, 박영사, 2003, pp. 127-129.

것이다.

앞서 우리가 참조한 곳에서 벌린은 계몽주의 시대인 "18세기 초의 지배적인 미학 이론은, 인간은 자연을 비추는 거울이어야 한다는 것"이었음을 상기시킨다. 그런데 계몽주의에 맞선 낭만주의는 인간과 예술을 단순히 자연을 비추는 거울로 보는 데 만족하지 않았다. 괴테의 문학이, 그리고 프리드리히의 회화가 구현하듯이 낭만주의자들은 인간의 주관과 예술의 독자성을 자연과의 관계 속에서 강조했다. 인간과 예술은 그때 세계에 대한 모방을 멈추고, 나의 주관적인 창조를 향해 나아갈 수 있었다.

마지막으로 베르테르의 말을 들어보자. "영주는 내 정신과 재능을 내 마음보다 더 높이 평가한다네. 그러나 이 마음만이 내 유일한 자랑거리인데. (…) 아! 내가 알고 있는 것을 누군들 모르겠는가? 하지만 내 마음, 그것은 나만이 가지고 있겠지." 이 문장들을 바르트는 『사랑의 단상』 중 '마음' 편에 옮겨두었다.[3] 그렇게 함으로써 당신과 나의 욕망이 절대로 일치하지 않는 것, 당신과 나를 분리시키는 것, 하지만 내가 당신에게 "선물"로 주는 것으로서 "내 마음"을 들었다. 이것이 낭만주의자들의 숭고한 거리였다.

---

[3] Roland Barthes, *Fragments d'un discours amoureux*, 『사랑의 단상』, 김희영 옮김, 민음사, 1996, p. 78.

아방가르드
통상적인   감각으로는
도저히   전위와 위반,

미술의 영토를
확장한다.

익숙함에 젖은 대중의
미적 감수성과 고루한 관념을

안전하고 단정하게
무너지고,
시도가
디져나온다,

들쭉날쭉하게 새로 그려지는,
미술사에   시간들이다.

완벽한 사랑, 완벽한 미술

여기 사랑의 상처가 두려워 관계를 시작할 때부터 오히려 그 같은 사랑의 속성을 적극적으로 인정하는 연인이 있다. 여기 언젠가 닥칠 상실에 대한 공포로 애초에 아무것도 소유하지 않으려는 젊은이가 있다. 또한 여기의 그는 인간이라면 거스를 수 없는 죽음과 소멸에 대한 걱정스런 마음으로 어떤 확고부동한 것이 아니라 오히려 있음과 사라짐, 생성과 해체가 반복되는 쪽을 택한다. 그럼에도 불구하고 그는 사회적으로 금기시됐던 자신의 사랑에 전적으로 열중했고, 원하는 누구나에게 무한하고 아낌없이 나눠줄 수 있는 풍요를 가졌었다. 그리고 무엇보다 그는, 사라짐으로써 지속적으로 부활하고, 파괴됨으로써 매번 새롭게 태어나는 역설적인 운명의 존재 방식을 미술에서 그 누구도 상상하지 않은 형식과 내용으로 창안했다. 우리가 앞서 여러 다른 비평의 이미지 속에서 살폈던 곤잘레스 토레스가 바로 그다.

1957년 쿠바 구아이마로에서 태어나 1996년 미국 마이애미에서 생을 마감한 곤잘레스 토레스. 그가 죽은 지 꽤 오랜 시간이 지난

지금도 아주 많은 비평가가 그와 그의 삶에 대해 이야기한다. 아니
더 정확하게는, 살았던 때보다 많은 의미를 부여하며 사람들은 그와
그의 미술을 살아 있게 하려 한다. 혹자는 그의 예술세계가 기쁨, 아
름다움, 멜랑콜리 같은 "감정과 느낌의 경험"을 담은 미술, "상실감,
사랑, 욕망, 죽음, 그리고 애도를 말하는 부드럽고 우아한 속삭임"으
로 이뤄졌다고 평한다.[1] 또 어떤 큐레이터는 "곤잘레스 토레스의 이
상적인 세계에서는 사람들이 홀로됨을 견디지 않는다. 그들은 함께
나이가 들어가는 사랑하는 한 쌍으로 살아가고, 더 이상 불치병이나
원인 불명의 질병으로 너무 이른 때 이별할 위험이 없다"[2]고 썼다.

　곤잘레스 토레스는 어떤 미술을 했기에, 혹은 그의 작품들이 어
떠하기에 미술계 사람들이 이같이 말하는 것일까? 비평가 개개인의
미적 판단과 큐레이터들마다의 취향을 발화의 당사자가 아닌 우리
가 정확히 가늠하기는 힘들다. 하지만 위 인용들에서 공통되게 두드
러지는 점은 논자들의 의견이 하나같이 '감상적sentimental'으로 들린
다는 점이다. 그러니까 그들이 예술을 평하는 객관적인 입장에서 곤
잘레스 토레스 미술의 핵심을 감정, 느낌, 사랑, 이별 등 인간 삶에
대한 예술적 승화라고 정의할지라도, 벌써 그 논자들부터 마음이 감
상적이 되어 비평한다는 느낌을 지울 수 없는 것이다. 그러나 바로

1　권미원, 「예술작품의 생성: 펠릭스 곤잘레스-토레스, 부활의 가능성, 나눌 수 있는 기회,
　　일시적 휴전」, 〈Felix Gonzalez-Torres: Double〉 전시 도록, 플라토, 2012, p. 121을 참
　　조할 것.

2　곤잘레스 토레스가 사망하기 1년 전인 1995년 그의 개인전을 기획한 구겐하임 미술관 큐레
　　이터 스펙터Nancy Spector의 말이다. Nancy Spector, 같은 책, p. 143.

이 점이 곤잘레스 토레스 미술의 강점이다. 즉 그 미술이 우선 감상자 개인의 마음을 움직여 그/녀가 여하한 사회적 가면이나 의례적 형식을 벗고, 자기 내면에 충실한 지각과 감정으로 온전히 작품과 만나도록 이끄는 힘을 지니고 있는 것이다. 비평가 또는 큐레이터부터 이미 한 명의 진실한 감상자로서 곤잘레스 토레스 미술의 주관적이고 정서적인 차원에 깊이 물든다. 또한 소위 지식인이나 전문가라면 일종의 속물적 태도로서 사랑이나 이별을 다소간 진부하고 낯간지러운 주제로 여기게 되는데, 그러한 자기검열에 앞서 매혹당하고, 그 감정과 느낌을 밖으로 표현해 서로 어떻게든 공감하고자 한다. 곤잘레스 토레스의 작품들은 바로 그런 힘을 지니고 있다.

어떻게 그것이 가능한가? 곤잘레스 토레스의 미술은 전적으로 작가 개인의 삶과 구체적인 경험에서 나오기 때문이다. 하지만 그 때문에 작품들이 누군가의 일기장처럼 은밀하면서도 소박하게 일상의 편린을 나열하거나, 순정만화처럼 사건과 감정을 다소간 나이브하게 묘사할 것이라 넘겨짚으면 곤란하다. 또 반대로 그 미술이 대수롭지 않은 사적 경험을 '명작master piece' 또는 '작품oeuvre'이라는 이름 아래 과대포장하면서 우월한 태도로 감상자를 배제할 것이라는 식의 선입견을 갖지 않았으면 한다. 그와는 달리 곤잘레스 토레스의 작품들은 누구나 하는 사랑, 누구나 언제고 겪게 되는 상실, 누구나 맞이할 수밖에 없는 이별 또는 죽음을 오직 자신만의 경험, 자신만의 시각언어, 자신만의 감성으로 형상화한다. 동시에 그 '누구나'라는 공통성을 기반으로 감상자 '각자'의 고유한 경험과 생각과 취향이 작품 수용에서 발현될 수 있도록 작품 형식부터 전시 방식 및 컬렉션 조건에 이르기까지 새로 창안해서 이뤄진 것이다. 이를테면 상대방과 완벽히 일치하는 사랑을 꿈꾸지만 시간이 지날수록 차이가 벌어지는 사랑의 속성을 동일한 공산품 시계 두 개로 육화한 〈무제(완벽한 연인들)〉. 관객들은 작품의 일부인 사탕이나 인쇄된 종이를 원하는 대로 가져가 자신이 원하는 목적으로 쓰고,[3] 전시 주최 측은 작가가 남긴 설명서에 따라 작품을 설치하고 관객이 가져간 만큼의 양을 무한히 보충함으로써 작품의 현존과 부재를 지키는 방식의 설치작품 〈무제(플라시보)〉. 거기서는 동성애냐 이성애냐의 구분보다 '나' 자신의 사랑이라는 가치가 앞서고, 작가의 의도가 먼저냐 관람자의 해석에 주도권이 있느냐를 따지기 전에 개별적인 차이와 다양한 형태의 공감이 존중받는다. 또 물질적인 작품의 소유 가치보다 더 큰 가치, 요컨대 익명의 불특정 개인들이 자신의 삶 속에서 예술을 향유하고 서로 공유하는 가치가 갈채를 받는다.

그의 작품 중 〈무제(플라시보)〉를 예로 들어보자. 그것은 은박지로 싼 무수한 사탕을 전시장 바닥에 직사각형 형태로 얇게 깔아놓고 관객들이 편히 가져가도록 한 설치작품이다. 첫 선을 보인 1991년 개인전에서뿐만 아니라, 작가가 죽고 난 이후에도 전시를 위해 매번 새롭게 제작 및 설치되는 일이 원칙적으로 허용돼 있는 그 작품은

---

3   우리는 그 모습을 여러 곳에서 볼 수 있다.
http://artistsbooksandmultiples.blogspot.kr/2012/01/felix-gonzalez-torres.html

곤잘레스 토레스가 자신의 연인이 에이즈로 죽어가는 과정을 옆에서 지켜보며 생각한 사랑과 이별, 상실과 기억하기, 소유와 나눔의 문제를 형상화한다. 하지만 관객은 그 사탕더미 또는 그 낱낱이 어떤 조건을 취하고 무엇을 의미하는지와 상관없이 각자의 자유로 향유할 수 있다. 그 자유, 그 향유가 곧 곤잘레스 토레스가 자신의 작품으로 감상자에게 주기를 원했고, 자기 작품이 되기를 바랐던 바다. 다음과 같은 작가의 말이 그 점을 우리에게 일깨워주고 있다.

> 나는 당신에게 이 달콤한 것을 준다. 당신은 그것을 집어들어 입에 넣고 누군가의 몸을 빤다. 그리고 이런 방식으로, 나의 작품은 수많은 타인의 몸의 일부가 된다. 정말 멋지지 않은가. 단지 몇 초 사이, 나는 누군가의 입에 뭔가 달콤한 것을 넣어주는 것인데, 그것은 무척 섹시하다.[4]

이렇게 누군가의 안에서 녹아 타인의 일부가 되는 미술, 그것이 곧 곤잘레스 토레스의 미술로부터 본격화된 현대미술과 감상자의 공감적 관계다.

---

4   Nancy Spector, 같은 책, pp. 147-150.

현대미술의 위반과 확장

현대미술의 역사는 스캔들의 역사다. '스캔들'이라고 하니 생전에 많은 여인과 염문을 뿌렸던 피카소의 여성 편력을 먼저 떠올리는 사람들이 있을지 모르겠다. 혹은 궁핍한 삶으로 얻은 병 때문에 일찍 세상을 떠난 모딜리아니와 그가 죽은 지 이틀 뒤 임신 8개월의 몸으로 그를 따라 자살한 연인 에뷔터른의 비극적인 사랑을 연상했을 수도 있다. 현대미술의 여러 단면 가운데, 특히 그러한 에피소드들이 사람들의 흥미를 자극하고 마음을 움직이며 대중 사이에서 반복하여 널리 회자됐다는 점에서 그런 연상이 무리는 아니다. 하지만 미술가의 삶에 초점을 맞추기보다, 20세기 초부터 오늘에 이르는 현대미술의 역사가 어떻게 전개됐는지 살펴본다는 맥락에서 보면 여기서 말하는 스캔들은 그런 사적인 관심사들과는 상당한 거리가 있다.

'현대미술의 스캔들'은 전통문화와 미술계 내부에 균열을 만들어내고, 사회적으로 논란을 불러일으키면서 당연하다고 생각했던 것을 뒤흔들고 뒤집어엎는 미술가들의 전복적인 시도를 일컫는다.

요컨대 그때까지 관례화되거나 일반적으로 승인된 '미술'이 아닌 미술, 생경하고 도발적인 것들을 미술이라고 제시함으로써 의도적으로 사람들의 거부감과 비난을 자초하는 미술이 스캔들로서의 현대미술이다. 주목할 점은 그렇게 전통을 위반하고 관습을 부정하는 미술 시도가 현대미술의 퇴행이 아니라 진보 내지는 확장을 견인해왔다는 사실이다.

이제는 거의 누구나가 아는 뒤샹의 소변기 작품 〈샘Fountain〉이 스캔들을 통해 현대미술을 확장시킨 대표적인 사례다. 그는 1917년 미국 독립미술가협회가 뉴욕에서 개최한 《제1회 독립미술가협회전》에 당시로서는 미술작품이라고 상상도 할 수 없는 일상생활 용품, 그것도 하필이면 전혀 미적이지 않은 남성용 소변기를 가짜 작가를 내세워 버젓이 출품했다. 그 작품 아닌 작품은 뒤샹이 J. L. 머트 철공회사J. L. Mott Iron Works가 제조한 남성용 소변기를 사서, 몸체 외부에 "R. 머트R. Mutt, 1917"이라고 서명까지 해서 내놓은 것이었기 때문에 전시 관계자들은 물론 전시를 본 모든 사람이 경악할 수밖에 없었다. 우선 별로 상큼하지 않은 화장실 물건이 전시장의 고귀한 작품이랍시고 나온 데 대한 거부감이 컸다. 하지만 전문가들에게 그보다 더 곤란하고 심각했던 것은 R. 머트라는 작가의 그것이 '작품이란 천재적인 예술가의 손과 예술혼의 산물'이라는 통상적인 이해에 금이 가게 했다는 점이다. 또 미술은 조형造型에 기반을 두고 독창성과 유일무이함을 극대화하는 일이라는 오래된 신념을 뒤흔들었다는 사실이다. 관련 인사들은 급히 그 소변기 작품을 전시장에서

치워버리는 것으로 문제를 조용히 해결하려 했다. 하지만 정작 뒤샹은 마치 비평가처럼 자신이 창간한 잡지 『맹인The Blind Man』에 익명의 작가 R. 머트와 〈샘〉을 옹호하는 글을 써서 분란을 확대시켰다. 미술가는 꼭 아름다운 형상을 그리거나 만들어야만 하는 것이 아니라 하찮은 물건 하나를 선택하는 행위를 통해서도 예술을 할 수 있다는 것, 그 예술적 선택 행위로 기성품ready-made이 원래 있던 자리와 기능에서 벗어나 미술관에 전시될 경우 그것은 이제 단순한 물건을 넘어 예술품이 될 수 있다는 것을 비평가 뒤샹의 글은 역설했다. 당연히 이에 대해 많은 사람이 격노했고, 비판과 논쟁을 펼쳤다. 그런데 흥미롭게도 그런 뜨겁고 날선 반응들이 이어지는 가운데 사람들은 새삼 '무엇이 미술인지'를 질문하게 됐다. 그리고 이제까지 미술의 범주에 들이지 않았던 비非미술적인 것과 반反미학적인 것, 예컨대 일상용품의 예술적 자리바꿈과 예술가의 기존 미술에 대한 비판적 사고 및 개념, 그리고 제작 행위뿐만 아니라 어떤 도발과 실험까지도 미술로 보는 안목을 키웠다.

현대미술가들, 특히 아방가르드 미술가들은 사람들의 통상적인 이해 및 감각으로는 도저히 따라잡을 수 없는 전위와 위반, 심지어 무의미하고 무모한 도전 행위를 통해 미술의 영토를 무너뜨리는 동시에 확장한다. 그리고 그렇게 싸워서 넓힌 미술의 영토가 낡고 비좁아지면 다시 일부러 안락함 및 익숙함에 젖은 대중의 미적 감수성과 고루한 관념을 공격하는 일들을 벌인다. 그러면 다시 그때까지 안전하고 단정하게 그어져 있던 미술의 경계선은 무너지고, 이내 새로운 미술 실험과 파격적인 시도가 여기저기서 터져나온다. 그 순간순간이 바로 미술의 지형이 들쭉날쭉하게 새로 그려지는, 미술사에 결정적인 시간들이다. 우리가 부지불식간에 미술에서 '새로움'과 '실험성' '전위'와 '혁신'을 최우선 가치로 삼게 된 데는 이 같은 배경이 있다. 20세기 내내, 또한 현재까지 현대미술의 전개 방식과 자기 정립 방식이 또한 이와 같다.

우리는 사회 속에서 함께 사는 존재

미술이 우리 삶에서 무슨 일을 하는지 물으면 십중팔구 사람들은 '아름다운 것을 만드는 일' 내지는 '아름다운 그림이나 조각으로 보는 이를 즐겁게 해주는 일'을 꼽는다. 또는 '현실의 고단함에 치인 사람들 마음을 위로하고 심리적으로 치유시켜준다'거나 '문화 예술의 교양을 높여주고 감각을 세련되게 해준다' 같은 답을 내놓는다. 모두 맞는 얘기다. 우리는 아주 어린 시절 부모님이 사다준 크레파스와 스케치북으로 뭔가를 그리기 시작했을 때부터 학교 교육을 받는 내내 미술이 그런 일을 한다고 들었고 배웠다. 또 성인이 되어 사회생활을 하면서는, 정작 1년에 단 한 번도 미술관이나 갤러리에 발걸음을 못 하더라도 미술은 어딘가에서 여전히 아름다운 것들을 보여주고 감상자들은 여전히 그런 미술에서 즐거움과 교양을 얻을 것이라 믿고 있다.

여기서 잠깐 여러분이 아주 잘 알고 있는 팝아트의 거장 워홀에 얽힌 이야기를 하나 풀어보자. 그는 1964년 뉴욕에서 개최된 세계박람회의 뉴욕 주립관 외벽을 장식할 작품을 시 당국으로부터 의뢰 받고 〈긴급 수배범들Most Wanted Men〉이라는 실크스크린 작품을 제작했다. 당시 워홀은 의문의 죽음을 당한 여배우 마릴린 먼로나 암살당한 케네디 대통령의 미망인 재클린 케네디 등 유명인을 실크스크린 초상화로 발표해 대중 사이에 이미 널리 알려져 있었다. 또 뉴욕 주립관 작품을 위촉받은 10명의 미국 미술가 중 한 명에 들 정도로 주목받는 작가였다. 하지만 뉴욕 시 당국은 워홀의 〈긴급 수배범들〉이 설치된 당일 그 그림을 은색으로 지울 것을 작가에게 요청했다. 명시적인 이유는 그 벽화가 흉악범들의 사진을 흑백으로 인쇄한 별로 아름답지 않은 그림이라는 것이었다. 또한 그런 그림은 사람들의 정서에 좋지 않은 영향을 주고, 뉴욕을 대표하는 이미지로도 적합하지 않다는 것이었다. 물론 드러나지 않은 이유가 더 결정적이었다. 당시 뉴욕 주지사는 그 그림 속 '긴급 수배범들' 다수가 이탈리아 출신이어서 미국 내 이탈리아 이민자들의 반감을 불러일으킬 수 있고, 그에 따라 일정 정도 정치적 손실이 우려됐기 때문에 워홀의 벽화를 지우라고 했던 것이다. 이러한 사회적 압박 또는 정치적 검열에 작가 자신은 의외로 순순히 응했다. 행정 권력이 예술의 자율성을 위축시키고 있다거나, 사람들이 저급한 미의식으로 작가의 창작 의도를 훼손시켰다고 반발할 만한 일이었다. 그런데 정작 워홀은 반박 한마디 없이 그림을 그날로 지워버리고 나중에는 철거해버렸다. 하지만 이야기는 여기서 끝이 아니다. 워홀은 '공장Factory'이라 부르던 자신의 스튜디오에서 그 이미지를 캔버스 작품으로 다시 제작해 유럽에서 열린 중요 전시에 내놓았던 것이다. 미국의 대중에게는 꽃이나 미키마우스같이 노골적으로 상투적이고 어떤 해도 득도 될 것 없는 대중문화 이미지들을 복사한 작품을 선보였고 말이다. 워홀은 왜 그랬던 것일까?

　　보통 사람들의 미술에 대한 인식은 지극히 평범하고 비전문적이어서 특별한 권력을 갖고 있는 것 같지 않다. 하지만 놀랍게도 그 평범하고 비전문적인 통념이 매우 자주 미술가들의 실험, 특별한 철학을 담은 작품, 기존의 미의식과는 다른 예술의 창안을 금지하거나 억압하는 결정적인 힘을 발휘한다. 미술이 사회적으로 무언가 생산적이며 논쟁적인 대화를 촉발하고, 타율적인 감수성이나 정서의 틀을 벗어나 더 다양하고 자발적인 미의 발명과 향유의 길을 열어나가려 할 때 앞을 막아서고 의지를 꺾어버릴 수도 있다. 예컨대 워홀의 벽화에 그랬던 것처럼 손가락질하면서 작품을 아무 일도 없었던 것 같은 무의미의 상태로 되돌려버리고, 그저 통념적인 미술과 미술의 역할을 지키라고 강요할 수도 있다. 우리가 무엇이든 미술이 되는 시대를 살면서도 미술이란 '예쁜 것, 잘 그린 것, 마음을 위로해주는 것' 등등 고루한 답을 하는 이유가 거기 있다. 워홀은 그런 대중의 힘에 굴복했다기보다는 대중의 수준이 그렇다면 기꺼이 응하되 정작 자신은 더 나은 대중을 찾아 나선 경우다. 자신의 팝아트에서 '아메리칸 드림'과 '미국에서의 죽음death in America'이라는 주제를 읽어내고 성찰할 수 있는 대중에게만 워홀은 향유의 기회를 주었다. 그리고 그 반대 경우에는 철저히 침묵함으로써 무시했다. 그것은 반박보다도 더 무서운 저항이다. 나아가 뛰어난 예술을 수용할 준비가

안 된 이들에게 보내는 미술가의 만만치 않은 차별이다.

그러나 현대미술의 특정 부류는 대중 혹은 그런 모호한 이름으로 불리는 사회적 다수의 생각을 끈질기게 변화시키고 설득해나가는 일을 자신의 역할로 삼아왔다. 비단 사회비판적 메시지가 강한 작품들만을 이르는 것이 아니다. 순수하고 고급한 미술fine art, high art을 표방하면서 벽에 걸린 그림이나 좌대 위에 놓인 조각만을 미술로 취급하고 그것을 소수 컬렉터에게만 제공하는 미술계를 벗어나, 삶의 현장에서 구체적인 기능을 하는 '참여 미술participatory art'이 거기에 포함된다. 수많은 예가 떠오르는데 여기서는 굵직한 사례 하나만 살펴보자.

1987년 미국의 '어머니 날' 공공미술가 레이시Suzanne Lacy는 미국 미니애폴리스의 한 빌딩에서 3000여 관객이 지켜보는 가운데 〈크리스털 퀼트Crystal Quilt〉라는 제목의 퍼포먼스를 진행했다. 빨간색 카펫이 깔린 거대한 홀에 100개 정도의 정사각형 테이블이 다이아몬드 형태로 배열돼 있고, 백인 흑인 유색인 가릴 것 없이 60세 이상 430명 여성이 노란색 또는 빨간색 러그가 덮인 테이블에 네 명씩 앉아 이야기를 나눈다. 그녀들은 다만 앉아서 자신들이 이제까지 살았던 삶, 이를테면 육체적 노화부터 도시생활에서 겪는 개인적인 고민들을 서로와 나눌 뿐이다. 그리고 10분에 한 번씩 테이블에 올려둔 팔의 위치를 바꿔 서로 손을 잡거나 각지를 끼며 퍼포먼스 전체의 풍경을 바꿔간다. 당시 이를 건물 위층에서 지켜본 사람들에게는 그 풍경 자체가 고립된 삶이 아니라 서로를 환대하고 서로가 연대하는 삶의 퀼트로 보였다. 또 산업사회가 불필요한 존재 또는 잉여로 취급하는 나이 든 여성들이 생생한 목소리를 가진, 자신들의 경험과 욕망을 표현할 수 있는 존재임을 새삼 깨닫게 했다. 물론 그 퍼포먼스에 참여했던 430명 여성 한 사람, 한 사람이 또한 스스로를 가치 있고 소중한 존재로 여겼을 것이다.

이제 레이시의 〈크리스털 퀼트〉는 비디오 자료로만 남아 있다. 하지만 이 작가의 미술은 그녀가 당시 주창했던 "새 장르 공공미술 new genre public art"의 상징이 되어 지속적으로 회자되고 있다. 뿐만 아니라 여기 『비평의 이미지』 책 속에서 회자되는 가운데, 우리의 의식과 감수성 안으로 스며들어와 우리와 함께 언제가 될지 모르지만 언제까지나 사회적 생명을 이어갈 것이다. 예쁘지도 않고, 잘 그리지도 못했으며, 기념비적으로 만들어져 거창한 미술관 수장고에 원본 그대로 보존된 작품도 아니지만 말이다.

"나는 흐름의 구조 안에서 자신을 드러내
는 사물의 변이 방식에 관심을 갖는다. 노
트에 씌어진 잉크가 의미가 되고 그 의미
가 내 생각에, 그리고 관계에 영향을 미
치는 전이의 구조를 '사라짐'이라 부르고
있다. (…) 종이 위에 새겨진 물질로서의
잉크 그것이 갖는 의미의 깊이가 신기하
다. 이러한 생각들은 어떤 이중적 구조를
연상시키는데 내 경우, 문제가 발생되는 지
점을 '유혹적인 표면'이라고 말하고 싶다."

"안녕하세요. 사장. 팀장. 공장장. 이거 하고 이
거 끝나고. 저거 하고. 두 개 끝나면 저거 해. 설
렁설렁 하지 마. 불량 만들지 마세요. 다 했어
요? 일 다 했어? 아이고. 이리 와. 야 이 새끼야.
이거 틀렸어. 몇 개 불량이었어요? 이거 비싸.
이거 사 가지고 가. 진짜 외국 사람이 맞나? 눈
이 예쁘다. 잘생겼다. 피가 섞인다. 네팔 사람 맞
나요? 아이 시끄러워. 너네 나라 이런 거 있어?
인도네시아에 달 있어? 네팔에 해 있어? 너네 나
라는 숟가락 없냐? 한국에 얼마 동안 있었어요?"

이수경의 상상력은 기성 사물들, 이야기들,
형상들, 감각과 인식의 내용들이 가진 질서를
바꾸고, 이미 상투화된 형태로 덩어리진 존재
들의 내부에서 새로운 단면들을 분할해내며,
주어진 공간과 시간을 이질적인 이미지 차원
으로 전이시키는 역량이다. 그것은 벤야민이
부채에 빗대 정의했던 상상력과 같다. 말하자
면 그런 상상력이란 펼쳐지고 접히면서 공간을
재창출하고, 사태를 감추거나 드러내며 상황을
연출하는 부채의 메커니즘과 유사한 것이다.

"'표류dérive'라는 단어는 정치가
칙을 존중해야 하고 법이 사회적
이어야 한다고 믿는 이들, 단어들으
나의 의미만을 갖고, 삶에서 서로가 지
해하기 위해서는 단어의 확립된 의미에
만 그 단어들을 사용해야 한다고 믿는 이들
럽게 한다. 이는 전적으로 틀렸다. 말을 할 때,
리는 단어의 의미를 존중하는 것이 아니라 의미
를 발명한다. (…) 이해한다는 것은 기호와 지
시 대상 사이 관계의 미끄러짐이다……"

"현기증이 날 때까지 그림 한가운데를 응
시하며 힘을 빼세요. (…) 당신은 마침내
그림의 장면 속으로 착륙하는 '육체 이탈
여행'을 경험할 것입니다. 당신이 그것을
연습하면 그림 속의 호수나 폭포 속으로
떨어지는 것도 가능합니다."

"도식화된 시간 속에서는 진정으로
어떤 것도 출현할 수 없다. 모든 것
이미 거기에 있으며 그것의 내속적
을 전개한다. (…) 여기서 우리는 또 다
을, 자유의 시간성을. (자연적이고/거나
인) 인과관계 사슬의 근본적 파열의 시간성
루고 있는 것이다.'프루스트는 방법이라는 철학적
념에 강요와 우연이라는 이중적 이념을 대립시킨다. 그
리는 어떤 사물과의 마주침에 의존하는데, 이 마주침
은 우리에게 사유하도록 강요하고 참된 것을 강요한다."

"나는 흐름의 구조 안에서 자신을 드러내
는 사물의 변이 방식에 관심을 갖는다. 노
트에 씌어진 잉크가 의미가 되고 그 의미
가 내 생각에, 그리고 관계에 영향을 미
치는 전이의 구조를 '사라짐'이라 부르고
있다. (…) 종이 위에 새겨진 물질로서의
잉크 그것이 갖는 의미의 깊이가 신기하
다. 이러한 생각들은 어떤 이중적 구조를
연상시키는데 내 경우, 문제가 발생되는 지
점을 '유혹적인 표면'이라고 말하고 싶다."

"안녕하세요. 사장. 팀장. 공장장. 이거 하고 이
거 끝나고. 저거 하고. 두 개 끝나면 저거 해. 설
렁설렁 하지 마. 불량 만들지 마세요. 다 했어
요? 일 다 했어? 아이고. 이리 와. 야 이 새끼야.
이거 틀렸어. 몇 개 불량이었어요? 이거 비싸.
이거 사 가지고 가. 진짜 외국 사람이 맞나? 눈
이 예쁘다. 잘생겼다. 피가 섞인다. 네팔 사람 맞
나요? 아이 시끄러워. 너네 나라 이런 거 있어?
인도네시아에 달 있어? 네팔에 해 있어? 너네 나
라는 숟가락 없냐? 한국에 얼마 동안 있었어요?"

이수경의 상상력은 기성 사물들, 이야기들,
형상들, 감각과 인식의 내용들이 가진 질서를
바꾸고, 이미 상투화된 형태로 덩어리진 존재
들의 내부에서 새로운 단면들을 분할해내며,
주어진 공간과 시간을 이질적인 이미지 차원
으로 전이시키는 역량이다. 그것은 벤야민이
부채에 빗대 정의했던 상상력과 같다. 말하자
면 그런 상상력이란 펼쳐지고 접히면서 공간을
재창출하고, 사태를 감추거나 드러내며 상황을
연출하는 부채의 메커니즘과 유사한 것이다.

"'표류dérive'라는 단어는 정치가
칙을 존중해야 하고 법이 사회적
이어야 한다고 믿는 이들, 단어들으
나의 의미만을 갖고, 삶에서 서로가 지
해하기 위해서는 단어의 확립된 의미에
만 그 단어들을 사용해야 한다고 믿는 이들
럽게 한다. 이는 전적으로 틀렸다. 말을 할 때,
리는 단어의 의미를 존중하는 것이 아니라 의미
를 발명한다. (…) 이해한다는 것은 기호와 지
시 대상 사이 관계의 미끄러짐이다……"

"현기증이 날 때까지 그림 한가운데를 응
시하며 힘을 빼세요. (…) 당신은 마침내
그림의 장면 속으로 착륙하는 '육체 이탈
여행'을 경험할 것입니다. 당신이 그것을
연습하면 그림 속의 호수나 폭포 속으로
떨어지는 것도 가능합니다."

"도식화된 시간 속에서는 진정으로
어떤 것도 출현할 수 없다. 모든 것
이미 거기에 있으며 그것의 내속적
을 전개한다. (…) 여기서 우리는 또 다
을, 자유의 시간성을. (자연적이고/거나
인) 인과관계 사슬의 근본적 파열의 시간성
루고 있는 것이다.'프루스트는 방법이라는 철학적
념에 강요와 우연이라는 이중적 이념을 대립시킨다. 그
리는 어떤 사물과의 마주침에 의존하는데, 이 마주침
은 우리에게 사유하도록 강요하고 참된 것을 강요한다."

3

미술을
넘어

이 장은 모두 현대미술의/에 관한/을 둘러싼 담론이다. 하지만 여기 글들에는 현대미술 내부에서 자급자족하는 담론세계를 넘어서려는 의도가 담겨 있다. 우리는 여기서 동시대 현재 진행 중인 미술이 엮어내는 어떤 흐름을 보게 될 것이다. 또 그런 흐름과 함께하는 작가·작품·전시·감상자·향유·가치·의미·방식·태도·개념 등을 마주할 것이다. 하지만 여기 쓰인 언어가 오로지 현대미술계 안에서만, 현대미술 그 자체를 위해서만, 현대미술 구성원들끼리만 엮이는 말들의 세계에서 온 것은 아니다. 또한 거기로 환원될 것도 아니다.

이 같은 점에서 여기 선별해 논한 대상들, 그러니까 현대미술의 특정 경향, 테제, 작가, 작품, 전시는 어떤 우월성보다는 복합적 성격 또는 일말의 보편성을 갖고 있거나 그 점을 논할 가능성 때문에 선택됐다. 이 사실을 강조해야만 여기 글들이 라틴어로 담론이라는 단어 'dis-cursus'가 애초 뜻했던 의미, 즉 "이리저리 돌아다니는 행위, 왕래, 교섭, 음모"라는 말에 값할 수 있을 것 같다. 요컨대 이 장에서 논한 대상들은 각자의 고유한 복합성과 보편성으로 내 언어가 '미술'을 넘어 이리저리 돌아다니고, 왕래하며, 서로 교섭하고, 음모를 꾸미는 자유를 구가할 수 있도록 도왔다.

관계 지향적 예술과 그 영향들

1.

미술을 작가가 창작한 사물object 형태의 단일 작품으로 정의할 경우 관객(또는 감상자, 전시 관람객, 미술애호가 등)[1]이 할 일은 그 작품 앞에서 보고 감동하는 것이다. 그러한 시각 경험과 정서적 수용이 곧 작품과의 소통이며 관계 맺기이기 때문이다. 이때 관객이 작품의 의미를 작가의 의도와는 상관없이 자의적으로 판단하거나 각자의 주관에 따라 다양하게 해석하기는 쉽지 않다. 나아가 작품에 물리적으로든 의미상으로든 개입하는 일, 제작 과정이나 완성에 참여하는 일은 매우 특별한 경우가 아닌 한 불가능하다. 좀 더 정확하게는 그런 감상 방식은 지양되거나 심한 경우 금지당한다. 왜냐하면 미술이 곧 물질적으로 존재하는 작품이고, 작품이 곧 작가가 창조한 독창적 사물이라는 관념이 지배적인 미술 구조 안에서 작품은 항상 이미 물리

---

1   우리는 이 용어를 특정화할 수가 없다. 현대미술은 모더니즘 시기까지 '작품을 보는 사람'이 라는 비교적 단일한 의미로 정의된 이들의 지위, 역할, 성격을 문제시하면서 적극적으로 다 변화를 꾀하고 있기 때문이다.

적으로나 미적 가치 면에서나 '완결된 것'이기 때문이다. 그런 맥락에서 작품은 감상자가 섣불리 주관성을 발휘하거나, 쌍방향으로 관계—대화, 조화 같은 관계만이 아니라 간섭, 참여, 협업, 대립, 공존 등 모든 의미의 관계를 포함한 의미에서—할 수 있는 대상이 아니다. 오히려 '관객'으로서 감상자는, 자율적이고 독립적인 미적 존재로서의 '작품'을, 다만 수동적인 입장에서 일종의 '은총'처럼 받아들여야 하고, 그럴 때에만 감상은 성공한다. 그것을 미학은 '미적 경험 aesthetic experience'이라 부른다.

그러나 20세기 중후반 이후 미술이 순수미술의 미학적 틀을 벗어나 사회 전반과 더 넓고 다양한 의사소통 및 교류를 지향하는 쪽으로 이행해가면서 작가·작품·감상자의 관계 및 역할에는 크고 작은 변화가 지속적으로 일어나고 있다. 사실 서구에서 미니멀리즘·바디 아트·해프닝·퍼포먼스·비디오아트·대지미술 등이 쏟아져 나온 1960년대 이후 현대미술은 자기 지시적으로self-referential-ly 관례화된 미술을 넘어 미술 외부의 다양한 영역/지점/주체들과의 새로운 관계를 타진해왔다. 그것은 곧 미술이 끊임없이 스스로를 갱신하고 다른 것으로 변모하는 과정에 다름 아니다. 그리고 내부적으로는 미술 창작과 수용의 방식 및 양상이 확장, 분화, 복합화, 다원화, 세속화하는 과정의 연속에 다름 아니다.

구체적으로 말해 그 과정은 1960년대부터 1990년대까지는 형식주의 모더니즘 미술의 틀을 해체하기, 기존 사회체제의 인식 및 감각적 질서를 상징적 차원에서 위반하기 등 다소 소극적인 방식—

미술의 정체성을 유지하는 가운데 진행됐다는 점에서—으로 진행됐다. 하지만 1990년대 중후반부터 2010년대 현재까지의 현대미술은 더 적극적인 의미의 의사소통과 교류를 실행하고 있다. 이제 미술계에서 독자적이고 배타적인 정체와 권위를 주장하는 화이트큐브white cube 미술은 기존 미술 유형 중 하나일 뿐이다. 그 옛 유형을 존속시키는 가운데 현재 미술계는 이질적인 행위자 · 영역 · 장場과 '혼종의 네트워크'를 엮어가며, 미술 자체를 개방적이고 가변적으로 운용하는 '유연한 플랫폼flexible platform' 모델을 지향한다.

　최근 현대미술의 고유하고 특수한 '관계'는 다음 세 가지 정도의 의미를 갖고 있다. 첫째, 이질적이고 다자적인 것들 간의 네트워크. 둘째, 미술의 경계선을 사이에 두고 안팎을 매개하는 커뮤니케이션. 셋째, 미술 내부와 외부의 끊임없는 유출입 운동에 의한 임의적이고 가변적인 커넥션.

　이는 최근 국내외 미술계의 구체적인 현상들—작품, 전시, 이벤트, 담론을 포괄한 의미에서—을 근거로 추출한 현대미술의 주요 속성이다. 예컨대 1990년대 후반부터 2010년대 초반 현재까지 국내외 미술계에는 '관계' '커뮤니케이션' '상호작용' '조합' '글로컬리티glocality'[2] '틈' '차이' '순환' '이동' '혼성' '다양성' '다원성' '혼

2　2000년대 학계, 비즈니스, 대중문화계에서 쓰는 '글로컬리티'는 '글로벌global'과 '로컬local'의 합성으로, 세계화globalization의 주도적 경향 속에 지역의 경험과 문화를 인정하고 수용하려는 목적을 띤 조어다. Joschua Meyrowitz, "The Rise of Glocality: New Sense of Place and Identity in the Global Village," in *Social Science, Passagen Verlag*(electronic media), 2005, pp. 21-30 중 23.

합' '전치displacement' '협업' '공유' '참여' 같은 용어가 주요 화두로 다뤄지고 있다. 물론 이 현상은 단지 특정 단어의 유행만을 나타내지 않는다. 오히려 그 용어들은 당대 미술의 지배적 인식을 함축하고, 지금 여기 미술활동의 주요한 지향점과 그 실재를 표상한다. 지적이고 추상적인 그 용어들이 학계나 예술 담론의 미시적 개념 범위를 벗어나 국제 비엔날레 등 국내외 대규모 기획전의 주제, 각종 미술 기관/제도의 어젠다, 미술 서적의 키워드, 미술 상償의 평가 기준 등 다방면에서 채택된다. 또 오늘날 젊은 작가들의 작품과 작업노트에까지 빈번히 등장하고 있다. 이러한 점에서 그 현상의 본성을 가늠할 수 있다. 즉 그 용어들이 가리키는바, 최근 십수 년 사이의 현대미술은 전 지구적/지역적, 공적/사적, 미술 내적/외적인 것들 사이의 다양한 존재론적 차이 및 위치를 인정하면서 상호관계와 상호작용을 도모하고 있는 것이다. 또 절대적 창조의 이상보다는 기존에 존재하는 것들 간의 이동, 순환, 혼성, 조합, 변조의 방식을 통해 이전과는 다르지만 예술의 독창성이나 원본성의 강박에서는 자유로운 현실적이고 구체적인 미술을 실행하고 있다. 그 과정에서 현대미술의 새로운 질서로서 유동성, 다양성, 다원성, 상호관계성, 상호주관성, 상호작용성이 표방되는 것이다.

2.

다양하고 복합적인 의미와 기능, 다자적이고 다원적인 커뮤니케이션 및 네트워크를 지향하는 현대미술은 우리에게 단지 시각을 통해 보는 것만을 요구하지 않는다. 대신 그것을 일종의 이미지로 이해하며 시각 기호로 읽고, 이해하고, 구조적인 동시에 세부적인 차원에서 교류할 것을 기대한다. 이는 첫째, 현대미술이 모더니즘 시기까지 시각예술에서 '보는 감각seeing'을 당연시하고 그 감각만을 중심화했던ocular-centrism 것을 반성하고 재고하는 과정의 일환으로 좀 더 다양한 지각과 인식을 긍정해왔기 때문이다. 둘째, 예술작품의 미적 속성/가치와 그에 대한 수용자의 미적 지각/경험이 시각만이 아니라, 촉각, 청각, 후각, 미각 등 육체의 다양한 감각 경로를 통해 이뤄지고, 지적 인식과 감각적 지각의 상호 결합을 통해 복합화되고 있는 점도 주목할 만한 이유다. 셋째, 테크놀로지와 미디어의 발전 및 다변화, 감상자/수용자의 문화 향유 방식 및 지각의 급진적인 변화와 맞물려 현대미술이 복잡다단하게 펼쳐지고 작동하고 있다는 점 또한 중시해야 한다.

위와 같은 변화 과정에서 미술작품은 특정 개념을 제안하거나 비판적 사고를 요하는 흐름으로, 나아가 우리에게 익숙한 관념과 관습을 깨뜨리고 새로운 인식과 지각의 모델을 제안 및 매개하는 방향으로 구체화되고 있다. 이는 작가들이 예술에 대한 태도와 방법론의 차원에서 기존에 정의된 미술 내부에 안주하지 않고, 현실 삶 전반의 여러 영역과 직간접적인 관계를 통해 미술의 형식과 내용을 재창안해온 덕분이다.

다른 한편 미술의 다변화는 현대미술이 모더니즘 미술의 엄격한 형식 규범과 자기 지시적이고 자기 비판적인self-critical 성향을 벗어나, 탈장르, 매체 융합, 대중문화화의 길을 걸으면서 가속화된 측면이 있다. 미국의 영향력 있는 미술사학자이자 미술비평가인 크라우스는 1960년대 중반 개념미술과 비디오아트의 출현 이후 현대미술의 탈장르, 매체 융합 현상이 가속화된 점에 주목했다. 그리고 이러한 현상을 "포스트 미디엄 컨디션post-medium condition"이라는 말로 정의했다. 요컨대 모더니즘 미술이 예술적 의미significance의 원천으로 강조했던 매체medium를 현대미술은 별다른 어려움 없이 폐기, 혹은 수정하거나 재창안하는 상황이라는 것이다.

포스트모던의 조건을 "거대서사master narrative의 종말"로 특징화한 리오타르Jean-François Lyotard와 비슷하게, 크라우스는 현대미술의 포스트 미디엄 컨디션에서 미술 내적인 '집중성'과 '진지함'이 작별을 고하고 있음에 주목한다. 현대미술의 거대서사는 개념미술과 또 다른 미술 실천들—예컨대 켄트리지William Kentridge의 드로잉 프로젝션, 콜맨James Coleman의 슬라이드 쇼, 마클레이의 싱크로 사운드 트랙 등—이 특정 매체에 대한 헌신을 포기했을 때 끝났다는 것이다. 크라우스는 이를 "진지한 미술의 종말"로 읽으며, 이제 현대미술은 그녀가 "무궁한 목록perpetual inventory"이라 명명한 동시대 미술의 변주, 즉 "새로운 미디어들이 특정성specificity의 격론을 펼치는" 장이 되었다.[3]

---

[3]   Rosalind E. Krauss, *Perpetual Inventory*, The MIT Press, 2010.

그 요인 중 하나로 우리는 과거 어느 예술 시기보다 지금 여기 예술이 현실의 삶과 우호적이거나 친밀한 관계 속에서 전개되고 있는 상황을 지목할 수 있다. 미술 영역만 봐도 이는 뚜렷하다. 실험적이고 대안적인 미술을 표방하는 작가들은, 일차적으로 일상 속 대중문화 이미지를 드러내놓고 차용appropriation하거나 재매개하는re-mediate 식으로 작업한다. 그러한 작업 방식이 과거 모더니즘 시기의 미술에서 보인 금욕성과 배타성, 고급미술의 권위와 고유한 분위기 aura를 일탈해 도발적이고 혼종적인 관계의 미술, 대중의 경외 혹은 찬미가 아니라 '관심/이해'를 끌 만한 미술(상품, 이미지, 사건)로 이행하는 데 효과적이기 때문이다.

이상의 논의를 아래 사례로 든 작품들을 통해 구체적으로 이해하고, 현대미술의 새로운 미적 경험art experience과 그 내부의 갈등 요소를 재고해보는 것도 좋을 것이다.

먼저, 앞서 1부 2장에서 일상을 바탕으로 무제한의 예술을 시도하는 현대미술을 논할 때 잠깐 언급했던 태국계 미국인 작가 티라바니자의 1992년 작 〈무제(무료)Untitled(Free)〉가 있다. 이는 뉴욕 303갤러리에서 펼쳐진 일종의 퍼포먼스 전시로 작가는 갤러리를 "부엌으로 전환"시키고 무료로 밥과 태국 카레를 관람객들에게 제공했다. 이를 뉴욕현대미술관MoMA은 2012년《동시대 갤러리들: 1980-현재 Comtemporary Galleries: 1980-Now》전시에서 재제작해 선보였다. 당시 미술관은 다음과 같이 작품의 의미를 해석했는데, 그 안에 이제까지 우리가 논한 현대미술의 작가, 작품, 감상자 간 관계의 변화, 그리고 미술 내부와 외부의 관계 맺기 양상의 변화가 압축돼 있다고 해도 과언이 아니다.

이 믿을 수 없을 만큼 단순한 개념미술 작품에서 작가는 전시장 방문 객visitor이 더 사회적인 방식으로 현대미술과 상호작용하도록 초대하고, 그렇게 해서 작가와 관객viewer 사이의 거리를 모호하게 만든다. 당신은 작품을 보는 것이 아니라, 작품의 일부다. 그리고 사실 당신이 카레를 먹고 친구들이나 새로 알게 된 사람들과 대화를 나눌 때 미술이 이뤄진다.[4]

두 번째 사례로 곤잘레스 토레스의 〈무제(플라시보)〉를 다시 언급할 수밖에 없는데, 그 작품은 말 그대로 관객이 작품의 일부를 취하는 미술이기 때문이다. 이 설치작품은 애초 유일무이하지도 않고 불변의 형태를 취하지도 않으며, 전시된 사탕/종이 등을 가져가는 관객의 행위가 작품의 필수 구성 요소이자 감상의 필수 형식이다. 그 점에서 주체와 타자의 상호관계, 참여, 공유, 공존 개념을 강하게 함축하고 있는 미술이다.

세 번째 사례는 벨기에 출신 작가 알리스Francis Alÿs의 2002년 작 〈신념이 산을 움직일 때When Faith Moves Mountains〉다. 퍼포먼스에

---

4   http://www.moma.org/explore/inside_out/2012/02/03/rirkrit-tiravanija-cooking-up-an-art-experience

기반을 둔 이 작품은 작가가 페루 리마의 한 모래 언덕에서 500여 명의 지원자(국립 페루 대학 학생들)와 벌인 하루 동안의 프로젝트를 최종적으로 36분 다큐멘터리로 편집한 3채널 비디오다. 필름은 똑같은 복장에 똑같은 삽을 든 젊은이들이 서로의 어깨를 맞대고 한 줄로 빙 둘러서서, 500미터쯤 되는 언덕의 흙을 조금씩 퍼내며 앞으로 나아가는 모습을 스펙터클하게 보여준다. 그렇게 해서 작품 제목이 말하듯이, 산을 움직이는 무모한 도전을 수많은 사람의 집합적인 육체노동을 통해 실현하는 과정을 감동적으로 전달한다. 이 같은 면모 덕분에 작품은 평단으로부터 "페루 자본이 미치지 않는 황폐한 풍경에서" 신념을 같이하는 이들로 이뤄진 공동체의 연대와 노동으로 완성한 "서사적 프로젝트"라는 미학적 평가를 받았다.[5] 하지만 연대하는 집단의 의지와 힘, 소망의 실현을 상징화하는 알리스의 영상을 위해 500여 명의 자원자가 무임금으로 뜨거운 태양 아래 육체노동을 했다는 사실, 그리고 결국 그 영상작품이 알리스라는 작가 개인의 탁월한 미술작품으로서 뉴욕 구겐하임 미술관에 소장됐다는 사실은 논쟁을 유발한다. 즉 사회의 다양한 주체가 수평적으로 관계하며 행하는 창작활동, 공통의 관심사를 위해 협업과 참여를 독려하는 미술이 결과적으로는 작가 한 사람의 명성과 부로 수렴되는 양상에 논자들은 비판적 이의를 제기하는 것이다. 그 점에서 알리스의

---

5 http://www.francisalys.com/
http://www.guggenheim.org/new-york/collections/collection-online/show-full/piece/?search=Francis%20Al%C3%BFs&page=1&f=People&cr=1

이 작품은 현대미술의 관계 맺기 안에 내장된 모순을 재고할 중요한 사례 중 하나로 꼽을 수 있다.[6]

이와 관련해 한국 내 외국인 이주노동자의 문제를 이주노동자 당사자들과의 예술적 연대활동을 통해 풀어나가는 아티스트 그룹 믹스라이스Mixrice의 2004년 작 〈섞인 말들Mix Language〉[7]을 살펴보자. 알리스의 작품처럼 퍼포먼스를 담은 비디오작품인 〈섞인 말들〉의 첫 장면은 어느 허름한 공장에서 아시아계 남성 두 명이 앉아 노래를 시작하는 모습이다. 그들의 손에 들려 있는 악기는 값싼 기타한 대와 드럼 대용의 플라스틱 통, 그들의 발치에 세워져 있는 일종의 악보대는 맥주병을 담는 플라스틱 상자다. 이렇게 공연이라고 말하기에는 무척 조졸한 상태에서 두 사람이 부르는 곡은 연주 소도구만큼이나 '어설픈' 다음의 가사로 이뤄져 있다.

안녕하세요. 사장. 팀장. 공장장. 이거 하고. 이거 끝나고. 저거 하고. 두 개 끝나면 저거 해. 설렁설렁 하지 마. 불량 만들지 마세요. 다 했어요? 일 다 했어? 아이고. 이리 와. 야 이 새끼야. 이거 틀렸어. 몇 개 불량이 었어요? 이거 비싸. 이거 사 가지고 가. 진짜 외국 사람이 맞나? 눈이 예쁘다. 잘생겼다. 피가 섞인다. 네팔 사람 맞나요? 아이 시끄러워. 니네 나라 이런 거 있어? 인도네시아에 달 있어? 네팔에 해 있어? 니네 나라

---

6 강수미, 「지속가능한 공동체를 위한 시각예술이미지의 조직 Ⅱ-냉전시대와 글로벌시대의 현대미술 재고」, 『미학·예술학 연구』, 한국미학예술학회, 35집, 2012, pp. 29-31 참고.

7 http://mixterminal.net/ch/04.html

는 숟가락 없냐? 한국에 얼마 동안 있었어요?

군이 깊이 생각하지 않더라도 대강의 의미가 잡히는 가사들이다. 시적이지도 않고 낭만적이지도 않은, 반말조의 명령어와 비속어와 비아냥거리는 말들의 연속 속에서 한국의 노동 현장에서 일하는 외국인 이주노동자가 겪는 무시와 조롱, 인종차별이 적나라하게 드러난다. 요컨대 그 노래를 통해 제3세계 출신 외국인 노동자(유럽이나 영미권에서 온 백인이 아니라)와 한국어가 모국어인 고용주/동료/이웃들 사이의 대화, 갈등, 심리가 알알이 전달되는 것이다. 믹스라이스는 이렇게 비판적인 문제를 차별의 직접적 피해자인 외국인 이주노동자 두 사람이 노래 부르도록 자리를 마련하는 것으로 자신들의 창작을 다 했다. 무대를 제공하고, 촬영을 하고, 한 편의 비디오로 만드는 데 그저 조력자 역할만 한 것이다. 그렇게 해서 누군가의 목소리를 대변하거나 대신 나설 경우 필연적으로 발생할 수밖에 없는 의미의 왜곡, 각색, 극화의 위험을 최소화하고 대신 문제 자체에 다자적 관점으로 접근할 수 있는 경로를 마련했다.

3.
현대미술의 관계 지향적 경향이 위와 같이 가까운 과거부터 복합적이고 다양하게 모색돼온 가운데 현재는 이 경향 또한 특정 유형의 미술로 형식화되는 추세다. 이를 현대미술의 많은 변화 양상 속에서 발견할 수 있다. 물론 다음에 드는 현대미술의 여러 현상이 여전히 사람들에게는 일반적으로 생각하는 미술, 미술작품, 전시의 범주에 들지 않거나 예외적인 경우로 여겨질 것이다. 하지만 현재의 미술계, 또는 더 넓게 말해 문화예술계 내부에서는 아래 소개하는 것과 같은 예술이 이미 넓게 확산되어 있으며, 유행의 한가운데 있는 동시대의 유효한 예술 모델이다. 어쩌면 그 점이 바로 현대미술의 확장과 다원적 관계 맺기를 실증하고 그 성과를 대변하는 대목일지도 모른다.

첫째, 최근 몇 년간 현대미술에서 가장 유행하는 현상을 꼽으라면 단연 '미술의 공연예술화'다. 전통적으로 미술은 공간예술이자 조형예술로 정의됐다. 반면 현재 미술은 그러한 관례를 깨는 데 주력하면서 특히 무용, 연극 등과의 적극적인 교섭을 통해 미술에 운동성과 시간성을 도입하고 있다. 예컨대 고요하고 엄숙한 화이트 큐브 미술관이 점차 어두운 무대나 땀방울이 튀는 체육관으로 변모하고 있다. 또 작가가 완성한 오브제 작품의 전시 대신 무용수, 배우, 연주자가 작가와 협업하고 심지어 익명의 비전문가들이 즉흥적으로 참여하는 축제가 되고 있다. 이는 미술계 도처에서 일어나는 현상으로, 그 형태는 작가가 연출한 퍼포먼스에서부터 그 퍼포먼스를 재구성한 영상작품까지, 한 마을 전체 구성원이 참여한 일시적인 페스티벌에서부터 근현대 미술사 전반에서 '신체의 운동movement'에 초점을 맞춰 선별한 작품들로 이뤄진 전시까지 폭넓고 다양하다.

변화의 두 번째 양상은 다음 사례에 압축돼 있다. 사회적 참여

미술을 실행하고 있는 거리의 미술가 JR은 2012년 테드TED 강연에서 "미술이 세계를 바꿀 수 있는가?"라는 주제로 약 6분 분량의 강연을 했다. 여기서 JR은 2011년 시작한 "인사이드아웃 프로젝트insideout project"를 통해 자신이 직접 미술을 하는 것이 아니라, 세계 여러 지역에 사는 불특정 다수의 일반인이 자신들의 지역사회 문제나 현실 삶의 모습에 관심을 갖고 행동주의social activism 미술을 실천하는 일들이 어떻게 가능했는지 소개한다. 또 그러한 개별적이며 공동체적이고, 지역적이며 글로벌한 이미지 실천이 "사람들의 삶을 어떻게 변화시킬 수 있는지?" 생각해보자고 권유한다.[8] 우리가 여기서 주목할 점은 먼저 테드라는 일종의 '집단지성의 형성 및 다양한 지식의 확산'을 목적으로 한 강연 체계를 통해 사회의 대중과 커뮤니케이션하는 미술가 유형이다. 다음, 미술계 시스템 내부를 순환하는 작가활동 및 작품 제작 방식을 넘어 참여를 원하는 누구나 이미지를 만들고 그것이 사회를 변화시키는 데 일정한 영향력을 행사하는 '열린 관계의 미술'이다.

셋째, 2011년 하반기 뉴욕 현대미술관이 선보인《내게 말해봐: 사람과 사물 간의 디자인과 커뮤니케이션Talk to Me: Design and the Communication between People and Objects》전시도 변화의 단면을 보여준다.[9] 기획자 측에 따르면 이 전시는 "디자인 실천의 새로운 지류

---

8   http://www.ted.com/talks/lang/en/jr_one_year_of_turning_the_world_inside_out.html

9   http://www.moma.org/visit/calendar/exhibitions/1080

가 지난 수십 년간 형태, 기능, 의미 등 디자인의 오래된 선입관과 정보, 나아가 정서 교환에 집중하는 양상의 혼합 속에서 출현"한 점에 주목했다. 이러한 전시에서 미술관은 유동적이고 불특정한 네트워크, 우연성과 즉흥성을 긍정하는 하이퍼링크의 역장, 새로운 의사소통의 관문이자 플랫폼으로 기능한다.

넷째, 독일의 쿤스트할레 만하임Kunsthalle Mannheim은 2010년부터 '프리미어Premiere'라는 새 전시 체제를 출범시켰는데, 이에 대해 한 아트 저널은 "현대미술 전시를 위한 유연한 플랫폼"이라는 의미를 부여했다.[10] 여기서 나아가 우리는 쿤스트할레 만하임의 프리미어가 미술관이 밝히듯 "현대미술의 최근 국제적 경향에 집중하는 전시 형태"를 취해 점차 자국의 미술만이 아니라 다양한 국가의 미술, 다양하고 이질적인 문화 배경을 지닌 미술가에 초점을 맞추며 개방됨으로써 그 활동 범위와 영향력을 넓히는 양상을 읽을 필요가 있다. 예를 들어 쿤스트할레 만하임의 프리미어에서 첫 전시는 스페인 미술계의 떠오르는 스타 작가 엔리케 마티Enrique Marty의 개인전이었다. 여기서 우리가 가늠할 수 있는 사실은, 미술 기관들의 정책 방향이 좀 더 다국적 네트워크를 지향하는 쪽으로 바뀌고 있다는 점이다.

이상에서 논의한 사례들에서 현대미술이 상호관계, 의사소통,

---

10   http://www.artdaily.com/index.asp?int_sec=11&int_new=42931&int_modo=2

대중적 교류와 네트워크를 중시하는 방향으로 나아가고 있음을 알 수 있다. 그런데 이러한 현대미술의 변화는 한편으로 미술 외부의 환경 변화를 요인으로 한다. 즉 다자간-다차원의 의사소통 및 네트워크 비중이 높아지고 매체 환경이 테크놀로지의 역량과 사람들의 증대된 소통 욕구에 힘입어 나날이 확장, 복합화, 내밀화, 외재화하는 오늘의 상황에서 현대미술 또한 예외일 수 없다. 또한 20세기 후반부터 현재까지 전 세계질서를 지배하는 신자유주의 경제와 글로벌리즘의 역학 안에서 문화예술의 형식뿐만 아니라 그것의 의미와 지향적 가치가 대중, 산업, 자본을 중심으로 재편되거나 급변하고 있다는 점도 빠트릴 수 없는 사실이다. 이를테면 다른 문화/예술 분야와 마찬가지로 현대미술은 그러한 역학의 장에서 자기 존립과 발전에 더 유효한 대중적 관심, 더 실제적인 형태의 이익을 얻기 위해 외부로의 개방과 다원적 관계 맺기를 실행해온 것이다.

다른 한편, 변화의 요인은 현대미술 내부에도 있다. 압축적으로 설명하자면, 현대미술은 20세기 초반 모더니즘 시기부터 현재까지 한 세기 남짓한 역사적 과정을 거치며 이전에 규범화, 관습화된 예술 전반과 그 금기에 대한 '저항' '위반' '도전' '탈선'을 자기 정체성의 일부이자 내적 충동의 일환으로 상정하고 지속해왔다. 이와 연관해서 미술 외적인 영역과의 단절이 아닌 적극적인 관계 맺기, 모더니즘 미술의 금과옥조였던 '순수성'을 탈피하고 '혼성'을 긍정하기, 상위의 지위'high art'를 버리고 대중문화화하기, 단일성이 아니라 다

원화trans/inter-disciplinary 같은 오늘의 새로운 미술질서를 볼 필요가
있다. 이때 현대미술의 최근 경향이 가까운 과거에 관례화된 미술에
대한 동시대적 실험이자 모색임을 알 수 있다.

아직 이름이 아닌 것: 이수경적인 것

도식화된 시간 속에서는 진정으로 새로운 그 어떤 것도 출현할 수 없다. 모든 것은 언제나-이미 거기에 있으며 그것의 내속적 잠재성만을 전개한다. (…) 여기서 우리는 또 다른 시간성을, 자유의 시간성을, (자연적이고/거나 사회적인) 인과관계 사슬의 근본적 파열의 시간성을 다루고 있는 것이다.[1]

1.

눈이 없는 미니마우스 인형을 껴안고, 정작 자신의 감은 눈꺼풀에 그 인형의 눈동자와 비슷한 화장을 한 채 변기에 앉아 있는 여자의 사진이 미술일까? 만약 그것을 미술로 인정한다면, 감상자인 우리가 그 사진에서 찾아야 할 미학은 무엇인가? 서울 삼각지에서 산 키

---

1 Slavoj Žižek, *The Ticklish Subject*, 『까다로운 주체』, 이성민 옮김, b, 2005, p. 76.

치풍경화를 액자까지 통째로 두 쪽으로 자르고 그 사이에 가로 줄무늬가 그려진 기다란 패널을 끼워넣은 작품이 있다면, 우리는 그것을 사물의 재활용으로 봐야 할까, 아니면 스테레오타입의 미술에 대한 도전으로 읽어야 할까? 길을 가던 소년이 늑대에 잡아먹히고, 옛날이야기를 많이 알고 있는 그 소년의 할머니가 늑대의 배 속에 들어갔다 다시 소녀로 태어난 뒤 왕자님을 만나고 등등으로 끝없이 이어지는 난센스 이야기. 우리가 어디선가 많이 들었던 이야기들의 짜깁기이자 재창조 같은 그런 이야기를 반복해서 들려주는 작품은 미술관 관객에게서 어떤 감상을 기대하는 것일까? 예수, 성모마리아, 석가모니, 공자, 노자, 마호메트 등등의 신 또는 성인聖人 도상을 눈, 코, 입, 얼굴형, 왼쪽/오른쪽 상반신, 하반신으로 나누고, 사람들에게 그중 가장 선호하는 부분들을 여론조사해서 최고점을 받은 부위들로만 조합해 만든 조각상은 어떤 절대성을 표상할까? 그것은 특정 종교나 위대한 정신을 뒤범벅시킨 괴물일까? 그런데 어쩌면 그 조각상은 어떤 교리나 철학도 표상하지 못하는 가장 인간적인 동시에 이상적인 현실의 이콘icon이 아닐까?

이 글을 읽는 여러분은 위의 여러 질문이 뜬금없고 혼란스럽게 느껴질 것이다. 또는 무언가 매우 잡다하고, 복잡하며, 이질적인 것들이 혼합돼 있다는 인상을 받을 것이다. 그리고 누군가는 정작 던져진 질문보다, 그 질문을 위해 제시된 사례들이 더 중요한 것이 아닐까 생각할지도 모른다. 맞다. 분명히 위에서 내가 수다스럽게 묘사한 예시들이, 문장의 끝머리에서 내가 던지는 몇 마디 질문보다

277

휠씬 더 중요하다. 그런데 그 예시들이 간단명료한 말로는, 세련된 미술비평의 잘 재단된 판단으로는 쉽게 정리되지 않는 특성을 지니고 있어서, 나는 어쩔 수 없이 번잡한 용어들로 그것들을 기술하면서 질문을 던진 것이다.

그것들은 이수경의 미술이다. 즉 작가 이수경이 1990년대 초반부터 2010년대 초반인 현재까지 선보인 작품들 중 일부인데, 나는 이 글에서 그 미술의 세계를 미학과 미술비평으로 조명한다는 과제를 안고 있다. 그러니 첫 번째 질문에 대한 답은 벌써 나와 있다. 말하자면 미니마우스풍으로 눈 화장을 한 여인의 스냅사진을 비롯해 위의 모든 것이 이미 '미술'이다. 하지만 우리에게는 그러한 이미지가 어떤 미적 가치를 지니는지, 그런 작품을 어떻게 감상하고, 어떤 비평적 독해가 가능한지에 대한 '인정된 답'이 충분히 주어져 있지 않다. 또한 앞서 예시한 이수경의 작품들처럼 미술이 행해지고 작품이 만들어질 때, 우리는 어떤 독창성의 원천 및 메커니즘을 말할 수 있는지, 감상자 입장에서는 무엇을 어떻게 향유할 수 있는지에 대한 '확정된 답'을 가지고 있지 않다.

아마도 이 글은 그러한 미학적·비평적 불충분함, 또는 불확정성을 상쇄시키지 못할 것이다. 하지만 적어도 우리는 이 글에서 이수경의 미술이 유발하는 예술에 관한 물음과 그에 답할 수 있는 여러 논점을 작가의 개별 작품들을 중심으로 펼쳐볼 수는 있다. 그녀가 20여 년의 짧지 않은 작업 이력을 쌓으며 매우 다양하고 이질적인 미술을 선보여왔다는 점에서 그 스펙트럼은 넓고 다채롭다.

2. 미니마우스, '하지 않는 쪽으로prefer not to'를 넘어[2]

이수경은 1990년대 초부터 당대의 주류 미술 경향과는 '다른/그런 경향에 따르지 않는' 시각언어를 구사하고, 이를 다양한 매체를 통해 물리적으로 구현한 작품을 제시해왔다. 즉 이 작가는 기존의 미술 틀에 편입되기보다는, 각각의 작품에 조응하는 새로운 형식, 표현방법론, 기교, 매체 활용법을 통해 매번 실험적이고 낯선 미술을 실현시켜왔던 것이다. 그래서 우리가 이수경의 미술을 '실험적'이라고 평가할 경우, 그 의미는 미술사적으로든 미학적으로든 안정적인 지위를 확보하거나 관례화되지 않은 무엇이 '미술'이 된다는 뜻이다.

하지만 그런 실험적인 작품은 이미 어떤 것도 미술로 인정할 태세를 갖춘 현대미술계의 전문가를 제외하고, 감상자 일반에게는 낯설고 불편한 감정을 불러일으킬 수 있다. 혹은 감상자의 인식과 감각에 기입된 미술에 대한 정의, 미의식, 미적 경험과는 차이가 나기 때문에 혼란을 야기한다. 그리고 심지어 미술작품으로서의 그 존재 자체가 전혀 인지되지 못한 채 사라질 수도 있다. 사실 일반 대중의 미술에 대한 이러한 보수적 수용 가능성이 수많은 작가에게 심리적으로든 제도적으로든 창작의 압력으로 작용한다. 예컨대 자신의 작품이 평범한 미술을 선호하는 사람들에게 외면당할지

---

2 이하의 소제목에서 나는 먼저 이수경의 작품 제목을, 다음에는 그에 대한 내 비평의 핵심 개념 또는 주장을 하나로 구성했다.

모른다는 두려움이 작용하는 것이고, 관람객 수와 대중적 반응을 중시하는 미술 기관들의 전시나 프로젝트에서 제외되지 않는 작업을 해야 한다는 내면적 규율로 작동하는 것이다. 다수의 작가가 반미학적이거나 전위적인 미술과는 거리가 있는 미술, 즉 어느 정도는 상투적이고 어느 정도는 유형화된 미술을 반복하는 이유가 여기 있다. 하지만 현대미술의 역사는 흥미롭게도 반미학과 전위적 예술 실천을 통해서 오늘에 이를 수 있었다. 말하자면 뒤샹이 "미술은 모든 시대의 모든 사람 사이의 게임"이라고 말한 맥락의 미술사가 존재하는 것이다.

그런 점에서 현대미술계의 전문가들은 작가의 실험적인 예술 시도를 언제나 환영하고, 사실 그로부터 아직 자신이 모르는 새로운 미술의 언어를 배운다고 해도 과언이 아니다. 이 글을 쓰는 나 또한 예외가 아니다. 현재 내가 알고 있고 긍정하는 다종다양한 미술의 형식 및 속성, 또 언제나 그러한 것들을 기꺼이 미술로 받아들이는 열린 태도의 중요성을 나는 기존 미술에 도전하는 작가들의 작품과 더불어 깨우쳤다. 그 가운데 특히 이수경의 미술이 있다.

현대미술이 하나의 사건, 말하자면 아주 잠깐의 시간 속에서 벌어지는 이미지의 제시 같은 것일 수 있다는 생각을 나는 1999년 초, 이수경의 미니마우스 사진(1998)을 보며 했다. 감은 눈두덩에 아메리칸 대중문화의 최대 아이콘 중 하나인 미키마우스의 짝 미니마우스의 플라스틱 눈과 비슷한 눈동자를 그린 젊은 여자의 사진. 그것은 그저 어린아이처럼 우연히 자기 옆에 있던 물건을 가지고 장난을

친 누군가의 대수롭지 않은 흔적처럼 보인다. 우리가 일상생활에서 그러듯이, 그 순간이 재미있어 대충 사진으로 찍어놓은 이미지 말이다. 그런데 나는 그 사진에서 한국 현대미술이 '극히 작고, 극히 가볍고, 극히 일시적인 것'이 될 가능성을 발견했다. 동시에 그러한 사소함, 심각하지 않음, 순간성이 기존에 우리가 알고 있던 미술을 벗어나 미술의 폭을 확대하고, 미적 다양성에 하나의 층을 더하며, 미적 경험의 시간을 세분하는 감각이라고 판단했다. 우선 나 자신이 그 미니마우스 여인의 사진으로부터 인간의 얼굴과 그 위에 덮인 이미지의 아주 얇은 막이 섬세하게 붙거나 떨어져나가는 어떤 감각의 예민한 순간을 경험한 듯했으며, 그 경험이 아주 즐겁고 경쾌하면서도 생경한 미적 지각을 일깨워줬기 때문이다. 그리하여 그런 찰나적 지각, 즉 기존의 둔감한 사고와 감각으로부터 낯선 것/상태를 예리하게 저며내는 미학이 한국 현대미술의 새로운 속성이 될 것이라고 예상했다. 이수경의 얼굴 위에서 미니마우스의 이미지는 화장을 지우는 순간 사라진다. 또 아무리 현대미술에서 사진이 대세라고 해도, 이수경의 그 사진은 우리가 기꺼이 예술사진으로 인정하는 종류의 현대사진에 견주면 한참 초라하다. 하지만 그 덧없음, 소박함, 그리고 무엇보다도 작가 자신의 기묘한 가장假裝 행위와 사진이 노출하는 일상적 맥락이, 조형예술의 추상적 이미지 및 불투명한 의미따위에 길들여진 이들에게는 신선한 청량제 구실을 할 수 있다. 가령 기존의 미술작품에서 진지함, 절대성, 무시간성에 대한 감각만을 단련한 감상자에게 이수경의 사진은 그러한 감각의 모서리를 깎아

내 더 구체적이고 생생한 미감을 느끼도록 자극한다.

덧없음을 묘사하는 것이 아니라 작품 자체가 물리적 시간 속에서 흔적만 남기고 사라질 수 있다는 생각. 그 생각이 감각적 표현 형식을 얻어 오늘 우리에게는 해프닝, 퍼포먼스, 장소 특정적 예술로 일반화됐다. 또 창작의 비가시적 주체로서 작가가 아니라 자신의 작품 속에서 유희하는 작가상, 그 유희의 배경이 미적 이념세계가 아니라 일상의 사물과 행위가 되는 미술. 이 또한 우리가 현재 주변에서 쉽게 마주치는 젊은 작가들의 작품 경향이다. 여기서 나는 이수경의 1998년 사진 한 장이 그 같은 미술을 가능하게 했다고 말하는 것은 아니다. 그런 주장은 1960년대 이후 서구 미술이 다변화된 양상을 고려할 때, 또 1970~1980년대 행위미술과 같은 한국미술의 몇몇 실험적 시도를 고려할 때도 오류 가능성이 무척 크다. 다만 나는 이수경의 미술이 지닌 특수한 속성과 메커니즘을 정의하고자 하는 입장에서, 1990년대 말 한국미술의 주류 경향과 그녀의 작업 방향이 배치됐다는 사실을 강조하고 싶을 뿐이다. 그것은 말하자면 전자에 대해 후자가 '하지 않는 쪽으로prefer not to' 나아가는 방식이다. 추상화처럼 관념적인 그림을 그리지 않는 쪽으로, 민중미술처럼 교조적인 메시지에 묶이지 않는 쪽으로, 모더니즘 미술의 가장된 고급함과 순수성을 따르지 않는 쪽으로.

이러한 방식은 완곡하고 소극적인 저항이다. 그러나 그런 방식에 미술가의 '무엇인가를 하는' 속성, 즉 세상의 질료들로 형태가 있는 것들을 제작하고 산출하는 속성이 결합되면 그것은 더 이상 소극적인 저항이 아니다. 이를테면 멜빌Herman Melville의 1853년 소설 『바틀비』 속 주인공 필경사 바틀비가 '하지 않는' 식의 저항 모델이 라면, 이수경의 미술은 '하지 않는 식으로 무엇인가를 하는' 창작의 모델이다. 그런 방식이 지속될 때 미술은 내밀하면서도 선 굵은 개 성을 갖게 된다.

3. 먼길 이야기, 부채의 상상력

이수경의 미술 전체를 조망해보면, 각 작품의 세계는 불연속하지 만, 그 저변을 받치고 있는 작가의 예술적 태도와 실험적 창작 행위 는 일관된 흐름을 유지하고 있음을 알 수 있다. 그래서 나는 이수경 미술의 핵심으로 '불연속성'과 '연속성', '실험성'과 '실현 능력'을 꼽 는다. 불연속성은 연속성과 상반된다. 실험성과 실현 능력 또한 전 자가 새로운 것을 시도하는 성향이라면, 후자는 시도에 그치지 않 고 현실화시키는 힘이라는 점에서 서로 다른 성격을 지닌다. 그리 하여 한 작가의 미술 안에 상반되거나 다른 요소들이 공존한다고 말 하면 일견 그 자체로 모순이고, 논리의 비약으로 들릴 것이다. 하지 만 비단 이수경뿐만 아니라 자신만의 독자적인 예술세계를 구축한/ 하고 있는 '현대' 미술가들 안에서 이러한 내적 모순을 발견할 수 있 다. 그것은 간단히 말해 현대미술이 끊임없이 새로움을 추구하기 때 문이고, 그 새로움이 단발성이 아니라 지속적으로 축적되어야 하기 때문이다. 그리고 현대미술의 실험성은 공허한 말의 잔치가 아니라,

언제나 이미 지각 가능한 물리적 작품으로의 실현을 통해서만 사람들에게 인식되기 때문이다.

그런 맥락에서 이수경은 매 작품에서 새로움을 실현하고, 그 새로움의 실현을 지금까지 지속해왔다고 평가할 수 있다. 어떻게 그것이 가능할까? 그 힘의 원천은 무엇일까? 나는 이수경의 상상력이 그 힘의 원천이고, 그것을 통해서 매번 새로운 작품이 산출될 수 있었다고 말하겠다. 하지만 정확히 말해 여기서 '이수경의 상상력'은 기성 사물들, 이야기들, 형상들, 감각과 인식의 내용들이 가진 질서를 바꾸고, 이미 상투화된 형태로 덩어리진 존재들의 내부에서 새로운 단면들을 분할해내며, 주어진 공간과 시간을 이질적인 이미지 차원으로 전이시키는 역량이다. 그것은 벤야민이 부채에 빗대 정의했던 상상력과 같다. 말하자면 그런 상상력이란 펼쳐지고 접히면서 공간을 재창출하고, 사태를 감추거나 드러내며 상황을 연출하는 부채의 메커니즘과 유사한 것이다.

이수경의 작품 중에서 별로 알려져 있지 않지만 〈먼길 이야기〉(1999)라는 '텍스트-구술' 형태의 작품이 그 같은 상상력의 양상을 명시적으로 보여준다. 서두에 '이야기의 짜깁기이자 재창조'라는 말로 언급했던 작품이 바로 이것인데, 여기서 우리는 익히 알고 있는 동화들의 아주 작은 에피소드 내부로 파고드는 이수경의 상상력을 본다. 또 단지 거기서 그치는 것이 아니라 '그래서 모두 행복하게 살았습니다' 식으로 완결되는 옛 동화들의 일반성에서 거미처럼 아이러니, 폭력, 미결정성, 쾌락 같은 다양한 주제를 뽑아내 또 다른 텍스트로 그물을 짜는 작가의 상상력과 실행력을 보는 것이다. 이 작품만이 아니다. 〈번식 드로잉〉(2005), 〈매일 드로잉〉(2005~2011)에서 우리는 이수경의 상상력이 얼마나 다채로우면서 끈질긴 연속성을 지니고 있는지, 그 상상력이 어떤 이미지 퍼레이드를 시연할 수 있는지 체감하게 된다.

〈번식 드로잉〉은 한국 등 아시아 문화에서 부적이나 불화를 그릴 때 사용하는 석재인 경면주사cinnarbar를 써서 한지 위에 여인의 형상을 그린 12개 드로잉 연작이다. 여기서 12개는 단지 작품의 수량이 아니라, 작품 제목이 지시하는 '번식'의 결과다. 요컨대 이 연작은 어떤 드로잉이 자체적으로 번식하는 메커니즘 자체가 주제다. 이수경은 그 번식의 역학을 보여주기 위해 자신이 첫 번째로 그린 이미지를 뒤집어 다음 그림에 전사하는 방식을 11번 반복하고, 각 단계의 그림을 또한 좌우 대칭으로 복사하는 방식을 썼다. 그렇게 해서 애초 중국 서커스 소녀처럼 기묘한 곡예를 펼치는 한 소녀의 형상이 다음 그림에서는 좌우 똑같은 얼굴을 한 두 형상으로 번식하고, 그다음 그림에서는 넷으로, 여섯으로 이어지며, 급기야 화면을 중심으로 완벽히 대칭을 이루는 V자 형태의 얼굴 대열로 증식하는 〈번식 드로잉〉이 실현되었다.

어떤 이유에서인지 이수경은 2004년경 심리치료 상담을 받았다. 그 과정에서 작가는 매일 하나의 원 안에 이미지를 그려넣는 활동으로 심리적 문제를 완화시키는 일명 '만다라 미술 치료법'을 알게 되었다. 그리고 실제로 그 치료법을 자신의 생활/작업에 적용했다. 그렇게 해서 나온 것이 〈매일 드로잉〉이다. 전제 조건은 단 둘, 즉 '매일 그리기' 그리고 '원圓'. 꽤나 사소해 보이지만 실제로 해보면 상당한 압박이 되는 그 조건을 따르며 이수경은 약 7년에 걸쳐 가로 세로 30센티미터 크기의 종이에 색연필로 수천 장의 드로잉을 했다. 그리고 그중 176개 작품만을 뽑아 2011년 아르코미술관 개인전에서 성모마리아를 찬미하는 송가 '스타바트 마테르Stabat Mater'와 더불어 '드로잉-사운드 설치미술'의 형태로 처음 선보였다. 사람들은 그 전시에서 작가의 풍부한 표현 능력과 함께 종잡을 수 없는, 그래서 정말 무한해 보이는 이미지 상상력을 경험했다. 동시에 아주 단순하고 작은 규칙이 인간의 상상력과 연속적인 창작 행위를 변수로 만나서, 자연의 창발emergence처럼 예측 불가능하고 환원 불가능한 꿈세계Dream-world를 구축해내는 생생한 사례를 발견했다.

천일야화千一夜話의 세헤라자데가 '천 일하고도 하루'라는 무한한 밤으로 이어지는 끝없는 이야기를 풀어내듯이, 귀에 익지만 분명 처음 듣는 이야기를 주저리주저리 읊는 1999년의 〈먼길 이야기〉. 자연의 식물들, 특히 쌍떡잎식물들이 그러하듯이 대칭을 이루며 자기 증식하는 2005년의 〈번식 드로잉〉. 그리고 '아침, 점심, 저녁' 또는 '24시간', 이렇게 인과적 시간 체계에 매인 똑같은 날들처럼 보이지만, 사실 어느 하루도 결코 완전히 똑같을 수 없는 매일의 생리처럼, 동일한 크기의 원 속에 어느 것 하나도 같지 않은 이미지로 폭발하는 2011년의 〈Daily Drawing〉까지. 우리는 이들에서 이수경의 미술이 어떻게 불연속하면서 연속하는지, 어떤 상상력이 이미지의 드림월드를 축성해내는지를 실감한다. 아니, 그 범위, 강도, 끈질김, 변화무쌍에 기가 질릴 것 같다.

4. 순간 이동 연습용 그림, 정서의 이행

이수경은 1990년대 작업 이력 초반에 주로 문화비판적 관점에서 작품을 창작했다. 가령 모더니즘 미술의 순수성과 독창성, 그리고 자기 지시성self-reference을 비판하는 맥락에서 의도적으로 키치, 레디메이드, 차용, 혼성모방 등 포스트모더니즘의 방법론을 효과적으로 활용한 설치작품들을 내놓았다. 또한 그녀는 대량생산된 상품 및 매스미디어 이미지를 주요 요소로 차용하거나 변조한 작품들을 제작해, 대중매체 및 정치사회 제도가 만들어내고 상투화시키는 여성 이미지를 미술을 통해 비판적으로 분석했다. 그러한 작업으로 이수경은 한쪽으로는 1950년대의 앵포르멜, 1960~1970년대의 추상미술, 1980년대의 민중미술로 이어진 한국 미술계에 반미학적이고 비非미술적인 도전을 가했다. 그리고 다른 한쪽으로는, 남성 작가 위주의 한국 주류 미술계에 페미니즘 미술의 가능성을 타진했다.

그러나 이수경은 이같이 개념과 논쟁의 생산성은 좋으나 심미적 가치 또는 감상자의 미적 경험 면에서는 호혜적인 반응을 끌어내기가 쉽지 않은 미술에서 멈추지 않았다. 달리 말해 그러한 개념주의와 비판성의 현대미술에 스스로를 한정시키거나, 비슷한 유의 작업을 자기 복제하지 않고, 지적인 내용에서뿐만 아니라 정서와 지각의 내용에서도 충족될 수 있는 미술을 새롭게 실행하는 쪽으로 이행해온 것이다.

나는 이 작가의 〈순간 이동 연습용 그림〉이 그 이행의 특수성을 상징하는 작품이라고 생각한다. 2000년 독일 카셀의 프리데리치아눔Fridericianum에서 열린 《대지의 노래Song of the Land》 전에 선보이기도 했던 그 작품은 외형상 기성품과 창작물이 결합한 구조를 하고 있다. 즉 익명의 화가가 그린 키치 풍경화와 그 풍경화에 대한 이수경의 개입—기성품 그림을 두 쪽으로 나누기, 그림에 사용된 색채를 추출해서 가로 줄무늬 패턴 그림 그리기, 그 줄무늬 그림을 쪼개진 키치 그림 사이에 삽입하기 등—으로 이루어진 것이다. 하지만 그런 물리적인 형식보다 더 흥미로운 점은 그 작품이 미술작품을 향한 감상자의 미적 경험을 긍정하고, 그 경험의 환영적인 측면을 극대화하는 데 적극적인 '도구'를 자처한다는 사실이다. 〈순간 이동 연습용 그림〉은 키치를 조롱하거나 혹은 모더니즘 회화를 냉소하는 것이 아니다. 오히려 그 작품은 도자기에 그려진 아름다운 풍경에 감동한 노인이 그 그림 속으로 걸어들어갔다는 중국의 설화처럼, 그림의 환영 작용에 기꺼이 몸을 맡기기를 권하는 가상현실적인 미술이다. 작품의 영문 명 〈Painting for out of Body Travel〉이 이미 알려주는바, 우리 감상자가 '육체를 이탈해 여행을 떠나기에 좋은 그림'인 것이다. 이를테면 작가가 쓴 다음과 같은 말처럼.

현기증이 날 때까지 그림 한가운데를 응시하며 힘을 빼세요. (…) 당신은 마침내 그림의 장면 속으로 착륙하는 '육체 이탈 여행'을 경험할 것입니다. 당신이 그것을 연습하면 그림 속의 호수나 폭포 속으로 떨어지는 것도 가능합니다.[3]

다른 한편 이수경의 이행은 문화적 차이들의 그물뜨기 방식을 통해 작품으로 구체화됐다. 〈부모의 접시〉(2004)와 〈번역된 도자기〉(2002/2006-현재) 시리즈가 대표적인 작품이다. 2003년 작가는 이탈리아의 도자 산지로 유명한 알비솔라와 사보나 지방을 찾아—사보나의 가보티 미술관에서 열린 제2회 현대미술도자전에 참여하면서—그곳에 거주하는 사람 12명을 인터뷰했다. 그들은 부모나 선조로부터 물려받은 도자기 접시를 하나 또는 둘을 직접 골라서 그 그릇에 얽힌 기억을 작가에게 들려주었다. 그리고 작가는 어쩌면 다른 이들에게는 단순한 물건으로만 비칠 그 접시들을 매개로—마치 타임머신처럼 또는 알라딘의 요술램프처럼—자신들이 일하고 살아가는 현실의 생활공간에 앉아서 상상적으로는 추억의 시공간, 상념의 미시세계micro-world를 여행하는 그 이탈리아 지역민들의 얼굴과 목소리를 카메라에 담았다. 영상을 보면 그들 모두는 낯선 나라 한국에서 온 아티스트 앞에서 매우 진지하고 솔직한 모습으로 자신과 부모 세대의 삶을 회고한다. 그렇게 소박한 사물을 통해서 축적

---

3   www.yeesookyung.com

한 자신만의 경험 및 기억을 타인과 공유하는데, 비디오아트의 특성상 그 공유는 12명 각자와 이수경의 1:1 관계를 넘어 〈부모의 접시〉를 감상하는 누구에게든 산포돼 나눠가질 수 있는 것이 되었다. 그런데 작가는 아마도 이러한 방식의 공유, 이 같은 나눔의 향유를 영상이미지를 통해서만이 아니라, 물질적이고 물리적인 형태로 실현해보고 싶었던 것 같다. 왜냐하면 이수경은 인터뷰 이후 그 이탈리아인들의 소장품과 빼닮은 접시를 알비솔라 지역 공방Ernan Design에서 20개 만들고, 거기에 한국 음식을 담아 전시 개막일에 사람들에게 대접했기 때문이다. 이 대목에서 누군가는 티라바니자의 음식 퍼포먼스를 떠올릴지도 모르겠다. 프랑스의 큐레이터 부리오Nicolas Bourriaud가 "사람들이 흥에 겨움conviviality과 나눔의 의미를 다시 배우는 곳"이라고 의미 부여하며 "관계적 미학의 가능성"을 타진했던 그 미술 말이다.[4] 정황상 이수경도 그러한 미학적 판단 범주에 들 수 있다. 하지만 우리는 이 작가의 작업에서, 일반적인 차원의 문화 공유 및 향유의 공간을 넘어 개인들이 누구와도 나눌 수 없는in-divided 자신의 내면—더 이론적인 용어를 쓰자면 '주관적 경험subjective experience'—을 이방인 앞에 꺼내고, 그 이방인은 기꺼이 그것을 자신의 미술을 통해 더 많은 사람과 공유하는 구조에 주목할 필요가 있다. 그 구조가 미술작품이라는 문화적 형식 속에서만 가능

---

4 Nicolas Bourriaud, *Esthétique relationnelle*, trans. Simon Pleasance & Fronza, *Relational Aesthetics*, Les presses du réel, 2002, p. 70.

한 '개인성individuality의 나눔dividing/공유sharing' '정서들의 이행'에 다름 아니기 때문이다.

5. 번역된 도자기, 번역자의 과제

앞서 〈부모의 접시〉는 전사前史를 가지고 있다. 〈번역된 도자기 알비솔라〉가 그것이다. 이수경은 2001년 알비솔라의 세라믹 비엔날레에 출품할 작품으로 18세기 조선시대 백자를 안나 마리아Anna Maria라는 현대 이탈리아인 도예가가 '번역'하는 프로젝트를 구상했다. 이때 번역은 조선 백자를 현대 도공이 물리적이고 가시적인 차원에서 그대로 본떠 만드는 방식을 말하는 것이 아니다. 그렇다면 그것은 '재현'이지 '번역'이라 할 수 없다. 이수경은 마리아에게 백자를 모티브로 한 한국 현대시조, 예컨대 김상옥이 1947년 지은 〈백자부白磁賦〉를 이탈리아어로 번역해 들려주고,[5] 떠오르는 심상을 도자기로 표현해볼 것을 제안했다. 이렇게 서로 다른 문화권 사이의 언어 번역, 상상과 물질적 형상의 번역이 바로 이수경이 자신의 프로젝트를 통해 시도한 '번역'이다. 번역의 결과물은 일견 동양의 여느

---

[5] 이 시조의 전문은 이렇다. "찬 서리 눈보라에 절개 외려 푸르르고, / 바람이 절로 이는 소나무 굽은 가지, / 이제 막 백학 한 쌍이 앉아 깃을 접는다. // 드높은 부연 끝에 풍경 소리 들리던 날, / 몹사리 기다리던 그린 임이 오셨을 제, / 꽃 아래 빚은 그 술을 여기 담아 오도다. // 갸우숙 바위 틈에 불로초 돋아나고, / 채운彩雲 비껴 날고 시냇물도 흐르는데, / 아직도 사슴 한 마리 숲을 뛰어 드노다. // 불 속에 구워 내도 얼음같이 하얀 살결, / 티 하나 내려와도 그대로 흠이 지다. / 흙 속에 잃은 그날은 이리 순박하도다."

도자기와 유사한 외양을 하고 있지만, 섬세하게 들여다보면 동양과 서양의 도자 문화에서 산출된 기존의 어떤 도자기 범주에도 들지 않는 이질적인 백자 화병 12개다. 그 12개 화병은 감상자로 하여금 자신이 속해 있어 그만큼 익숙한 문화의 경계를 넘나들게trans-cultural 한다. 또 특정 민족, 영토, 역사, 취미taste에 고정되지 않는 독특한 정서와 이미저리를 유발한다. 하지만 여기서 우리는 그러한 독특성이 뿌리 없는 것, 정처 없이 떠도는 것이 아니라는 점에 유념할 필요가 있다. 그것은 조선의 백자 문화와 이탈리아 도자 공예의 교섭을 통해 발현한 것들이라는 점에서, 오히려 아주 깊은 뿌리에서 양분을 받아 성장한 오늘의 것이기 때문이다. 동시에 문화적 이행과 협업을 통해서 실험적인 현대 미술작품으로 탄생한 지금 여기의 것이기 때문이다. 요컨대 〈번역된 도자기 알비솔라〉는 조선과 이탈리아, 과거와 현재가 고유하게 형성한 민족 문화를 기반으로 탄생한 현대 미술작품이다. 그리고 이수경이 그 작품 이후 2년이 지난 시점에 실행한 〈부모의 접시〉는 거대서사에서 벗어난 가족사史와 개인들의 기억이라는 원천을 통해서 현재화된 현대 미술작품인 셈이다.

벤야민에 따르면 "번역자의 과제는 원작의 메아리를 깨워 번역어 속에서 울려 퍼지게 하는 의도, 번역어를 향한 바로 그 의도를 찾아내는"[6] 일이다. 달리 말해, 원작의 역사를 현재 시간에 번역하는 일, 원작의 잠재성을 지금 여기서 현실화하는 일인 것이다. 나는 이수경의 작품들이 그런 맥락에 드는 미술이라고 생각한다. 문화적 다원성이나 예술 취미의 유목주의를 부르짖으며 기원/원천을 부정해 버리는 것이 아니라 크든 작든 역사, 공동체, 개인사 같은 내러티브로부터 지금 여기 우리의 삶에 조응하는 핵심 요소들, 그 잠재성의 상태에 있는 것들을 발현시키는 과제를 수행하는 미술 말이다.

이상과 같은 맥락에서 이수경의 2011년 작 〈휘황찬란 교방춤〉 또한 조명할 필요가 있다. 그 작품은 한국의 역사와 문화에서 특수한 측면을 '조각-장소 특정적 설치-공연(춤과 음악)'이 한데 어우러진 형태로 구현한다. 〈휘황찬란 교방춤〉의 큰 주제는 조선시대 기생의 기예技藝 중 하나였던 '교방춤'의 원형을 보존하면서, 그것이 지금 여기의 문화 및 예술로 새롭게 탄생하는 모습을 가시화하는 것이었다. 우선 작가는 교방춤이 일제강점기 동안 성적 유희의 춤으로 변질된 역사적 사실에 착안했다. 그리고 2011년 3년간의 원형복원 공사를 마치고 국립 복합문화공간으로 새롭게 개관한 '문화역서울284(구서울역)'의 장소 특정적 조건을 직간접적으로 활용한 무대를 만들고 다섯 차례에 걸쳐 퍼포먼스를 펼쳤다. 여기서 우리가 보는 것은 이수경이 한편으로 작가 자신의 사회 역사적 의식을 작품으로 구체화하는 메커니즘, 추상적인 미술의 공간이 아니라 실제 장소의

---

6   Walter Benjamin, "Die Aufgabe des Übersetzers", *Gesammelte Schriften* Bd. IV/1, p. 16.

문맥을 탐사하는 접근법, 그리고 매체 및 표현방법론을 다층적이고 다원적인 방향에서 모색하는 열린 태도다. 그렇게 함으로써 이 작가는 자기 미술에 '동시대성'을 수렴시킨다. 다른 한편 이수경은 한국의 근현대사와 지금 여기 문화 예술의 구체적인 상황들을 작품의 기초 서사이자 독자적 개념으로 설정함으로써 글로벌 미술계의 여타 미술가들 및 그들의 작품과 차별성을 확보한다.

6. 가장 멋진 조각상, 미의 보편성과 개별성

도예 문화가 융성했던 고려와 조선시대, 명장들은 일정 수준에 미치지 못하는 도자기는 과감히 깨뜨려버렸다. '최고'의 기준에 견줘 실패작이라 여겼기 때문이다. 남들 눈에는 모두 비슷비슷한 것 같고, 그 정도면 충분히 좋아 보이는 것들이 대가의 눈에는 세상에 내놓아서는 안 되는 잘못된 물건이었다. 이 전통은 현재까지 이어지는데, 명쾌한 논리로 설명할 수는 없어도 그만큼 도예가들 내부에는 엄격한 미적 기준이 존재한다는 얘기다.

흥미롭게도 이수경은 그렇게 명장들이 깨뜨려버린 도자기 파편들을 2002년부터 금박으로 이어 붙여 조각품으로 재탄생시키는 작업, 일명 〈번역된 도자기〉를 계속하고 있다. 앞서 소개한 〈번역된 도자기 알비솔라〉의 발전된 형태라고도 할 수 있고, 아니면 완전히 별개의 시리즈라고도 볼 수 있는 작품인데, 작가는 〈번역된 도자기〉라는 제목을 통해 둘 사이에 어떤 연속성을 내포해두었다. 그렇다면

이 후자의 작품에서 '번역'은 무엇일까? 그것은 간단히 말하면 '파편'과 '전체' 사이의 번역이다. 또는 '버려진 것'과 '예술품' 사이의 번역이다. 하지만 나는 그런 식의 해석을 넘어선 지점이 〈번역된 도자기〉에 있다고 생각한다. 그 지점이란 모든 예술가의 궁극적인 목표로서 '절대적인 미의 실현'과 그것을 위한 '매순간의 실천' 사이에 만들어지는 역동성이다. 도예 명장이 수준 미달의 작품을 깨뜨려버릴 수밖에 없는 것은 명장의 정신과 감각 안에 절대적인 미의 기준이 있기 때문이다. 그는 그것에 도달하기 위해서 지금 자기 앞에 놓인 도자기를 파편 내는 고통을 감수한다. 하지만 이수경은 의미심장하게도 그 버려진 파편들로부터 자신의 정신과 감각이 정의한 현대 미술, 그에 부합하는 절대적인 미의 작품을 실현시키려 한다. 뒤집어진 역동성이다. 전적으로 그 뒤집어진 역동성 때문이라고는 말할 수 없겠지만, 그래서인지 〈번역된 도자기〉는 우리가 일반적으로 상정하는 아름다움과는 완전히 다른 미를 뿜어낸다. 한편으로 그것들은 마치 매끈한 피부 아래로부터 분출되면서 일그러지고, 기괴하게 해체-재결합되는 신체기관들처럼 보인다. 그러나 그것들은 또한 깨진 도자기의 차가우면서도 부드러운 질감, 도편陶片을 잇고 있는 금박 선線의 화려하면서도 단정한 모양새로 인해 아름다운 존재로 느껴진다. 이 상반되는 미적 성질들의 결합이 이수경의 〈번역된 도자기〉를 유일무이한 미적 아우라의 세계로 이끌고, 감상자에게 이전에 다른 작품들을 통해서는 경험하지 못한 기이한 미의 순간을 제공한다.

　　나는 작가가 2006년 일본 에치코츠마리 아트 트리엔날레, 2007년 안양공공미술 프로젝트, 2008년 리버풀 비엔날레, 그리고 2012년 우크라이나 비엔날레에 참여하면서 시행한 〈가장 멋진 조각상〉 프로젝트 또한 〈번역된 도자기〉와 같은 미적 역학을 갖고 있다고 본다. 〈가장 멋진 조각상〉은 서두에 잠깐 언급한 프로젝트로, 작가가 작업을 수행하는 지역의 사람들에게 신 또는 성상의 이미지 중 특히 선호하는 부위를 물어, 그 여론조사의 통계값에 의거해 '최고의 조각'을 만드는 방식의 미술이다. 그렇게 해서 가시면류관을 쓴 예수처럼 보이지만 눈매는 동양인의 것이고, 오른쪽 상반신은 공자처럼 보이며, 왼쪽은 불교의 수행자의 그것을 한 입상立像이 탄생했다. 또 성모마리아의 부드러운 미소를 얼굴 전면에 머금은 채 십자가에 매달린—양쪽으로 펼친 팔이 그런 상황을 연상시키는—헐벗은 예수상이 세상에 나왔다. 놀라운 점은 이렇게 사실관계를 따지고, 말로 설명하면 그로테스하고 심지어 괴물이 유추되는 그 조각상들이 실제로 보면 전혀 이상하지 않다는 사실이다. 감상자가 그 앞에서 어떤 왜곡이나 변질, 기이함도 발견하기 어려울 만큼 그 이콘들은 친근하며, 조화롭고 영적靈的이다. 어떻게 그런 일이 가능할까? 이유는 제각각의 기준에서 최고를 표상하는 형상의 부분들이 이수경의 손에서 '이질성으로 구성된 하나'로 거듭났기 때문이다. 그것은 〈번역된 도자기〉가 도자 명인이 고수하는 미의 기준에서 낙오된 도자 파편들로 이뤄진 생경한 미의 화신인 것과 유사한 역학이다. 이를테면 〈가장 멋진 조각상〉은 각 문화권의 사람들이 지니고 있는 미의 관념이나 종교와 정신의 표상에 근거해 '최고'로 선택된 부분들이 하나의 형상으로 조직되면서, 가장 보편적인 동시에 특수하고 우리에게 익숙한 동시에 생경한 이콘으로 재창조된 것이다.

이상 〈번역된 도자기〉와 〈가장 멋진 조각상〉을 보며 나는 미의 보편성과 개별성 관계를 생각했다. 우리는 흔히 절대적이고 근본적인 미가 있다고 상정한다. 또 그것이 시공을 초월해서 유지되고 사람들 안에서 전달되면서 보편성을 획득한다고 말해왔다. 그때 미는 순수한 하나이고 전체다. 하지만 이수경의 작품들은 그러한 미의 보편성, 하나이자 전체로서의 아름다움이 개별들의 조합이자 이질적인 것들의 네트워크일 수 있음을 보여준다. 또 서로 멀리 떨어진 것들, 서로 원천이 다른 것들 간의 번역을 통해서 어떤 새로운 보편성이 실현될 가능성을 제시한다.

지젝은 과거, 현재, 미래라는 도식화된 시간 속에서는 진정으로 새로운 것이 출현할 수 없다고 단언했다. 그리고 기존의 시간 체계, 관계, 연결망을 파열시키고 출현하는 것들, 기존의 인과관계들을 참조해서는 설명할 수 없는 어떤 것들이 진정으로 새로운 것이라는 취지로 말하면서 "숭고"가 그 계기를 표시한다고 썼다. "사람들이 '자신들의 더 나은 판단에 거슬러서' 손익 대차대조표를 무시하면서 '자유를 감행할' 때. (…) 숭고의 감정은 상징적 인과성의 연결망을 순간적으로 중지시키는 어떤 사건에 의해 일깨워진다"[7]는 것이다. 여기서 중요한 것은 상징적 인과성의 연결망을 중지시키고 자유를 감행하는 일이다. 듣기에는 그럴듯하지만 구체적으로 어떻게? 그것을 미학의 영역에서 풀이해보면, 보편성이라는 이름으로 전제된 미의 속성, 형태, 양식, 조건들의 망을 끊어내고 창작의 개별적 자유를 감행하는 일이 될 것이다. 여태껏 이수경의 미술을 두루 살피면서, 그 작품의 외관과 속성, 메커니즘과 결과, 제시와 향유의 차원을 조명하면서 여러 차례 '실험성'을 강조했던 점을 떠올려보자. 또한 그 실험성이 기존의 미술 경향을 따르지 않는 쪽으로, 하지만 단지 반대만 하는 것이 아니라 무엇인가를 생산하는 실천과 쌍을 이루고 있다고 했던 주장을 기억해보자. 그것이 다름 아니라 지젝이 말하는 상징적 인과성의 연결망을 중지시키고 자유를 감행해 "진정으로 새로운 어떤 것"을 출현시킨 현대미술의 한 사례가 될 것이기 때문이다.

　마지막으로 미학자이자 미술비평가로서 나는 다음과 같은 고백을 해야겠다. 나는 당신에게 현대미술계에 어떤 일이 벌어지고 있는지 말해줄 수 있다. 그러나 나는 당신에게 어디서부터 어디까지가 현대미술의 근본 범위라고 말해줄 수는 없다. 또 나는 현대미술을 하는 어떤 작가가 실험적인 작품을 내놓았을 때, 그 작품의 의미를 해석하거나 분석함으로써 그 작품에 비평적 차원을 부가할 수 있다. 하지만 나는 그 작가의 다음 행보가 어떻게 될지, 다음 작품은 무엇이 되어야 하는지, 나아가 어떤 미학을 추구할 수 있는지에 관해서

7　Slavoj Žižek, 같은 책, pp. 77-78.

는 단언할 수 없다. 이유는 내 무능함 탓도 있겠지만, 현대미술 자체
가 지극히 개별적인 미학들로 전개되기 때문이다. 물론 그 개별적인
미학은 예술적으로 성공한 경우에만 그 이름이 덧붙여질 텐데, 여태
까지 우리가 이 긴 글에서 다룬 개별 미학의 이름은 '이수경적인 것'
이었다.

다공성多孔性의 감각기계: 이기봉의 미적 메커니즘

나는 흐름의 구조 안에서 자신을 드러내는 사물의 변이 방식에 관심을 갖는다. 노트에 씌어진 잉크가 의미가 되고 그 의미가 내 생각에, 그리고 관계에 영향을 미치는 전이의 구조를 '사라짐'이라 부르고 있다. (…) 종이 위에 새겨진 물질로서의 잉크, 그것이 갖는 의미의 깊이가 신기하다. 이러한 생각들은 어떤 이중적 구조를 연상시키는데 내 경우, 문제가 발생되는 지점을 '유혹적인 표면'이라고 말하고 싶다.[1]

1. "이중적 구조"

프루스트는 자신의 기억에서 흐릿해진 유년기와 자신의 삶에서 탕진한 젊은 날을 "되찾기" 위해 인생의 말년 전부를 오직 글을 쓰는 데 바쳤다. 그는 한 조각의 외부 빛도 새어들지 않게 창문의 틈새까

1　이기봉, 「잉크_책_저자: 이기봉과의 대화」, 『파라21』, 2004(여름, 제6호). 이하 본 작품론의 소제목 및 따옴표로 묶은 작가의 말은 여기서 인용했다.

지 틀어막은 방에 들어앉아, 어지럽혀진 책상과 침대 위만을 오가
며, 낮과 밤의 경계 위에서 쓰고 또 쓰고 썼던 것이다. 마치 문장을
쓰기 위해서만 자신은 존재한다는 듯이. 펜을 쥔 손에서 잉크가 유
출돼 지면을 적시고, 시간의 순환선을 잠식하고, 그렇게 세계의 구
멍들 속으로 언어를 삼투시켜 현재를 '되찾은 생의 이미지'로 흘러
넘치게 해야 한다는 듯이.

　이 글은 작가 이기봉의 작품론이다. 그런데 나는 그런 목적으로
쓰고 있는 글의 첫머리를 의외의 인물, 즉 20세기 유럽 문학의 문제
적 역작 중 하나인 『잃어버린 시간을 찾아서』의 저자 프루스트와 그
의 글쓰기로 시작했다. 왜 그래야 했는가? 이유를 설명하기 전에 이
글을 읽는 당신에게 한 가지 요청을 하고 싶다. 즉 당신 앞에 이기봉
의 작품 〈사악한 커플-이중의 의미Mean Couple-The Dual Meaning〉(이
하 〈커플〉)과 〈작가The Writer〉, 〈부재공간-수면기계There is No Place-
The Sleep Machine〉(〈수면기계〉), 그리고 마지막으로 〈독신자-이중의
신체Bachelor-The Dual Body〉(〈독신자〉)가 전시돼 있다고 가정해보기를
권한다.[2]

　이 네 작품은 모두 2003년에 제작된 것으로, 이기봉은 같은 해
국제갤러리의 개인전 《There is No Place-The Connective》에서
이들을 처음 선보였다. 굳이 조각작품인지 설치미술인지 따지는 것

2　　　예를 든 작품은 모두 영문 제목만으로 되어 있다. 한국어 제목은 박미현, 「이기봉 論: 공포의
재현」, 『Kibong Rhee-The Wet Psyche』, 국제갤러리, 2008, pp. 62-63을 따랐다.

이 의미 없어 보일 정도로 이 네 작품은 개별체로 존재하는 동시에 전시장의 물리적 조건에 맞춰 상호 조응하는 식으로 전시됐다. 그렇게 해서 가시적인 아름다움만이 아니라, 어떤 내러티브가 전경화되고 언어로 풀려나올 잠재성을 갖췄다. 어떻게? 내게 그 네 작품 또는 네 개의 오브제가 빚어내는 내러티브를 구성할 기회가 주어진다면, 나는 다음과 같이 말할 것이다.

우선 〈커플〉은 텅 빈 큰 방에 덩그렇게 놓인 컬러풀한 책상과 그 위로 쌓인 책, 또 그 책상 아래로 흐르는 액체 형상을 하고 있다. 실제 책상과 책이 아니라 붉은색 또는 노란색 플렉시글래스와 레진으로 만든 그 작품은 마치 필자writer의 부재 속에서 형형색색의 책상과 책이 스스로 글을 쓰고, 의미를 외부 공간으로 유출하는 상황처럼 보인다. 그 의미의 액체는 책상 바닥으로부터 흘러나와 사방으로 뻗어나가며 방 안을 흠뻑 적신 상태인데, 그렇다면 정작 필자는 어디에 있는가? 이기봉은 〈작가〉라는 작품에서 오로지 펜을 쥔 왼손(왜 왼손일까?)으로만 존재하는 필자를 제시했다. 2미터 남짓한 푸른색 수족관 형태의 그 작품 안에서 '고무로 만든 왼손-필자'는 푸른색과 대비돼 더욱 창백하게 빛나는 수족관 바닥의 흰 모래를 서판tabula rasa 삼아 이내 물에 지워질 운명의 글을 쓰고 또 쓴다. 그의 또다른 작품 〈수면 기계〉는 말 그대로 잠자는 기계, 즉 침대를 형상화한다. 그러나 높은 담으로 둘러쳐진 거대한 큐브 형태의 그 침대는 투명한 외벽에서 실핏줄 같은 선 안의 용액이 수직으로 끊임없이 오르내리고 있어, 결코 잠들 수 없는 누군가의 신경증 상태를 가시화하고 있는 것처럼 보인다. 이 세 작품이 하나의 전시로 한 공간에 구성되었다는 점을 근거로 우리가 상상력을 발휘해도 좋다면, 그 침대의 신경증자는 분명 〈커플〉의 책상 위에서는 부재한 인물이며, 〈작가〉에서는 오직 왼손으로만 존재하는 인물, 즉 필자다. 아마도 그/녀는 〈수면 기계〉에서조차 불면 상태로 깨어, 글 쓰는 기계처럼 '부단히 쓰지만 흔적 없이 사라지는 글쓰기'를 이어갈 것이다. 그리고 그 결과물로서의 책은 세상을 떠돌 것이다. 내가 위에서 당신에게 상상해보라며 제시했던 이기봉의 작품 중 맨 마지막 그것, 즉 〈독신자〉가 그 이미지를 구현한다. 푸른 수족관의 물속에서 자신의 몸이 마치 물고기의 지느러미라도 되는 양 책장을 펄럭이며 떠다니는 익명의 책이 그것이다. 혹은 투르니에Michel Tournier가 공중에 떨어지는 책을 보며 환상적인 언어로 표현했던바, "흡혈귀의 비상"처럼 움직이는 그것이다.

이 글을 읽는 당신에게 여기까지 나의 서술이 어느 정도 네 작품의 정경을 보여주었다고 믿고 말하건대, 나는 이기봉의 일련의 조각/설치작품과 그가 자신의 작품들에 대해 한 말을 곱씹는 동안 프루스트와 그의 글쓰기를 떠올렸다. 그것이 내가 이 글의 서두를 앞서와 같이 시작한 이유다. 이를테면 이기봉이 조형예술로 구현한 세계가 단지 시각적인 즐거움만이 아니라, 예술 창작 일반에 내재한 욕망, 특유의 메커니즘, 독특한 상태를 건드리고 있다는 말이다. 그것은 상실과 되찾기의 멈출 수 없는 왕복운동, 창작욕과 무위無爲의 근절시킬 수 없는 상호 침투, 신체적인 것과 의식적인 상태들의 가차 없는 융합 같은 것이다. 그런 의미로 나는 글머리에 프루스트를 불러내 그가 말년을 바쳤던 글쓰기/집필의 세계를 소개했다. 그 세계는 위에서 논한 이기봉의 네 작품이 잉태해내는 이미지 및 의미의 세계와 놀랄 만치 깊게 접속한다. 글쓰기의 역학과 그 추상적 역학에 육박하는 물질적 현현으로서 미술작품 사이의 유사성이라는 선線을 따라서 말이다. 작가가 다른 맥락에서 말한 "이중적 구조"라는 개념을 우리는 이와 같이 새롭게 해석해도 좋은 것이다.

2. "민감한 방임"

이기봉의 많은 작품이 글쓰기를, 사고를, 언어를, 텍스트를 가리키고 있다. 하지만 이 말을 시각예술이 철학이나 문학예술을 묘사 혹은 은유한다는 말뜻으로 이해해서는 곤란하다. 이기봉의 미술은 그런 단순한 수준을 넘어, 글쓰기의 메커니즘에서부터 사고의 운동성까지, 문학의 욕망에서부터 언어의 운명까지를 감상자가 지각 가능하도록 형상화한다. 그렇게 함으로써 시각/지각과 언어/사유가 "이중적인 구조"로서 교섭하고 중층을 이뤄나가는 미술을 내놓는 것이다. 따라서 감상자인 우리는 책상 밑으로 흘러 번지는 용액을 통해 쓰기/시각화하기의 유출입(메커니즘)을 경험하고, 물속을 부유하는 책을 보며 사고/감각의 유랑(운동)을 감촉한다. 또 붉은 용액이 수직으로 벽을 타고 내리는 침대에서 핏발 선 눈으로 깨어 있는 저자/작가의 내면(욕망)을 깊이 느끼고, 모래 위 텍스트의 쓰임과 사라짐

속에서 언어/이미지의 행로(운명)를 목도한다.

어떻게 그것이 가능했겠는가? 들뢰즈는 프루스트의 문학예술에 다음과 같은 의미를 부여했다.

> 프루스트는 방법이라는 철학적 이념에 강요와 우연이라는 이중적 이념을 대립시킨다. 진리는 어떤 사물과의 마주침에 의존하는데, 이 마주침은 우리에게 사유하도록 강요하고 참된 것을 강요한다.[3]

나는 프루스트의 문학을 정묘하게 분석하는 들뢰즈의 언어를 이기봉의 미술에도 적용해볼 수 있다고 생각한다. 그의 작품이 작가의 의도 및 제작 기술technique에 의해 강요되는 동시에 물의 흐름과 변성, 빛의 작용과 변화, 시간의 흐름과 단속斷續이라는 우연성 또는 더 정확히 말해 자연의 절대성에 개방돼 있다는 점에서 그렇다. 또 감상자와 그의 작품 간의 마주침이 결국 물리적이고 물질적인 작품의 현존에 의존하며, 그 마주침의 시공간에서 우리 감상자는 감각적인 자극에 현혹되는 것은 물론 그 자극의 메커니즘과 의미를 생각하도록 밀어붙여지기 때문이다. 작가 자신 또한 자기 미술의 이러한 속성을 정확히 인지하고 있으며, 그에 대해 언어화하는 데서도 탁월한 면모를 보인다. 예컨대 이기봉이 2004년 한 문학 잡지와의 인터

3　Gilles Deleuze, *Proust et les signes*, 『프루스트와 기호들』, 서동욱 · 이충민 옮김, 민음사, 1997, p. 41.

뷰에서 다음과 같이 밝힌 대목은 다른 어떤 비평보다도 그 미술의
핵심에 우리를 다가서도록 하는 길라잡이다.

> 나의 작품 제작 과정은 언급한 것처럼 완성된 의도로부터 출발한다. 하
> 지만 내가 다루는 재료와 물질들―특히 물 같은 액체는―너무 완고
> 하고 교묘해서 이러한 의도들을 종종 무력화시킨다. 여기에는 어떤 순
> 응 과정과 자기 방법이 필요한데 나는 그것을 '민감한 방임'이라 부르고
> 싶다.[4]

철두철미한 의도 아래 작업을 시작하지만, 재료와 물질들의 본
래적 속성에 기꺼이 굴복하는 미술의 방법론. 그것을 위 문장에서
읽듯 이기봉은 '민감한 방임'이라 명명했는데, 그 구체적인 형상은
어떤 것일까? 나는 문득 구멍이 수없이 뚫린 암석을 떠올린다. 단단
한 형체를 하고 있지만, 그 몸 전체가 구멍으로 이뤄져 있어 내부와
외부가 경계지어지지 않는 돌. 그 구멍들을 통해 물, 바람, 빛, 공기
가 시간의 흐름에 따라 들고 나기를 반복한다는 점에서 다공성poros-
ity, 多孔性의 장場인 돌. 여기서 '다공성'은 벤야민이 근대화 이전 상태
의 도시 나폴리를 설명하면서 채택한 개념이다. 즉 그는 다공성을
사람들의 움직임이 서로 합쳐지고, 태만함과 즉흥적 열정이 함께 섞

---

4   이기봉, "잉크_책_저자: 이기봉과의 대화", 『파라21』, 2004(여름, 제6호)를 이기봉, 『Rhee, Ki
Bong』, 국제갤러리, 2007, p. 23에서 재인용.

이며, 사적 생활이 공동체적 삶의 흐름으로 범람하는 한 도시의 속성으로 정의했다.[5] 따라서 우리는 그처럼 운동의 융합과 지각 및 감정의 섞임, 개별과 다수의 범람이 가능한 존재 구조를 다공성이라는 이름으로 이해할 수 있다.

그렇다면 이기봉의 미술에서 그런 '다공성'의 면모는 어떻게 나타나는가? 그 범주에 드는 작품은 딱딱하고 냉철한 기계장치를 기반으로 하는데, 예로 1998년의 〈괴물The Monster〉을 들 수 있다. 또는 그와 비슷한 구조이지만 2012년 아르코미술관 개인전에서 새로운 규모로 발전시킨 작품 〈로맨틱 소마Romantic Soma〉를 꼽을 수 있다. 철로 만든 기계 안쪽에서 모터가 돌아가며 끊임없이 거품을 만들어내는 방식의 그 작품에서 기계 구조물은 철저한 작가의 의도 또는 제작 매뉴얼의 산물이다. 하지만 부글거리며 실시간으로 부풀어 오르는 반투명한 거품들의 입자와 강도, 그 거품들의 이름 붙일 수 없는 온갖 형상은 작가의 통제 바깥에 있다. 더불어 그 액체도 기체도 아닌 중간 상태의 거품 위를 투과하는 두 개의 레이저 빔이 발현시키는 빛과 색채 또한 작가와 작품을 민감한 방임 상태로 만드는 현상들이다. 그런 의미에서, 마치 살아 있는 유기체처럼 사지를 개화하며 빈 공간 위로 자신을 실현해가는 거품의 운동, 그 위로 시시각각 형형색색으로 변화하는 빛의 외관은 작품을 둘러싼 외부 조

---

5   Walter Benjamin, "Denkebilder – Neapel" im *Gesammelte Schriften* IV/1, Rolf Tiedemann & Hermann Schweppenhauser (Hrsg.), Frankfurt am Main: Suhrkamp Verlag, 1981, pp. 309–310.

건과 작품 자체가 온전히 상호 침투하는 '다공성의 가시화'라고 해
도 좋을 것이다. 이처럼 작가의 "완성된 의도"에 따라 먼저 기계적
mechanical 구조를 이룬 작품들은 그 안에 물, 조명, 거품, 기포, 모래
같은 이질적이고 가변적인 요소가 삼투함으로써 기계장치의 운동
메커니즘으로부터, 작가의 예술적 의도로부터 우연의 사건으로 "도
주해버린다." 그 도주가 감상자에게는 다른 어떤 키네틱 조각도, 일
루전 회화도 감상자에게 주지 못하는 미적aesthetic 상태를 유발한다.
공포스럽거나 현혹적이거나. 지극히 예민하면서도 탐미적인.

3. "신체를 통과하는 사물들"

이기봉의 미술에서 핵심으로 우리는 '시간' '액체' '탐미'를 꼽을 수
있다. 그러나 동시에 '공간' '오브제' '의미'를 놓쳐서는 안 된다. 그
의 미술은 공간에 시간을 침투시키고, 오브제 상태의 것들에 액체를
흘려넣는 메커니즘을 통해 구현되기 때문이다. 그리고 감각적으로
극히 아름다운 표면을 완성시키려는 작가의 탐미적 욕망이 모순되
게도 그 "유혹적인 표면" 아래 잠재/잠복한 의미를 찾으려는 감상자
의 의식적 욕망과 연결되기 때문이다.

　　2012년 아르코미술관 개인전에서 처음 선보인 〈감각 기계-자
라는 수직〉과 〈감각 기계-자라는 수평〉은 그러한 이기봉 미술의 핵
심적인 요소를 압축하고 재구조화한 작품이라고 할 만하다. 물론 이
두 작품(또는 한 쌍)은 이기봉의 회화가 보여주는 화면의 압도적 서

정성이나 풍경의 섬세한 스펙터클에 견주면 매우 물질적이며 지나치게 단순해 보인다. 심지어 무뚝뚝하게 느껴질 정도다. 하지만 우리가 그 작품과 마주쳐 '작품과 나와의 상호 작용 상태'에 들어갈 때 문제가 되는 것은 각각 330센티미터의 넓이와 237센티미터의 높이를 이룬 거대한 검은 박스 두 개가 아니다. 그 무뚝뚝하고 단조로운 구조물 내부에서 한쪽은 수직의 붉은 두 선이, 다른 한쪽은 수평의 붉은 두 선이 수학적 합리성의 구현이라도 되는 듯이 정확한 직선으로 아주 느리게 뻗어나가고 사라지는 현상 자체가 문제인 것이다. 사실 그 선은 검은 박스 안에 장치된 레이저 빔이 쏜 빛의 직선 운동인데, 놀랍게도 그 직선은 내부의 기계장치가 물을 증발시켜 발생시키는 안개의 밀도에 따라 가려지거나 나타나거나 한다. 이렇게 사각형의 공간이 빛 입자의 생성과 소멸의 시간으로 변이하며, 액체가 이미지의 생태를 조율하는 〈감각 기계-자라는 수직〉과 〈감각 기계-자라는 수평〉 앞에서 감상자는 자기만의 의미를 '지각'할 수 있다. 예를 들어 누군가는 심장박동기 화면에 수평의 그래프로 나타나는 신체의 죽음을, 또 누군가는 무감각하고 무신경한 사물의 심층을 지배하는 멈출 수 없는 생의 충동을 느낄 수도 있다.

이처럼 의미를 지각하는 감상자의 상태는, 어쩌면 이기봉이 "나에게 의미란 텍스트와 이미지, 그리고 기표와 사물들처럼 상이한 신체를 갖는 두 영역이 만들어내는 잠정적인 현상들"이라고 말했던 바에 가닿는 일인지 모른다. 실재의 시간과 공간 안에서 이질적인 존재들이 얽혀 빚어내는 현상들에 부응하는 지각 상태 말이다. 그것은 또한 작품이라는 신체와 감상자라는 신체가 다공성의 상태로 조우하는 감각이다. 그 구멍 많은 상태 속에서 잠의 경계, 질료의 경계, 차원의 경계, 표현의 경계, 주체의 경계는 탈선과 귀환을 반복할 것이다.

비/의미: 함양아의 미술에서 사회적 삶

1. 독해법

이탈리아의 마르크스주의 지식인 비포Franco Berardi 'Bifo'는 현대 자본주의를 '기호자본주의'라고 정의했다. 사실 우리 주위를 둘러보면 물질적 상품을 생산하던 근대 산업자본주의와는 전혀 다르게, 기호들의 미묘한 차이를 이용하는 각종 파생금융상품이나 감정노동 및 서비스 산업이 사회적 생산과 소비의 큰 부분을 차지한다는 점에서 비포의 규정은 놀랍지 않다. 그런데 비포는 그 기호자본주의에서 "새로운 관계의 형식을 발명할 수 있는" 기호의 자율성autonomy이 "거짓말, 속임수, 사기"를 용인하는 기호의 변칙성anomaly으로 전도되었다는 사실을 날카롭게 지적한다.

> '표류dérive'라는 단어는 정치가 일련의 규칙을 존중해야 하고 법이 사회적 삶의 중심이어야 한다고 믿는 이들, 단어들은 오직 하나의 의미만을 갖고, 삶에서 서로가 서로를 이해하기 위해서는 단어의 확립된 의미에 따라서만 그 단어들을 사용해야 한다고 믿는 이들을 두렵게 한다.

이는 전적으로 틀렸다. 말을 할 때, 우리는 단어의 의미를 존중하는 것이 아니라 의미를 발명한다. (…) 이해한다는 것은 기호와 지시 대상 사이 관계의 미끄러짐이다…….

언어 덕분에, 우리는 공통의 세계를 창조하고, 모호한 언술 행위를 명료하게 만들 수 있으며, 상징을 정교화하고, 사건을 시뮬레이션할 수 있다. 혹은 단순히 거짓말을 할 수도 있다. 기호경제는 상징, 상상력, 예언, 시뮬라시옹, 거짓말의 성castle 같은 세계들의 창조다.[1]

여기 인용한 두 문단은 비포가 언어 기호의 자율성이 기호자본주의의 정치경제학에 의해 변질되고 악용되는 상황을 비판한 대목에서 뽑은 것이다. 우리는 이 두 문단을 대비해 읽음으로써 그 상황에 도사린 도착perversion을 파악해내야 한다. 예컨대 20세기 말 포스트모더니즘의 복고적인 분위기 속에서 무척 긍정적인 의미로 썼던 '표류'라는 용어의 전도를 보라. 그 단어는 모더니즘의 문제적 이성과 자본주의의 노동 착취 시스템에 대한 반대급부로서 목적 없음, 저항적 방황, 심리적이고 지각적인 유연성을 표방한 20세기 중반 유럽 상황주의 인터내셔널의 개념을 이어받은 것으로 얼마 전까지 지식인과 예술가들은 그 가치에 환호했고, 그 개념을 활용함으로써

---

1   Franco Berardi Bifo, *After the Future*, eds. Gasry Genosko & Nicholas Thoburn, trans. Arianna Bove, Melinda Coope, AK Press, 2011, p. 105와 106.

첨단 자본주의의 폐색을 도모할 수 있다고 생각했다. 하지만 실제로는, 현대 기호자본주의에서 '표류'는 경제 권력이 기호와 지시 대상의 미끄러짐이라는 언어의 속성을 교묘히 활용해 정치의 규칙과 법의 정의를 자의적이고 변칙적으로 휘두르는 현상으로 오염됐다. 다시 말해, 현재의 자본주의 체제에서 '표류'는 자유롭고 풍부한 의미의 "발명"이라는 언어학적 이상에서 탈구돼 경제 권력의 초법적 축재蓄財와 거짓 정치의 앞잡이로서 "독"처럼 퍼진 것이다. 의미의 발명은 이제 비非의미의 양산, 의미의 부패로 더럽혀진다.

서론이 길었다. 하지만 정치, 경제, 인문을 교차시킨 위와 같은 동시대 비판은 이 글에서 논하려는 함양아의 미술을 이해하는 데 여러 차원에서 도움을 준다. 그것은 우선 함양아의 작업, 특히 작가가 2010년부터 현재까지 지속성을 가지고 발전시키고 있는 프로젝트 〈넌센스 팩토리Nonsense Factory〉의 조형예술적 면모뿐만 아니라 인문사회과학적 담론 가능성을 짚는 데 지적 배경이 될 수 있다. 또 작가가 그간 미술의 범위에서 탐구해온 주제를 '사회적 삶의 이행 또는 유동성' '관계의 자유 또는 불안정성' '의미의 혼란 또는 가치의 오염' 같은 화두와 접목시켜 해석할 때 이해의 기초를 제공한다.

2. 이행

함양아는 1990년대 말 한국 사회 전반 및 미술계가 바야흐로 세계화의 물결 속에서 다양화, 다변화, 다원화의 길로 나아가던 즈음 활동을 시작해 현재까지 국내외를 오가며 비디오&설치미술을 중심으로 주요 작품을 선보이고 있는 미술가다. 아마 독자에게 이 같은 작가 설명은 최근 다수의 미술비평문에서 쉽게 마주치는 흔하고 진부한 문구처럼 읽힐 것이다. 그렇다. 우리는 각종 전시 카탈로그나 갤러리 안내문에서 압축적 정보 제공의 모양새를 취하면서 암암리에 해당 작가를 '국제적 작가'로 홍보하는 위와 비슷한 말들과 마주친다. 바로 그 작가를 주목하지 않으면 안 될 이유가 작가의 왕성한 국내외 활동에만 있기라도 한 듯이 말이다. 그런데 함양아에게 위에 쓴 문장은 작가의 화려한 경력보다는 작가의 미술(작품들)이 지닌 내용적 특수성에 더 많이, 더 중요하게 걸리는 말이다. 좀 싱겁게 들리겠지만, 그 사이 함양아는 말 그대로 국내와 국외 이곳저곳을 유목민처럼 떠돌면서 생활했고, 그런 삶의 양태는 그녀의 개별 작품들에서 사적 주체와 다수의 공동체, 사회의 내부와 외부를 동시에 들여다보는 특정 이미지 및 성찰로 결정화되었기 때문이다. 또는 뒤집어서 함양아의 미술이 작가로 하여금 그런 두 차원을—친밀한 곳과 낯선 곳, 사적인 것과 공적인 것, 사회의 가시성과 비가시성—이행하는 삶"transit life"을 살도록 이끌어왔기 때문이다.

특히 함양아는 자신과 같은 동시대인의 사회적 삶을 지속적으로 관찰하고, 그 관찰로부터 얻은 현실의 이미지와 본인의 경험을 기초로 한 성찰을 영상 및 설치미술 속에 결합해내는 데 독특한 집중성을 발휘해왔다. 말하자면 이 작가의 미술은 일관되게 나, 너, 우리의 삶이 객관적으로 드러나는 사회적 현실에 초점을 맞춘다. 그리고 그때마다 작가의 주관적 사변과 물리적 창작 행위는 그 현실을 되비추고, 비판적으로 해석하고, 영상매체 및 설치미술의 언어를 통해 다른 현실로 구현하는 역할을 수행하고 있다. 물론 이때 '다른 현실'이란 함양아의 각 작품이 완전한 허구나 순진한 상상세계를 그리고 있다는 뜻이 아니다. 그보다는 우리에게 직접적이고 즉자적으로 주어지는 현실을 우리가 그녀의 작품을 통해 달리 보고 달리 생각할 수 있도록 작가가 의도를 설정하고 예술적 기술을 발휘해 현실의 피상성과는 다르게 구축했다는 의미다. 예컨대 우리 대부분은 끊임없이 디지털 매체를 통해 가상공간을 건너다니고, 자동반사적으로 탈 것에 몸을 맡긴 채 이동하며, 여행가방을 끌고 떠났다 돌아오기를 반복하는 글로벌리즘 시대의 일상을 산 지 오래다. 그런데 작가는 그런 삶의 단편들을 하나의 영상작품(《랜드, 홈, 시티Land, Home, City》, 2006) 속에 이미지로 종합했다. 그렇게 함으로써 온라인에서든 오프라인에서든 속속들이 유동적이 된 동시대적 삶의 진면모를 이미지들로 이뤄진 다른 현실로 현상해낸 것이다.

국내와 국외, 정주지와 이민지, 현실과 다른 현실, 객관적으로 전개되는 세계와 한 예술가의 의도 및 실행을 통해서 구축되는 세계. 이것이 우리가 함양아의 사적 삶에서부터 그녀의 미술에 이르기까지 핵심 동인動因이라고 생각하는 '이행transition'에 연관된 공간, 즉 그 이행이라는 사태/운동이 비로소 발생하고 존재 가능할 수 있게 되는 공간이다. 만약 우리가 한곳에 고착된 채 하나의 현실만을 살아야 한다면, 그래서 주어진所與 세계 바깥을 결코 예감하거나 구상imagination할 수 없는 생을 살아야 한다면 '다른 상태나 조건으로의 변화'를 뜻하는 이행은 실질적으로든 개념적으로든 불가능하다. 1990년대 본격화된 '글로벌리즘'이라는 이슈가 전 세계적 반향을 얻고 말 그대로 세계화될 수 있었던 원인도 바로 그 같은 맥락에서 찾아야 한다. 즉 글로벌리즘은 과거 서구 제국주의나 전체주의의 단일성과 폐쇄성을 극복하고, 다원적 주체들의 다양한 삶을 긍정하면서 우리 서로 간의 수평적 교류 및 다차원적 이동을 촉진한다는 정신적 가치를 사람들이 받아들였기 때문에 확산될 수 있었던 것이다. 현대 미술가들 또한 이러한 시대적 가치 및 조류에 민감하게 반응했다. 한편으로는 국제 전시나 레지던시 프로그램 등을 통해 실제 창작활동 면에서 글로벌리즘에 동참했고, 다른 한편으로는 유사 민속지학적 연구나 지역의 사회 정치에 개입하는 미술을 시도하면서 미적 글로벌리즘을 정치 사회적 의제로 충전시켜온 것이다.

함양아의 미술에서 이 같은 점은 2000년대 초반 몇 년간 다음에 열거하는 작품들에 집중적으로 담겼다. 작가가 중국의 레지던시 프로그램에 참여하면서 그곳의 중소 도시를 탐사해 제작한 싱글 채널 비디오 〈기억의 환영Illusion of Memory〉(2005). 목포와 제주 사이를 왕복하는 페리선의 밤 풍경을 통해 공간적 이동뿐만 아니라 동시대 특유의 불안정성을 조명하는 〈이행적 삶Transit Life〉(2005). 뉴욕, 시카고, 금강산이라는 상이한 세 공간에서 공통되게 발견할 수 있는 관광마차를—낡은 문화 형태이지만 오늘날 국제 관광산업global tourism이 여전히 효과적 기표로 전용하는 그것—중심 소재로 포착해 사람들의 현실과 꿈, 정치적 이데올로기와 현실 자본주의의 이해관계를 관객에게 들여다보게 하는 〈삶 속의…꿈Dream in…Life)〉(2004)과 〈공산주의 관광Tourism in Communism〉(2005). 이런 작품들이 글로벌리즘에 대한 작가 함양아의 예술적 응답에 포함되는 것이다. 여기서 상세히 논할 수는 없지만,[2] 그 작품들은 당시 작가의 "유목적 삶의 양식"[3] 속에서 사적으로 포착된 글로벌-로컬의 이행적 풍경인 동시에 '글로벌리즘'이라는 동시대 이념의 의미를 재고할 계기를 마련했다.

3. 의미와 비의미

지난 10여 년간 함양아의 예술적 의도와 실천이 단지 현실의 이곳과 저곳, 이런 사회적 장소와 저런 삶의 풍경을 넘나들고 시각적으로 단순히 콜라주하는 데 있지 않았음은 물론이다. 그러나 다른 한편, 앞서 소개한 일련의 영상 설치작품들에서 작가가 보여주는 이미지는 직접적이고 단일한 의미를 지시하기보다는 보는 이의 관점과 해석에 따라 그 의미가 꽤 다양하게 산포될 수 있는 중립성과 모호성을 갖고 있었다. 비디오 장면들은 기승전결의 내러티브 구조보다는 사건들의 단속적 운동에 맞춰 구성된 듯 보이며, 메시지의 명료

2   이 작품들에 대한 상세한 논의는 강수미, 『한국미술의 원더풀 리얼리티』, 현실문화, 2009, pp. 164-175 참조.

3   이하 특별한 주석 없이 큰따옴표로 인용하는 문구는 모두 함양아의 작업 노트에서 온 것이다.

한 제시보다는 이미지의 중층화와 그로 인한 의미의 자유로운 파생
이 더 관건이었던 것으로 보인다. 그리하여 우리는 적어도 당시 작
가에게는 자신의 작품이 현실 비판 혹은 사회적 통찰을 위한 이미
지-텍스트보다는, 현실을 비추되 그것과는 조금 다른 양태로 의미
가 확장 가능한 이미지-거울이 되는 쪽이 중요했을 것이라고 유추
할 수 있다.

그러한 경향의 정점을 보여주는 작품이 2007년 네덜란드 암스
테르담에서 처음 제작하고 국내외 여러 주요 기획전을 통해 선보인
〈형용사적 삶-아웃 오브 프레임Adjective Life-Out of Frame〉이다. 그것
은 우리가 우리를 둘러싸고 있는 세계의 물질들, 존재들과 심리적으
로든 신체적으로든, 직접적으로든 간접적으로든 관계를 맺는 가운
데 느끼고, 욕망하고, 향유하는 감각의 순간들을 포착한 '퍼포먼스
기반 영상설치작품'이다. 작가는 국제 미술계에서 활동하고 있는 유
럽 출신 큐레이터 두상을 초콜릿으로 조각했고, 다섯 명의 무용수에
게 그 두상 조각을 가지고 퍼포먼스를 펼치도록 했다. 이때 함양아
는 퍼포먼스의 내용이나 안무를 규정하지 않고 전적으로 행위자들
에게 맡겼다. 영상을 보면 이들은 각자의 감각과 의지, 혹은 욕망의
흐름에 따라 초콜릿 두상과 만난다. 쓰다듬고, 핥고, 깨물고, 껴안는
그들의 즉자적 행위가 곧 그 조각상과는 물리적으로, 그 모델이 된
큐레이터와는 상징적으로 맺는 관계다. 대상을 향해 던지는 미묘한
시선, 초콜릿의 달콤한 맛과 부드러운 촉감에 매혹당하는 혀와 손의
감각적인 움직임, 돌처럼 굳어 있는 초상 조각과는 반대로 매우 원

초적이고 섹슈얼하게 접촉하는 살아 있는 신체들. 생경해하는 얼굴로 대상 주위를 맴도는 데서 나아가 점차 편안한 표정과 내밀한 몸짓으로 조각상에 반응하는 다섯 행위자의 변화. 그 일련의 행위 과정은 주체가 대상에게 느끼는 친밀성의 강도가 변화하는 순간들을 시연하면서, 그 친밀성이라는 것이 추상적 관념이 아니라 매우 구체적이고 미묘한 감각의 퍼레이드임을 종합적으로 보여준다. 그 때문에 감상자 입장에서는 존재들이 서로 얽혀 다채롭게 주고받는 느낌, 아주 미세하게 분할되는 감각, 예민한 지각 교환의 장場에 부지불식간에 끼어들어 그 지각을 공유할 수 있다. 우리는 작품의 이러한 장면들에 '소셜 인티머시social intimacy', 즉 사회적 친밀성이 형성되는 역학 중 한 단면을 드러내준다고 의미를 부여해도 좋을 것이다. 사실 〈형용사적 삶-아웃 오브 프레임〉은 우리 각자의 본능적 욕망과 감각이 다수가 공존하는 사회 내지는 공동체의 개방된 공간에서 특정하게 전개되고 이러저러한 양태와 속성으로 이행/변화하는 과정을 가시화한 이미지 집합체다. 또 감상자에게는 세속적 권력을 가진 인물 표상(달콤한 초콜릿 조각)과 무용수들의 신체 및 감정 표현 행위 속에서 드러나는 대상에 대한 호기심, 에로틱한 접촉, 갈망, 애증, 소유욕 등을 자신의 지각 속에 포함시켜 나와 세계의 관계로 중층화시키는 공동의 무대다. 이렇게 작품과 감상자가 삶의 관계망이라는 층위에서 얽히고설킨다.

그런데 이 대목에서 작품 제목 중 '형용사적'이라는 표현에 주목하자. 그것은 '삶'을 수식하는 하나의 수사rhetoric이자, 그 자체로

'삶이 형용사적'이라고 진술하는 술어predicate다. 우리는 이로부터, 이를테면 작가가 삶을 명사나 동사, 또는 부사가 아닌 형용사형으로 보고 있다는 점, 그리고 작가의 미술이 삶 그 자체를 직접적으로 현상하는 것이 아니라 형용사라는 특정 수사를 통해 의미를 비결정적으로 매개하고 발생시키고자 한다는 점을 알 수 있다(이를 긍정적인 맥락에서 '의미의 표류'라고 해도 좋을 것이다). 인생을 전적으로 완결되고 닫힌 체계로 보는 사람은 없거나, 있더라도 아주 드물 것이다. 그렇다고는 해도 삶을 형용사로 보는 작가의 관점은 특이하다. 형용사는 애초 명사에 덧붙여지는 꾸밈이며, 다른 어떤 수사에 의해서 곧 대리, 대치, 변경될 수 있는 불안정한 언어 지위를 갖는다는 점에서 부정적인 함의를 내포하고 있기 때문이다. 하지만 함양아는 '형용사적 삶'이라는 주제어를 통해서, 바로 그 지점, 즉 우리 삶의 본질(그런 것이 있다면)이 원천적으로 명사형으로 단정될 수 없으며, 그렇다고 동사나 부사의 형태로도 온전히 담아낼 수 없는 것임을 보여주고자 한다. 이를테면 작가는 명사, 동사, 부사와는 달리, 형용사는 삶의 성질이나 상태, 그리고 무엇보다 '있음(존재) 자체'를 표현하는 말이라는 점에서, 삶에 가장 부합한다고 생각한 것 같다. 그 생각은 앞서 이미 설명했듯이 작가가 직접 이행적 삶의 경험을 통해 체득한 바이며, 그런 삶의 유보할 수 없는 독자적 가치를 긍정하고 예술작품으로 존재시키고자 하는 의지에서 발현된 것이다.

하지만 그 퍼포먼스 영상의 한국 버전이라 할 2010년 작 〈형용사적 삶-아웃 오브 프레임〉에서 우리는 전혀 다른 사실과 맞닥뜨린다. 삶을 형용사적인 것으로 봤을 때, 새삼 그 형용사라는 것이 순진한 수식어구가 아니라, 사회 문화적으로 축적된 경험과 의식으로부터 도출되는 표현의 총체라는 사실이 그것이다. 요컨대 어떤 사회적 틀과 문화 조건 속에서는 형용사적 삶이라는 차원이 무척 어렵거나 가능하지 않다. 2007년 암스테르담 퍼포먼스와는 달리, 2010년 한국판 퍼포먼스에서 10여 명의 한국인 남녀 행위자는 상당히 투박하고 기묘해 보이는 행위들로 초콜릿 두상에 반응했다. 다소 무뚝뚝하고 무신경한 몸짓으로 그저 조각상 주위를 서성이던 이들이, 시간이 가면서 무례할 정도로 낄낄거리고, 노골적으로 그 초콜릿 두상을 '먹을거리' 취급한다. 그러더니 급기야 마치 분풀이하듯 발로 밟아 산산조각 내버린다. 누군가는 그 영상을 보며 연극 무대처럼 펼쳐진 퍼포먼스 공간에서 특정 감정을 극대화해 연기하는 배우를 볼지도 모른다. 하지만 우리는 그 한국의 젊은 남녀 행위자들이 사물에 반응하는 방식, 대상과 관계 맺는 양태, 그들의 욕망과 그것을 표출하는 스타일에 주목하자. 요컨대 그들이 삶을 구체화하는 형태와 내용을 들여다볼 필요가 있는데, 거기에는 매우 폭력적이고 거친 문화적 배경에서 돌발적으로 튀어나오는 정제되지 않은 '동사'만이 난무한다. 지각의 섬세한 결을 더듬어나가기 전에 이미 일을 저질러버리기, 타자와의 섬세하고 부서지기 쉬운 긴장관계를 견디지 못하고 오히려 대상을 파괴하고 관계를 끝내버리기, 자신의 원초적인 본능에 휘둘리면서도 자유로운 것처럼 사건을 과장하기. 2010년 한국판 〈형용사적 삶-아웃 오브 프레임〉이 보여주는 것은 이 같은 동사적인

삶, 그렇다 하더라도 어딘가 '터무니없고 감각적이지 않은nonsense'
행위의 삶이다. 앞서 우리는 함양아의 미술이 삶을 형용사적인 것
으로 정의한다고 해석했다. 하지만 분명 그 해석에 앞서 '모든 삶이,
즉 어떤 사회의식의 구조와 심리적 환경을 막론하고 형용사적인 것
은 아니다'라는 전제가 설정되어야 할 것이다. 그 점을 〈형용사적
삶-아웃 오브 프레임〉의 한국 퍼포먼스 영상이 짚고 있기 때문이다.
말하자면 의미가 부재하거나 자각自覺이 불가능하다는 점에서 '난센
스한 삶'도 있는 것이다.

4. 표류≠관계

감수성의 미세한 지점까지 교감할 수 있고 지각의 다채로운 순간 모
두를 빠짐없이 형상화할 수 있도록 언어의 의미가 풀려나와서 상대
방과 나 사이에 공감적 소통이 이뤄질 때 우리는 자유롭고 아름다울
것이다. 반대로 그 의미들이 둔탁한 의식 또는 난폭한 행위 속에서
미처 분화도 되지 못한 채 사산死産된다면, 우리는 어제나 오늘이나
매양 같은 모습, 같은 정신 상태로 살아가는 굴레에서 벗어나지 못
하고 숨 막혀할 것임에 틀림없다.

　　그런데 이 두 가지만이 아니라 제3의 경우도 있다. 그것은 의미
가 사회의 도덕적 윤리적 이상은 물론이고, 현실의 정치 경제적 질
서 및 법 규범에서도 거짓 자유의 모습을 하고 풀려나와 변질된 수
사학을 등에 업고 말장난, 헛소리, 기만을 효과적으로 각색하는 상

황이다. 글머리에서 우리가 참조했던 비포의 동시대 자본주의 사회 비판에서 '표류'가 바로 그러한 양상을 함축하는 이름이다. 의미는 이제 '비우량주택담보대출Subprime Mortgage' '자유무역협상Free Trade Agreement' '파생상품derivative products' '유동 자산floating asset' '창조경제Creative Economy' 같은 용어가 보여주듯이 알듯 말듯 한 신조어들 속에서 표류한다. "언어의 본질적인 인플레이션 (은유적) 본성 때문에"[4] 그렇게 의미는 표류하면서 금융자본가들의 천문학적 연봉을 정당화하고, 다국적 기업의 불평등한 교역 조건을 합리화하고, 실물 없이 숫자로만 이뤄진 자본의 세계를 우리가 경외해야 할 유일무이한 가치의 세계로 옹립한다. 이것이 단지 우리가 경우의 수를 가정했을 때 예상할 수 있는 나쁜 답 중 하나일까? 아마도 우리 대부분이 그렇지 않다고 대답할 것이다. 왜냐하면 위의 용어들은 2000년대 들어 전 지구적 네트워크 안에서 귀가 따갑게 울려 퍼지는 신조어들이며, 그 현상들은 현재 우리가 목도하고 있고 자의든 타의든 거의 맹목적으로 내 삶 속에 받아들여만 하는 엄연하고 냉정한 현실 질서이기 때문이다. 의미의 표류가 관계의 자유와는 질적으로 전혀 다르게, 말하자면 '구속적으로' 실현되는 현실 말이다.

그렇다면 자유, 다원성, 유동성, 창조, 이행, 상호작용 등 우리가 과거의 억압, 획일성, 경직성, 복종, 폐쇄, 일방향성을 극복하고

---

4   Franco Berardi Bifo, 같은 책, p. 100.

자 도입한 그 용어들의 진정한 가치는 어디로 갔을까? 우리는 그에
대해 한 가지 답을 내놓을 수 있다. 그 용어들은 의미와 비의미 사
이에서 완전히 혼란스러워져버렸다고, 그 용어가 담은 가치는 사회
관계 속에서 점점 더 얼룩덜룩해지고 있다고 말이다. 함양아의 4년
여에 걸친 프로젝트 〈넌센스 팩토리〉는 그런 동시대적 의미의 혼란,
그리고 정체를 파악하기 어렵게 된 가치의 오염을 재고하기에 꽤 탁
월한 예술작품이다. 아니, 우리로 하여금 그런 비판적 생각에 이르
게 하는 예술 미디어다.

5. 넌센스, 팩토리

앞서 다룬 〈형용사적 삶 – 아웃 오브 프레임〉을 기점으로 함양아의
미술은 그 전과 후로 나뉠 수 있다. 형식적인 측면에서는 비디오뿐
만 아니라 회화, 조각, 퍼포먼스, 텍스트, 오디오 등 다양한 장르와
매체가 하나의 작품(프로젝트) 속에서 집결되는 방식으로 변화했다.
영상 설치미술이라 해도 기존에는 대체로 싱글채널 비디오를 어떻
게 보여주느냐에 미적 형식이 국한됐다면, 2007년 이후로 함양아
의 미술은 말 그대로 복합화, 다원화된 것이다. 그런데 여기서 우
리가 주목할 점은 그런 형식의 변화가, 작품 속에서 더 비평적인 관
점으로 동시대 사회적 삶의 의미를 묻고자 하는 작가의 생각, 의식,
내적 변화(혹은 성숙)와 동반해 이뤄졌다는 사실이다. 이런 경우 작
품은 미적 모호성을 띠며 의미의 중립적 지대에 머무르기보다는 감

상자가 좀 더 구체적으로 작가의 의도와 동행하며 작품을 지각하고 판단할 수 있도록 가독성(의사소통 가능성)을 띠게 된다. 요컨대 그 즈음부터 이 작가의 미술은 작가/작품과 감상자의 관계에서 어느 한쪽이 애초 부재하거나, 둘 중 하나가 사라지거나, 다른 쪽에 의해 방치되거나 하는 일반적인 미술 감상을 넘어 양자의 관계가 내밀해질 가능성을 키웠다. 〈넌센스 팩토리〉는 그 가능성이 '알레고리 형식의 사회 비판'을 담은 작품을 공통의 장소commonsense로 해서 우리가 우리 삶의 구조 및 그 내적 작용을 함께 들여다보는 일임을 알려준다.

애초 〈넌센스 팩토리〉는 함양아가 알레고리 기법으로 쓴 짧은 글로, 작가는 2010년 아트선재센터의 개인전 당시에는 시트지로 크게 인쇄해 전시장 2층 유리창 전면에 붙였다. 그것이 단지 전시의 시각적 장치 중 하나가 아니라, 반드시 그 내용을 읽어야 하는 텍스트 작품인 것은 작가가 그 글을 A4 용지에 프린트해서 감상자들이 가져다 읽도록 했다는 사실만으로도 알 수 있다. 그럼 함양아는 사람들이 거기서 무엇을 읽기를 기대할까? 2013년 이 작품을 더 발전시키기 위해 작성한 프로젝트 계획서를 보면 작가는 이제 넌센스 팩토리를 명시적으로 사회와 등치시킨다. 즉 "넌센스 팩토리＝사회"라는 것이다. 이로써 작가가 감상자인 우리에게 〈넌센스 팩토리〉에서 읽어내기를 바라는 점이 명확해졌다고 볼 수 있다. 그것은 우리 사회의 의미와 비의미다.

가상의 어느 지역, 어느 도시에 있는 공장을 '사보私報 기자의 취재'라는 소설적 장치를 통해 묘사하고 있는 〈넌센스 팩토리〉에는 6개의 방이 등장한다. '중앙 이미지 박스 통제실' '복지정책을 만드는 방' '쿠폰을 만드는 방' '예술가들의 방' '팩토리의 지하' '새로운 팩토리의 도면을 그리는 방'이 그것이다. 그런데 여기서 각 방의 이름들, 특히 '통제실'이나 '복지정책'이라는 말은 우리 귀에 익숙하게 울리면서 현실의 어떤 모습들을 떠올리게 하지 않는가. 아마도 이 이야기가 우리 사회를 모델화하거나 그 축소판처럼 다가오는 원인이 우선 그런 용어들에 있을 것이다. 동시에 그런 용어로 지칭하는 방들이 이미 우리가 잘 아는 사회장치social apparatus 및 그것들의 기능을 환기시켜서일 것이다.

'중앙 이미지 박스 통제실'이라는 부제가 붙은 첫 번째 방은, 첨단 디지털 테크놀로지의 만능 우산 아래서 점차 삶의 모든 세부가 관리·조절·통제되는 지금 여기 유비쿼터스 사회와 구조적으로나 기능적으로나 유사하다. 처음 함양아가 〈넌센스 팩토리〉를 구상하던 몇 년 전, 사람들은 조지 오웰이 1949년에 출간한 소설 『1984』를 거론하며 동시대 디지털 정보통신 기술에 의해 전면적이고 치밀하게 통제 관리되는 사회와 그럴 때 도래할 위험에 대해 갑론을박했다. 그런데 작가의 좀 더 발전된 〈넌센스 팩토리〉가 선보여진 2013년 오늘, 과거 비판적 지식인들의 불길한 예견은 전 세계의 현실이 되었을 뿐만 아니라 소설적 허구까지 넘어섰다.

2013년 6월 초 미국의 전직 CIA 요원이자 컴퓨터 엔지니어인 스노든Edward Snowden이 영국 『가디언』 지를 통해 폭로한바, 미 국가안보국NSA은 오래전부터 '프리즘PRISM'이라는 비밀 개인정보수집 프로그램을 통해 민간인들을 감찰하고, 다른 나라의 통신망을 해킹하며 전 세계의 온갖 정보를 수집 관리해왔다는 것이다. 지구상에 있는 대부분의 사람이 모르는 가운데 이런 일이 현실 어딘가에서 끊임없이 벌어지고 있다. 함양아의 작품은 그런 세계의 비非의식적 상황을 '어느 말이 안 되는 공장nonsense factory의 이미지 통제실'이라는 은유적 장치를 통해 노출시킨다.

작가는 〈넌센스 펙토리〉에서 '복지정책을 만드는' 두 번째 방을 묘사하면서, "모두의 행복!"이라는 슬로건을 붙여놓고도 정작 그 자신은 일에 파묻혀 고개를 들 여유도 없는 청년 사원을 묘사한다. 그것은 어쩌면 2010년 개인전 당시 아트선재센터 전시장 초입에 그려 놓은 작가의 드로잉, 즉 'I came for 행/항복'이라는 연필 드로잉의 'I(작가 혹은 그 문장을 읽는 순간의 각자)'의 모습일지 모른다. 아니, 그 모습은 이를테면 권력이 이데올로기적으로 떠들어대는 실체 없는 '행복'에의 약속 아래서, 무감각non-sense하게 체제에 '항복'한 우리의 그것이다. 그리고 세계의 평화와 안전을 책임진다는 미명 아래 모든 개인이 "어디서 무엇을 하고 무슨 얘기를 하는지" 불법 감찰하는 일을 멈추지 않기 때문에 자신의 나라 미국에 대한 내부고발자whistleblower가 될 수밖에 없었다고 말한 스노든이[5] 그 사회의 심각

---

5   스노든의 『가디언』지 인터뷰.
http://www.guardian.co.uk/world/2013/jun/09/nsa-whistleblower-edward-snowden-why

한 부조리를 몰랐을 때의 얼굴일 것이다.

세 번째 '쿠폰을 만드는 방'에서 쿠폰은 분명 자본주의의 화폐경제를 의미하는 것으로 보인다. 함양아는 텍스트에 넌센스 팩토리의 사람들이 그 쿠폰(단지 종잇조각일 뿐이지만 실질적으로 현실의 모든 것을 압도하는 그것)으로 부를 축적하거나 투기를 하는 모습, 또 팩토리 운영자들이 그런 사람들의 심리를 쥐락펴락하는 모습을 묘사함으로써 현실 자본주의 사회를 명시적으로 유비시켰다.

하지만 〈넌센스 팩토리〉에서 가장 의미심장한 방은 네 번째 '예술가들의 방'이다. 여기서 작가는 조수들과 자신의 일에 도움이 되지 않는 이들을 비인격적으로 대하는 마스터 예술가를 등장시킨다. 특히 이 예술가 상이 의미심장해지는 부분은, 타인을 함부로 취급하는 그가 '예술가로서 중요한 태도'를 묻는 사보 기자에게 그럴싸하게 "타인에 대한 이해"라고 대답한 대목이다. 놀랄 것도 없이 이 장면은 인간, 특히 예술가 내부의 부조리와 근절할 수 없는 속물성을 논평하고 있다. 하지만 좀 더 거시적인 차원에서 보면 예술과 타인에 대한 이해를 연결시킨 함양아의 아이디어는 예술가 주체의 모순을 지적하는 정도를 넘어, 어느 때부터인가 '인권' '배려' '관계' '소통' '치유' '힐링'을 대중연예오락과 문화산업은 물론 현실 정치의 히트 아이템으로 남용하는 공적 담론 구조와 그 수사학적 기만에 대한 비판으로 확장 가능하다. 아니, 좀 더 정확히 말하면 그러한 화두를 내세운 예술작품을 빌미 삼아, 또는 권위적으로 전용해서 현실의 경제적 불평등과 착취, 폭력, 불균형, 불통, 관계의 파쇄破碎 양상을 감추고 사람들의 의식을 혼미하게 만드는 당대 패권적 주체들의 은밀한 이중성을 비춰볼 거울이 된다.

이상에서 볼 때 함양아는 '넌센스 팩토리'라는 어느 가상의 공장을 무대로 해서 실제 우리 삶의 구조와 속성, 우리 각자와 우리를 둘러싼 사회의 체제적 관계를 보여주고자 한 것 같다. 그렇다면 그 같은 의도의 목적지는 어디인가? 지나치게 단순화하는 감이 없지 않지만, 아마도 그녀는 우리가 비슷한 문제의식을 갖기를, 그 문제의식으로 예컨대 '자유무역'과 '창조경제' 같은 묘한 이름에 가려진 거대한 부자유, 인간 창조성에 대한 심각한 침해 현상을 꿰뚫어보기를 기대하고 있을 것이다. 거대 권력 체계와 자본만이 존재하는 세계, 그 안의 인간을 사회가 원하는 식으로만 살도록 강제하는 세계는 아무리 유연성, 다원성, 수평적 교류, 인적·물적 네트워크, 플랫폼 등 그럴듯한 이슈를 내놓고 거기서 휘황찬란한 의미들을 발명해내더라도 파시즘적이기 때문이다.

2010년 텍스트 형태로 처음 나온 〈넌센스 팩토리〉의 마지막은 어느 "전도유망한 건축가"가 은밀히 들어앉아 그 팩토리의 건축 구조를 "생산성을 최고로 올릴 수 있는 시스템"으로 재설계하는 여섯 번째 방 '새로운 팩토리의 도면을 그리는 방'으로 끝난다. 그리고 작가가 2013년 대규모 설치미술 형태로 발전시킨 〈넌센스 팩토리〉의 시작은 반달 또는 배 모양으로 만들어진 거대한 플랫폼 위에서 불특정 다수의 사람이 서로의 몸을 부딪치며 활발하게 섞이는—그 플랫폼의 구조상 요람이나 시소처럼 끊임없이 움직일 수밖에 없는—

공간 '팩토리 지하'가 연다. 그런데 이 두 방이 〈넌센스 팩토리〉라는
한 "사회"의 처음과 끝을 이루는 두 요소라는 점에 주목할 때, 우리
가 은연중 읽게 되는 작가의 의도는 그 사회의 양면성이다. 이를테
면 생산성 극대화를 위한 집약적 시스템과 항상적 동요 상태의 구
조, 정책 수립의 폐쇄성과 현상적 개방성, 비가시적 플랜과 가시적
역동성 등 말이다. 아마 작가는 자신의 〈넌센스 팩토리〉를 현실사회
와 직접적으로 유비시킬 생각은 없었을 것이다. 하지만 그녀가 만든
플랫폼이, 그 플랫폼 위에서 이리저리 뛰어다니며 뒤섞이는 사람들
의 모습을 담은 퍼포먼스 비디오가 어떤 이들에게는 자유롭고 친밀
한 사회적 관계를 꿈꾸게 하기에 앞서 불안정성이 전 지구적 일상이
된 동시대, 교류와 소통이 강박이 된 이곳을 돌아보도록 돕는다.

디테일의 우주

1.

한눈에 전체와 부분을 모두 볼 수 있다면. 한 번에 완전체에 이르는 동시에 모든 세부가 될 수 있다면. 그렇게 해서 세계를 완벽하게 새로이 조립할 수 있다면.[1] 이는 신이 아닌 인간이 신과 같은 존재를 꿈꾸며 품어온 '근원적 소망primal dreams, 原望'이다. 언제 어디서든 편재하는omnipresent 시선, 그리고 모든 것을 이룰 수 있는omnipotent 역량 말이다. 하지만 우리 인간은 전지전능한 신이 아니므로, 대신 좀 더 큰 상상력으로 세계 전체 또는 완전함의 상태를 추상하려 애써왔다. 동시에 좀 더 정밀한 관찰력으로 세계의 모든 세부를 파고

---

[1] 11세기 중엽 페르시아의 시인 오마르 카이얌Omar Khayyam은 4행시rubai 중 하나에서 이렇게 노래했다. "아! 사랑이여, 그대와 내가 천사와 힘을 합해 / 변변찮은 우주체계를 움켜쥘 수 있다면야 / 그 체계를 온통 산산조각 부숴서 / 이 마음에 꼭 들도록 다시 고쳐 만들련만!" 이 시를 1859년 처음 영어로 번역 소개한 에드워드 피츠제럴드의 영어 번역은 다음과 같다. "Ah Love! could you and I with Him conspire / To grasp this sorry Scheme of things entire, / Would not we shatter it to bits—and then / Re-mold it nearer to the Heart's Desire!" Edward Fitzgerald, *The Rubaiyat of Omar Khayyam*, 『루바이야트』, 이상욱 옮김, 민음사, 1991, p. 140과 143.

들어 보는 노력을 지속해왔다. 이에 대해 무한의 우주까지 다다르는 상상력과 극히 작은 먼지까지 포착하는 관찰력이라는 수사를 붙여도 좋을 것이다. 요컨대 우주의 상상력과 먼지의 관찰력. 전지전능을 꿈꾸는 인류의 아주 오래된 소망은 그같이 인간이 지닌 상상과 관찰의 힘을 통해 역사의 굽이굽이와 부분 부분들에서 현실화되었을 것이다. 그리고 미술은 그 소망의 가상적인 실현에 가장 크게 기여해온 사회 영역 중 하나일 것이다.

2. 상호 내포 작용

우주의 상상력과 먼지의 관찰력. 이 말을 쓰면서 나는 문득 김소운의 수필 중 오랫동안 회자된 "왕후의 밥과 걸인의 찬"을 떠올린다. 그 문장은 대구對句를 이룬다. 그 대구법 속에서 밥은 왕후가 먹는 것처럼 훌륭하나, 반찬은 걸인의 그것처럼 궁색하다는 대립적인 뜻이 간명한 시적 울림으로 전달된다. 어쩌면 저자 김소운의 입장에서는, 밥의 갖춰져 있음에 대비해 반찬의 보잘것없음을 내세워 화자話者의 가난한 처지를 극대화하고자 했는지 모른다. 그러나 독자들에게는 반드시 그렇게 읽히지만은 않을 것이다. 그 수사는 우리에게 화려함과 겸손함, 거창함과 미세함, 고귀함과 소박함이 서로 간섭하면서 어떤 아름다운 상태를 떠올리게 한다. 혹은 한쪽은 좋고 다른 한쪽은 나쁘다는 식의 단순 비교나 우열의 이분법을 넘어 풍부한 해석과 다채로운 이미지가 촉발될 수 있다.

'우주의 상상력과 먼지의 관찰력'이라는 말이 독자 여러분에게 그 같은 아름다운 느낌을 불러일으키고, 그 같은 의미 해석과 이미지 작용이 발생하는 어구로 전달되었으면 한다. 이를테면 우주에서 먼지를 상상하고, 먼지에서 우주를 관찰하는 식으로 말이다. 직접적인 해석을 넘어 무한히 큰 동시에 무한히 작은 범위, 비약하는 동시에 천착하는 사고, 좀 더 크게 확장하는 동시에 극히 내밀해지는 지각의 운동을 그 표현에서 유추해주었으면 하는 것이다. 왜냐하면 어느 한쪽의 우세와 다른 한쪽의 열등을 따지기보다는, 양자가 서로의 의미를 교환하고 포함하면서 사람들에게 뭔가 가득 차고 풍요로우며 복합적인 상태를 환기시키는 일이 더 멋지고 생산적이기 때문이다. 그리고 더 중요하게는 우리가 '디테일'이라는 화두로 들여다보고자 하는 동시대 한국 미술가들의 미학이 전체와 부분, 총체적인 것과 세부적인 것, 광대함과 미세함의 상호 내포 작용이며, 그 작용에 의한 특별한 미적 상태이기 때문이다.

3.

나는 2013년 4월 갤러리 시몬에서 《디테일》전을 기획했다.[2] 그렇게 전시 형식을 빌려 지금 여기 한국미술이 만들어내고 있는 특정

---

2 《디테일》전은 2013. 4. 18-5. 31까지 서울 종로구 통의동에 위치한 갤러리 시몬에서 열렸다. 이 글은 당시 도록에 실은 기획 서문을 일정 부분 수정한 것이다.

한 경향성을 짚어보고자 한 것이다. 그리하여 그 전시 자체가 현대 미술의 작은 부분, 특정 세부, 단면 혹은 단층이 되었다고 말할 수도 있다. 하지만 그 부분, 세부, 단면, 단층이 동시대 미술의 주목할 만한 경향 및 특성을 함축할(개괄하는 것이 아니라) 경우, 《디테일》 전시는 전체를 담지하고 있는 부분, 지형지세를 압축하고 있는 세부, 종합을 지각할 수 있는 면과 층의 기획이라고 의미 부여할 수 있지 않을까. 가령 우주가 먼지 속에서 포착되고 표상될 수 있듯이, 나는 전시에서 '디테일'을 내세워 동시대 미술을 조망해보려 했기 때문이다.

그럼 동시대 미술의 주요 경향이나 특성은 무엇인가? 이에 대해 국내외 미술계의 영향력 있는 사건들 또는 두드러진 현상을 기준으로 살펴보면 대체로는 합의 가능한 답이 나온다. 하지만 그런 사안에 대해 비평가마다, 큐레이터마다, 이론가마다 각기 다른 관점으로 각기 다른 해석을 내놓는 것이 사실이다.

예컨대 2011년 베니스비엔날레 감독을 맡았던 스위스 출신 미술사학자인 쿠리거Bice Curiger라면 현대미술의 양상을 '글로벌리즘에 입각한 새로운 합리성 또는 다양성의 모색'이라고 규정할 것 같다. 그녀는 '일루미네이션스ILLUMInations'라는 주제를 내세운 자신의 베니스비엔날레 기획이 "국제 미술의 최근 발전을 전파하고 조명하기 위한, 세계에서 가장 중요한 포럼"이라고 단언했다. 그리고 전시가 서구 근대의 "합리적인 빛이 아니라 황홀경적인 빛"을 통해 "광범위한 다양성을 표상하는 더 작고 더 지역적인 행위와 사고mentality의 전 지구적 미술"[3]에 맞춰졌음을 강조했다. 실제 전시의 성과가 어떠했든 간에 쿠리거가 피력한 그 기획 담론은 동시대 미술의 지향점—더 정확히 말하면 중요시되고 영향력을 확보할 수 있는 전략적 방향—이 근대 서구 제국주의적 계몽을 넘어 글로벌리즘에 맞춰져 있고, 전체주의 체계의 획일성 대신 다원적 개체들의 다양하고 열린 체제를 선택하고 있음을 말해준다.

다른 한편, 크리스토프 바카기예프Carolyn Christov-Bakargiev라면 동시대 미술을 '복합 다중의 실천'이라고 정의할지 모른다. 이 미국 출신 미술사학자이자 큐레이터는 2012년 카셀 도큐멘타 전시를 기획하면서 주제 선정부터 작품 선별에 이르기까지 한 명의 예술감독이 단일한 맥락하에 주도하는 관례적 방식을 버렸다. 대신 다양한 마티리얼 · 방법론 · 지식 · 감각이 다수의 참여자를 통해 동시다발적으로 아트가 되고, 그것이 "언제 어디서든 좋을 대로" 아트로서 실행되는 기획 방향을 택했다. 그렇게 함으로써 크리스토프 바카기예프는 현대미술에서 점차 강화되는 예술 주체의 다중화 경향 및 미술의 이름으로 이질적인 존재들의 행위와 정신이 복합화하고 확장해가는 최근 경향을 짚었던 것이다.[4] 이는 사실 전시 방법 및 내용은 달랐을지라도 쿠리거가 파악한 동시대 미술의 경향과 크게 다

---

3   2011 베니스비엔날레 보도자료(2010. 10. 22일자) 참조.
http://universes-in-universe.org/eng/bien/venice_biennale/2011/tour/illuminations
4   Carolyn Christov-Bakargiev, *dOCUMENTA(13) The Guidebook Catalog 3*, Hatje Cantz Verlag, 2012, p. 7 참조.

르지 않다.

4.

'디테일'을 키워드 삼아 한국 미술뿐만 아니라 국내외 현대미술을 조망했을 때, 주목할 만한 동시대 미학적 특성은 세계를 이루고 있는 무수하고 다양한 세부detail를 긍정하고 그것을 적극적으로 가시화하는 태도다. 그 바탕에는 바로 위에서 두 큐레이터의 전시를 사례로 들어 논한 것처럼 '다중multitude'과 '다양variety'과 '지역성locality'을 부각시키는 관점, 세계를 구성하는 상대적으로 작고 다수이며 익명적인 개체들의 '부분성partiality'을 보호하는 동시에 '복수의 대화polylogue'를 촉진하는 미술 실천이 당연히 깔려 있다. 하지만 우리는 그런 거시적이거나 이념적인 차원보다 더욱 구체적인 차원에서 접근하려 한다. 육면체를 아는 데는 전지적 시점으로 그린 전개도가 효율적이다. 하지만 현실 공간에 입방체로 서 있는 육면체의 세속적 물질성을 면 하나하나를 더듬어보며 경험하는 방법은 지식의 효율성 너머로 우리를 이끌 것이다. 우리가 현대미술에 대해 접근하는 방식은 이와 같다.

요컨대 《디테일》 전시와 이 글에서 말하는 '디테일'은 두 방향을 가리킨다. 그것은 한편으로 세계의 세부를 의미한다. 세계를 전체로서 추상해내기 이전에 우리의 감각과 인식에 주어지는 각각의 구체적인 부분들 말이다. 좀 더 정확히 말하면 '디테일'은 전체라는 거창한 관념을 도출하기 위한 추상화 과정보다는, 각자의 눈과 손부터 디지털 카메라와 컴퓨터에 이르기까지 현실의 여러 경로/매체를 통해 우리가 지각하고 그로부터 길어올리는 세계의 이미지 파편들을 가리킨다. 다른 한편, 앞서 말한 의미의 '디테일'을 자신만의 예술언어—예컨대 매체 활용, 표현 기법, 개념, 이야기 등—로 표현하는 개별 작가의 미술이 또한 우리가 주목하는 '디테일'이다. 이를테면 세계에 대해서나 미술에 대해서나 보편성 또는 일반성을 따르는 대신 작은 것, 지엽적인 것, 편파적인 것, 예외적인 것, 사적인 것, 내밀한 것을 취하는 작가들의 개별성이 바로 우리의 '디테일'인 것이다.

세계라는 전체나 미술이라는 전체, 아니면 세계라는 관념이나 미술이라는 관념에 견주면 세계의 파편적 이미지, 개별 작품의 미적 속성은 한없이 작고 불충분한 세부일 뿐이다. 하지만 그 전체 또는 관념이 언제나 어떻게든 개별 존재들을 통해서만 예감할 수 있고 지각 가능하다는 면에서 사실 '디테일'은 '전체'와 상호 내포적인 관계에 있다. 다중, 다양, 지역, 부분, 개체에 우호적인 동시대 미술의 경향을 더 실증적이고 더 구체적인 차원에서 표상하고, 사람들에게 그런 존재들에 대한 인식 및 감각을 일깨울 수 있는 '디테일'의 힘은 바로 그 상호 내포적 관계에서 나온다.

5. 7가지 디테일

세속적 경험의 편집으로서 디테일

세계의 촉각적 미니어처로서 디테일

무작위의 정교함으로서 디테일

디테일 이후의 디테일

투명한 질료의 조각적 디테일

내러티브의 디테일

사건을 재구축하는 디테일

이상 7가지 의미의 디테일은 내가《디테일》전에 참여한 작가 각자의 작품 성향에서 출발해 그 작품들과 현대미술 전반의 경향 간의 연관성을 고려하면서 비평적으로 추출한 것이다. 그럼에도 불구하고 지금 이 글을 읽는 여러분뿐만 아니라 전시장을 찾았던 사람들까지도 작품들에서 우리가 흔히 말하는 디테일(뭔가를 아주 자세하게 묘사한)을 재차 확인하거나, 미술 전부를 포괄하는 의미의 디테일을 발견할 수는 없을 것이다. 각 작품은 작품 자체를 대표하지 '디테일'이라는 일반 개념을 대표하지는 않기 때문이다. 같은 맥락에서 일곱 작가 각자의 미술세계 전반이《디테일》기획전의 담론에 포섭된다거나, 전시에서 선보인 작품들이 반드시 기획자가 정의하는 의미의 7가지 디테일 중 하나로 수렴되는 것으로 간주해서도 안 된다. 작품들은 각자 개별적이고 특정한 조건 속에서 창작된 것들로 애초부터 주제 '디테일'을 의식하며 제작된 것들이 아니기 때문이다.

그런데 여기에《디테일》전시 기획의 핵심 의도가 있었다. 즉 동시대 작가들이 부지불식간에, 무의식적으로, 우연찮게 취하고 있는 '디테일'을 우리는 전시를 통해 분별하고 그 나름의 의미를 부여함으로써 현재의 삶과 문화와 미술이 내포한 특정 경향성을 추출해내려 한 것이다. 그것은 아마도 이 글 앞에 쿠리거와 크리스토프-바카기예프의 전시를 사례로 들어 말한 동시대 미술의 경향, 이를테면 다중·다양성·다원성·지역성·부분들에서 미학적 가치를 발견하는 경향에 닿아 있을 것이다. 하지만 당시에 나는《디테일》전에 나온 일곱 작가의 작품이 그런 이론적 언어의 내부를 뛰어넘어 서로서로 엮이면서, 사람들이 통상 떠올리는 시각예술의 디테일을 더 다면적이고 형형색색의 의미로 세공해주기crystallizing를 바랐다. 그리고 그 디테일들이 동시대 미술을 정의하는 구체적이고 핵심적인 존재들임을 뚜렷한 형상으로 보여주고자 했다. 이제 물리적이고 물질적인 차원의 전시가 끝난 지금 독자 여러분은 그 형상이 어떠한지 이 글 속에서 경험했으면 한다.

6. 강홍구의 디테일: 세속적 경험이 편집된 지도

강홍구의 도시 사진은 '부분 부분들의 편집 기술'을 통해 전체가 구현되는 우리 시대 지식과 감각의 메커니즘을 압축적으로 보여준다. 그는 2011년부터 약 1년 반에 걸쳐 부산을 돌아다니며 사진을 찍었다. 그곳에서 수십 년을 산 사람에게는 비할 바가 아니지만, 오늘날 같은 초고속 이행의 시대에 그 정도면 부산을 충분히 카메라에 담았다고 해도 좋을 것이다. 물론 작가는 자기 작품론에서 "내가 돌아보지 않은 부산은 내 인지 지도 밖에 있다"고 밝혀 자신의 부산 사진들이 부산 전체를 표상하지 않는다는 점을 기꺼이 인정했다. 하지만 강홍구의 부산 연작은 부산의 근현대사, 물리적 지형지세, 그 지역 공동체의 생활 양태를 전면적으로 가시화한 이미지 지도라고 해도 과언이 아니다. 그만큼 그의 사진들은 부산이라는 특정 공간의 역사성, 지역성, 그리고 환경의 개별성을 집약했고 지표화했기 때문이다.

그런데 여기서 우리가 특히 주목할 점은 그 같은 집약 및 지표화가 마치 지리부도처럼, 통계표처럼 어떤 단일하고 총체적인 시선 pan-optic을 통해서 한 번에 이뤄진 것이 아니라는 사실이다. 그와는 달리 작가가 부산 내부 여기저기를 배회하면서 우연하고 파편적인 경험을 무수히 반복하고 축적해가면서 얻어낸 것이라는 사실이다. 나아가 그 장소 특정적인 경험을 미학적 틀/체계에 맞춰 일반화하지 않고, 후반 작업을 통해 좀 더 적극적으로 그 경험의 파편성과 임의성을 강조함으로써 오히려 부산의 진면모를 한 장의 사진에 그러모을 수 있었다는 점이다. 그 후반 작업의 핵심이 바로 사진 조각들의 편집이다. 예컨대 강홍구는 오랜 세월 제각각의 용도에 맞춰 변형시켰기 때문에 모두 색다른 집이 된 부산의 산동네, 그러나 그 변형이 서로서로 등을 맞대듯이 살아야 하는 사람들의 비슷한 처지 안에서 행해진 만큼 결국 독특한 전체성을 띠게 된 동네(감천동, 문현동 등)를 카메라 프레임 각각에 나눠 사진 찍었다. 그리고 그 프레임들을 나중에 컴퓨터에서 하나의 이미지로 편집했다. 파노라마 비율의 사진 속에서 다종다양한 집들은 하나하나 세부를 이루는 동시에 들쭉날쭉한 가로선과 우후죽순의 세로선으로 연결되는 관계적 종합의 구체적인 면모를 과시한다. 그 일련의 현실 삶의 과정과 그 일련의 예술적 실행 과정 속에서 계속해서 반복되는 것, 계속해서 가장 강력한 조건이자 기제로 작동하는 것은 무엇인가? 그것은 익명적 세부들이다. 그리고 그 익명적 세부들이 어딘가로 뿔뿔이 흩어져버리지 않고 서로의 전제 조건이자 존재 기반이 되어 상호 관계를 맺고 있는 양상이다.

한 명의 뜨내기가 찍은 부산 사진. 그러나 집요하게 그 도시를 배회하면서, 어깨에 힘깨나 준 것 같은 집 대문부터 남루하기 그지없어 보이는 옥상의 빨래까지 그 도시의 경험을 촘촘하게 포착해내고, 그 단면들을 밀도 높게 한 장으로 편집한 작가 강홍구의 사진. 그 사진은 도시의 불투명하고 익명적인 존재를 질릴 정도로 구체적이고 억척스러운 삶의 세부 지도로 바꿔놓았다. 그것은 인공위성 지도도 제공해줄 수 없고, 구글 맵스도 서비스할 수 없는 종류의 디테일이다.

7. 이동욱의 디테일: 세계의 촉각적 미니어처

이동욱의 작품은 미술사학자 아라스가 정의한 가장 고전적인 의미의 디테일, 즉 "한 사물의 투명한 이미지"이자 "하나하나에 이르기까지 철저한 모방"[5]으로서 디테일에 정확히 부응하는 것처럼 보인다. 단적으로 말해 이때의 디테일은 대상의 외관을 곧이곧대로 모방해 그 자체처럼("투명한") 보이게 만드는 방식이다. 사실 많은 사람이 인정하다시피 이동욱이 만드는 아주 작은 조각들은 피부의 주름 한 줄, 땀구멍 하나까지 똑같아 보이게 재현해낸 것들이다. 그 점에서 이동욱의 미술은 아라스가 말하는 디테일의 범위에 일견 들어맞는다.

하지만 그의 디테일은 '보이는 그대로'가 아니라, '만져지는 느낌 그대로' 철저하게 표현하는 디테일이다. 가령 이동욱의 조각에서 손가락만 한 크기의 인체상은 신체를 모방한 형태 때문만이 아니라 피부 빛과 결을 완벽히 모방한 질감 때문에 더욱더 인간의 몸처럼 느껴진다. 또 그의 조각에는 유독 흘러내리거나 미끈거리거나 튀어나오거나 부서지는 부분이 많은데, 그것은 단지 어떤 대상의 표피를 묘사하기보다는 액체, 지방질, 운동, 해체 그 자체를 구현한다. 예컨대 소년의 몸과 손등을 타고 느릿느릿 끈적끈적 흘러내리는 꿀의 유동성, 돼지 껍데기처럼 두껁게 말린 지방의 감촉, 살덩어리를 비집

5　Daniel Arasse, *Le Détail*, 『디테일』, 이윤영 옮김, 숲, 2007, p. 15.

고 나오는 내장의 움직임, 마치 저화질 이미지를 확대했을 때 쪼개지는 픽셀들처럼 조각나는 사지四肢의 상태가 이동욱의 조각에서는 고스란히 발생한다. 그래서 우리는 이 작가의 미술이 기존에 존재하는 것의 충실한 반복re-presentation, 혹은 세계의 액면face value을 곧이곧대로 따라 하는 것만은 아님을 인정할 필요가 있다.

이동욱의 조각들은 세계의 규모나 현실의 인간과 사물의 스케일에 견주면 터무니없을 정도로 작다는 점에서 미시적인 세부micro-detail다. 하지만 그것들은 세계의 가시적이거나 비가시적인 상태 및 인간과 사물의 드러나거나 감춰진 성질을 함축하고 있다는 점에서 독자적인 축소판, 즉 미니어처miniature다. 그리고 그 미니어처는 우리에게 눈으로 내려다보며 각각을 분별하고 규정하는 대신, 온몸의 감각 세포를 통해 통째로 경험할 기회를 제공한다는 점에서 촉각적 미니어처다.

8. 박진아의 디테일: 무작위의 정교함

박진아의 회화에서 가장 중요하고 흥미로운 점은 그림 속 주목할 만한 대상의 부재를 통해 현실의 세부를 주목시킨다는 사실이다. 그녀의 그림에는 우리가 흔히 주목할 가치가 있다고 믿어온 종류의 이미지가 거의 없다. 혹은 부지불식간에 눈길을 빼앗기는 아름다운 인물이나 스펙터클한 풍경, 독특한 사건이나 결정적 순간 같은 것이 희박하다고 말하는 편이 더 맞을 것이다. 대신 박진아는 시선의 의도를 정확히 파악하기 어려운 장면들, 주목할 대상과 대상 사이에 낀 다소 애매하고 정체가 불확실해 보이는 존재들(시간, 사람, 사물 등)로 화면 전체를 채움으로써 그림을 통째로 호기심 어린 대상으로 만든다.

그것은 마치 우리가 동영상 카메라로 주변을 한 바퀴 쭉 훑을 때 우연하게, 즉흥적으로, 무작위로 뷰파인더에 걸려드는 무수한 일상적 행위의 순간들이거나 그렇게 연속되는 시간들 중 어떤 찰나처럼 보인다. 가령 바닥에 떨어진 뭔가를 줍는 순간, 스카치테이프를 떼는 바로 그때, 열세 번째 계단을 오르고 열쇠구멍에 열쇠를 집어넣는 찰나 같은 소소하고 익명의 상황들 말이다.

이렇게 우연과 즉흥과 무작위의 대상들을 작가는 현실에서 매우 정교하게 선별해낸다. 그리고 그 선별한 대상을 자못 대범하거나 심지어 무신경해 보일 정도의 자유분방한 붓질로 그려낸다. 이를테면 배경 공간과 인물이 상호 침투하는 식의 붓질, 여기저기 흩어져 있는 사물과 그 사이에서 일어나고 있는 일들이 서로 간섭하는 식의 붓질. 하지만 그런 붓질 자체가 대상의 무작위성, 우연성, 즉흥성에 부합하도록 작가가 의도한 정교한 묘사법이다. 여기서 디테일의 새로운 의미가 솟아오른다. 말하자면 일상의 세부, 인간 행위의 세부, 시공간의 세부가 화가의 정교한(선택적인) 시선과 정교한(의도적인) 표현 기교를 통해 특별한 사건 전체로 떠오르는 변증법으로서의 디테일.

9. 이세경의 디테일: 디테일 이후

이세경은 우리가 매우 평범하게 이해하는 의미의 디테일, 또는 일상적으로 접하는 이미지로서 디테일을 일견 그대로 답습하는 것처럼 보이나, 실제로는 그 의미와 양상을 비트는 작품으로 감상자의 허를 찌르는 작가다. 직접적으로 설명해보자. 먼저, 이세경은 예를 들어 영국식 본차이나의 외관을 장식하고 있는 정교한 꽃문양, 새 형상 같은 것을 진짜 도자기 찻주전자나 접시에 똑같이 옮겨 그린다. 그 점에서 이 작가의 작품은 선線으로 대상을 섬세하게 묘사하는 식의 디테일, 그래서 보는 이로 하여금 그 이미지의 세부를 뜯어보는 즐거움을 주는 디테일이다.

하지만 작가는 그 선을 결코 손으로 긋지 않으며, 그 이미지를 도자기 표면에 청색이나 붉은색으로 나타나는 청화안료나 진사안료를 써서 그리지도 않는다. 그렇다면 무엇을 써서 어떻게 그린다는 말인가? 꽤 자극적이게도 이세경은 파랗게 또는 붉게 염색한 머리카락 한 가닥 한 가닥, 한 올 한 올을 오려 붙여 도자기 표면의 갖가지 문양을 만들어낸다. 인간 신체 말단의 그 머리카락, 먹는 것과는 어떻든 상극에 속하는(음식에 들어간 머리카락을 상상해보라!) 그 머리카락이 우아하고 청결한 식기들 위에 조밀하게 붙어 있는 것이다. 이세경의 도자기 또한 세부를 뜯어보는 즐거움이 충만해 있기 때문에 누구든 한 발짝 다가서서 보게 되는데, 그 순간 감상자는 이 같은 사실을 발견하게 되며 흠칫 놀란다. 일종의 독한 유혹처럼, 치명적인 반전처럼 이세경의 작품은 시각적으로 뛰어난 디테일로 감상자를 끌어당기는 동시에 그 이질적인 질료와 표현법으로 감상자의 관성적인 향유를 깨뜨린다.

그러므로 이세경의 디테일을 정의하자면, 그것은 디테일 이후after의 디테일이라고 할 수 있다. 디테일의 전통을 따르면서, 그 전통의 위치와 문법과 태도를 흔든다는 점에서 말이다.

10. 조혜진의 디테일: 투명한 질료의 조각

《디테일》 전시의 기획자로서 내가 조혜진의 비닐pet film로 만든 인체 조각에 주목했던 이유는 어찌 보면 간단하다. 투명한 비닐로 만들었다는 점이 그 이유다. 이는 결국 동어반복처럼 들릴 텐데, 그렇지만 그 물질적 속성이 색다른 의미의 디테일을 촉발시킨다.

투명한 비닐은 우리 시각에 두 개의 세계를 제시한다. 즉 한편으로는 그 투과성 덕분에 실재 그 자체처럼 보이는 세계를 제시하며, 다른 한편으로는 그것이 비닐의 투과성인 한 어딘가 그 표면이 휘어지고 구겨지면서 실재가 왜곡돼 보이는 세계를 제시하는 것이다. 그런데 우리는 여기에 또 하나의 세계를 덧붙여야 한다. 그것은 투명한 비닐이 쳐져 있지 않은 세계, 즉 우리의 현실이다. 조혜진의 비닐로 만든 인체 조각은 바로 이같이 제각각 다르게 지각되는 세계, 단지 투명한 막이 사이에 쳐졌을 뿐인데 다른 차원과 질감으로 세분화되는 세계를 만들어낸다. 아니, 좀 더 정확히 말하면 그런 세분화된 세계를 환기시킨다. 왜냐하면 우리는 일상적으로 실제 창문이든 사실을 전달한다는 매스미디어든 투명한 창에 둘러싸여 살고 있는데, 그 투명성에 과도하고 완벽하게 포위된 나머지 차이를 분별하는 사회적 인식과 감각이 무뎌졌기 때문이다. 조혜진의 비닐 인체 조각이 곧바로 우리의 무뎌진 사회적 인식과 감각을 세련되게 만든다고 말하면 과장일 것이다. 하지만 그녀의 조각은 아주 가벼운 질량과 투과성을 지닌 인간 형상을 하고 전시장 한가운데 서서, 아주 미묘하게 일그러지는 현실과 그렇지 않은 맨눈의 현실을 감상자에게 구분시켜줬을 것이고 앞으로도 그럴 것이다. 그 차이는 근소하다. 심지어 둔감한 사람에게는 의식되지 않을 것이다. 하지만 누군가 지각하든 그렇지 못하든 조혜진의 작품을 통해 전시장의 질적 세계가 분화되는 것은 사실이다.

오늘의 많은 예술작품이 하늘 아래 완전히 새로운 것이 아니라, 기존의 것들을 미세하고 정교하게 분화시키는 식으로 창작된다. 이러한 분화가 우리가 말하는 동시대의 디테일이다. 조혜진처럼, 대단히 큰 차이나 넘나들 수 없는 이질적 차원이 아니라 작은 계기들 속에서 갈라지는 차이, 공통성의 기반 위에서 서로 겹치거나 분리되는 차원이 바로 우리 시대 작품들 속에서 나타나는 디테일의 양상이다.

11. 이진주의 디테일: 내러티브의 디테일

이진주의 그림들은 아주 많은 것을 우리로 하여금 보게 해주고, 우리에게 아주 많은 이야기를 들려주는 것 같다. 그런데 정작 그 가시적인 것들과 들을 수 있는 내용은 고정돼 있지 않다. 그림이 추상적이라거나 표현이 모호해서가 아니다. 오히려 그녀의 그림은 갖가지 형상을 섬세하게 묘사한 구상회화로서 보는 이에게 많은 이미지 정보를 제공한다. 예컨대 〈기억의 방법〉에서 우리는 화면 전체에 펼쳐진 눈 덮인 땅을 비롯해 무겁게 가라앉은 하늘, 헐벗은 버드나무, 모로 누운 여인, 쓰러진 의자, 사냥개 등 많은 형상을 하나하나 세듯이 읽어낸다. 그것은 잘만 하면 이야기가 술술 풀려나올 것 같은 시각적 모티브들이고, 실제 일상에서도 명시적인 의미를 실어 나르는 대상들이다. 그럼에도 불구하고 우리는 왜 그 그림에서 본 것을 말로 고정시키지 못하는 것일까? 그림의 요소들이 서로 서로 짜여서 전체 화면을 이루어낸 원리를 우리로서는 알 수 없기 때문이다. 아니, 좀 더 정확하게는 그 그림들의 내러티브가 궁극적인 하나의 의미를 향하지 않고 보르헤스가 표현한 것처럼 "끝없이 두 갈래로 갈라지는 길들"[6]과 같기 때문이다. 〈기억의 방법〉을 다시 예로 들자면 여인 옆의 두 마리 개는 화면에서 어떤 역할을 하도록 그려졌는지, 그 설경雪景은 어떤 상징적 의미를 띠고 있는지 등이 한 장면에서 두 개의 서술로 무한히 분기되는 것이다.

이진주 그림의 내러티브가 하나로 고정되지 않는다는 것은 그 그림이 동화책의 삽화나 수학책의 도형이 아님을 지시한다. 당연한

---

6   Jorge Luis Borges, *Ficciones*,『보르헤스 전집 2 픽션들』, 황병하 옮김, 민음사, 1994, pp. 145-166.

말처럼 들리겠지만, 사실 어떤 이미지가 일러스트레이션이냐, 도형이냐, 현대 미술작품이냐를 구분하는 경계선은 모호하다. 극단적으로 말해 모더니즘 화가 말레비치의 사각형은 수학의 사각형과 다르지 않으며, 영화감독 팀 버튼Tim Burton의 〈크리스마스의 악몽〉은 어떤 현대미술 영상작품보다도 상상력이 풍부하지 않은가. 그러나 어떤 경우에도 동화책의 삽화는 충실히 동화의 줄거리를 따르고, 수학책의 도형은 충실히 수학적 논리를 표상한다. 반면에 이진주는 감상자가 다채롭게 해석할 수 있는 내러티브의 세부들을 화면에 배치해둠으로써 해석의 자유를, 그림 읽기의 쾌락을 극대화한다. 그 요소들이 어디서 나왔겠는가? 아주 작은 한순간을 강렬하게 경험하는 이진주의 지각에서 그 요소들은 왔을 것이다. 달리 말하면, 거칠거나 지극히 평범한 풍경에다가도 정교한 필치로 생경하면서 독특한, 알 것 같으면서도 간단히 이해할 수는 없는 익명의 사건을 끼워넣을 줄 아는 작가의 구성력이 그 원천일 것이다.

13. 김아영의 디테일: 사건을 재구축하는 세부들

김아영은 실제 일어난 사건의 단편들에서 출발해, 마치 연구자가 그러하듯이 자료 조사를 하고, 그 조사를 토대로 해당 사건을 허구의 이미지로 종합해내는 작가다. 여기서 '사건'은 철학적 의미를 내포한 용어가 아니라 우리가 일상에서 쓰는 말 그대로의 의미에서 사건이다. 예컨대 2008년 6월 어느 날 부산에서 자살을 기도한 한 남자가 그를 만류하던 경찰특공대원과 함께 투신해 결국 두 사람 모두 숨진 사건. 2005년 7월 7일 아침 런던 지하철 여섯 곳과 이층버스 한 대에서 연쇄적으로 터진 폭탄 테러 사건. 사건의 당사자를 제외한 대부분의 사람이 그렇듯이 김아영은 그런 사건을 신문, 인터넷 등 대중 매체 뉴스로 접한다. 거기에는 온갖 정보가 기록돼 있는 것처럼 보인다. 하지만 정작 뉴스란 사건 전체가 아니라 사건의 일부 또는 개요만을 전달한다. 또 새로운 뉴스가 터져나오면 가차 없이 버려지고 사람들의 뇌리에서 사라진다.

김아영이 일회용 뉴스를 자기 작품의 원原 재료로 삼고, 여기저기서 추가 자료를 수집하거나 관련된 장소를 탐사해서, 덧없이 사라질 운명에 있는 어떤 사건들에 관한 허구적인 기록물을 만드는 이유는 바로 그 때문이다. 즉 피상적인 관심과 단명한 쓰임새 속에서 사라지는 우리 삶의 일련의 사건을 작가는 자세히 알고자 하는 탐색자의 눈, 어딘가에 붙잡아두고자 하는 기록자의 손으로 재구축하는 것이다. 그것이 허구인 이유는 작가가 실제 사건이 일어났을 법한, 그러나 당연히 그 현장 그대로일 수는 없는 시간과 공간에서 찍은 사진/영상으로 작품을 만들기 때문이다. 하지만 작가는 작품이 시작된 원점이 어디인지, 거기에는 애초 사건과 관련한 어떤 조각난 이야기가 있었는지를 작품의 주요 내용 중 하나로 명시함으로써 보는 이에게 과거의 특정 사실을 일깨운다. 그 점에서 김아영의 작품은 일종의 비공식적 기록물인 셈이다.

이 같은 방식, 즉 과거의 사건을 사실과 허구를 버무려 제3의 이야기, 제3의 이미지로 세공해내는 방식은 비단 미술뿐만 아니라 우리 시대 다양한 문화예술 영역에 자리 잡은 생산 양식이다. 역사소설, 영화, 사극, 뮤지컬, 심지어 탐사보도 프로그램조차 그러한 생산 양식을 따른다. 그것이 점점 더 빠르게 사라지는 과거를 우리의 현재 속으로 들어오게 하는 한 방법이기 때문이다. 그리고 무엇보다 매체가 발달하면 할수록 세계의 온갖 현미경적 세부microscopic detail에 집중하게 된 우리의 사고와 감각이 구사할 수 있는 탁월한 기교, 즉 기존의 것들을 미세하게 나누고 새롭게 결합시켜가며 우리 각자가 세계를 가상적으로 재조립해보는 기교이기 때문이다. 디테일은 그 재조립의 실행 과정에서 일종의 가상 벽돌처럼 쓰인다. 그리고 우리는 그 가상 벽돌들로 우리 삶의 구체성을 쌓아올리는/쌓아올려야 하는 시간대를 살고 있다. 동시대적 경향성이란 바로 이와 같은 것이다.

바탕 글

1부 1.

사랑의 상상력(원제 "사랑의 상상력에 대하여"), 한국문화예술위원회 웹진 문장
〈에세이 테라스〉, 2012. 9월호.

바벨의 침묵, 한국문화예술위원회 웹진 문장 〈에세이 테라스〉, 2013. 1월호.

1부 2.

반쯤 실현된 욕망("반쯤 실현된 욕망을 위하여"), 한국문화예술위원회 웹진 문
장 〈에세이 테라스〉, 2013. 2월호.

이미 성공한 실패, 한국일보 칼럼 〈삶과 문화〉, 2012. 10. 5.

표식 없는 이들의 나라는 없다("표식을 부과하는 사회에서"), 한국일보 칼럼 〈삶
과 문화〉, 2012. 7. 13.

일본식 정원과 글쓰기의 아름다움("일본식 정원과 글쓰기의 미"), 한국문화예술
위원회 웹진 문장 〈에세이 테라스〉, 2012. 11월호.

체셔 고양이의 미소와 예술의 사라짐, 한국문화예술위원회 웹진 문장 〈에세
이 테라스〉, 2012. 12월호.

공작새의 무지갯빛 깃털 같은 차이("무지갯빛 즐김과 차이의 소송"), 한국문화예
술위원회 웹진 문장 〈에세이 테라스〉, 2012. 10월호.

현실에서 호러까지 한 걸음, 한국일보 칼럼 〈삶과 문화〉, 2012. 8. 3.

잠든 전쟁의 신, 한국일보 칼럼 〈삶과 문화〉, 2013. 6. 14.

그림의 진리와 불충不忠, 월간미술, 2010. 6월호.

2부 1.

분류의 인간학적-미학적 면면, D+, 2010, vol. 6.

실패 연구, noon, 광주비엔날레, 2012, vol. 4.

2부 2.

이미지와 인간의 조건("미술의 기원과 인간의 조건"), 한국문화예술교육진흥원
　　웹진 arte 365 〈깊이있는 화요일〉, 2012. 8. 21.

미술가의 자화상과 나르키소스, 한국문화예술교육진흥원 웹진 arte 365 〈깊
　　이있는 화요일〉, 2012. 9. 11.

성장의 불꽃을 지닌 자화상("청춘의 자화상, 성장의 불꽃"), 한국문화예술교육진
　　흥원 웹진 arte 365 〈깊이있는 화요일〉, 2013. 5. 5.

낭만주의와 숭고의 그림, 한국문화예술교육진흥원 웹진 arte 365 〈깊이있는
　　화요일〉, 2012. 10. 9.

완벽한 사랑, 완벽한 미술("완벽한 사랑, 완벽한 미술: 현대미술과 감상"), 한국문
　　화예술교육진흥원 웹진 arte 365 〈깊이있는 화요일〉, 2013. 2. 5.

현대미술의 위반과 확장("현대미술, 위반을 통한 확장"), 한국문화예술교육진흥
　　원 웹진 arte 365 〈깊이있는 화요일〉, 2012. 11. 20.

우리는 사회 속에서 함께 사는 존재("현대미술의 역할: 우리는 사회 속에서 함께
　　사는 존재다"), 한국문화예술교육진흥원 웹진 arte 365 〈깊이있는 화요
　　일〉, 2013. 1. 8.

2부 3.

관계 지향적 예술과 그 영향들("관계 지향적 예술과 영향들"), 국립현대미술관
　　〈창조적 리더를 위한 문화예술 과정〉 특강, 2013. 7. 9.
아직 이름이 아닌 것: 이수경적인 것("이수경적인 것"), 국립현대미술관 〈2012
　　올해의 작가상〉 도록, 2012.
비/의미: 함양아의 미술에서 사회적 삶, 국립현대미술관 〈2013 올해의 작가
　　상〉 도록, 2013.
다공성多孔性의 감각기계: 이기봉의 미적 메커니즘, 아르코미술관 〈2012 대
　　표작가전 이기봉—흐린 방〉 도록, 2012.
디테일의 우주("디테일"), 갤러리 시몬 〈디테일〉 도록, 2013.

Alberti, Leon Battista. *On Painting*, trans. Cecil Grayson, Hamondsworth, 1991

Anderson, Bernhard W. "The Tower of Babel: Unity and Diversity in God's Creation," in: *From Creation to New Creation: Old Testament Perspective*, 1994

Arasse, Daniel. *Histoires de peintures*, 『서양미술사의 재발견』, 류재화 옮김, 마로니에북스, 2008

Barthes, Roland. 「예술, 이 오래된 것…」, 『이미지와 글쓰기-롤랑 바르트의 이미지론』, 김인식 편역, 세계사, 1998, p. 52.

──, *Fragments d'un discours amoureux*, 『사랑의 단상』, 김희영 옮김, 민음사, 1996

──, *L'empire des Signes*, 『기호의 제국』, 김주환·한은경 옮김, 민음사, 1997

──, *Writing Degree Zero*, Annette Lavers and Calin Smith trans. Hill and Wang, 1967

Baudrillard, Jean. *Pourquoi tout n'a-t-il pas déjàdisparu?*, 『사라짐에 대하여』, 하태환 옮김, 민음사, 2012

──────, *Simulacres et Simulation*, 『시뮬라시옹』, 하태환 옮김, 민음사, 1997

Benjamin, Walter. "Das Kunstwerk in Zeitalter seiner technischen Reproduzierbarkeit, Zweite Fassung", 『발터 벤야민 선집 2 기술복제시대의 예술작품. 사진의 작은 역사 외』, 최성만 옮김, 길, 2007

──────, "Denkebilder - Neapel" im *Gesammelte Schriften IV/1*, Rolf Tiedemann & Hermann Schweppenhauser (Hrsg.), Frankfurt am Main: Suhrkamp Verlag, 1981

──────, "Die Aufgabe des Übersetzers", *Gesammelte Schriften* Bd. IV/1

──────, "Über Sprache überhaupt und über die Sprache des Menschen," 『발터 벤야민 선집 6 언어 일반과 인간의 언어에 대하여. 번역자의 과제 외』, 최성만 옮김, 길, 2008

──────, "Woran einer seine Stärke erkennt," *Walter Benjamin Gesammelte Schriften* Bd. IV/1

──────, 「초현실주의」, 『발터 벤야민 선집 5』, 최성만 옮김, 길, 2008

──────, 『발터 벤야민 선집 1 일방통행로. 사유이미지』

──────, *Einbahnstraße*, 『발터 벤야민 선집 1 일방통행로. 사유이미지』, 김영옥·윤미애·최성만 옮김, 길, 2007

──────, *Einbahnstraße*, in *Walter Benjamin Gesammelte Schriften*, Bd. IV/1, Hrsg. v. Tillman Rexroth, Frankfurt a. M.: Shurkamp Verlag, 1981

Bergson, Henri. *L'evolution créatrice*, 『창조적 진화』, 황수영 옮김, 아카넷, 2005

Berlin, Isaiah. *The Root of Romanticism*, 『낭만주의의 뿌리』, 강유원·나현영 옮김, 이제이북스, 2005

Bifo, Franco Berardi. *After the Future*, eds. Gasry Genosko & Nicholas Thoburn, trans. Arianna Bove, Melinda Coope, Edinburgh: AK Press, 2011

Blanchot, Maurice·Nancy, Jean-Luc.『밝힐 수 없는 공동체·마주한 공동체』, 박준상 옮김, 문학과지성사, 2005

Borges, Jorge Luis. *Ficciones*,『보르헤스 전집 2 픽션들』, 황병하 옮김, 민음사, 1994

———, *Siete Noches*,『칠일 밤』, 송병선 옮김, 현대문학, 2004

Bourriaud, Nicolas. *Esthétique relationnelle*, trans. Simon Pleasance & Fronza, Relational Aesthetics, Les presses du réel, 2002

Breton, André. *Manifestes du Surréalisme*,『초현실주의 선언』, 황현산 옮김, 미메시스, 2012

Christov-Bakargiev, Carolyn. *dOCUMENTA(13) The Guidebook Catalog 3*, Hatje Cantz Verlag, 2012

———, *Le Détail*,『디테일』, 이윤영 옮김, 숲, 2007

Deleuze, Gilles. *Spinoza Philosophie pratique*,『스피노자의 철학』, 박기순 옮김, 민음사, 1999

———, *Logique de la sensation*,『감각의 논리』, 하태환 옮김, 민음사, 1997

———, *Logique Du Sens*,『의미의 논리』, 이정우 옮김, 한길사, 1999,

———, *Proust et les signes*,『프루스트와 기호들』, 서동욱·이충민 옮김, 민음사

Derrida, Jacques. *The Truth in Painting*, Geoff Bennington and Ian McLeod(trans.), Chicago and London: The University of Chicago Press, 1987

Didi-Huberman, Georges. *Surviance des lucioles*,『반딧불의 잔존』, 김홍기

옮김, 길, 2012

Eco, Umberto. *Vertigine della Lista*,『궁극의 리스트』, 오숙은 옮김, 열린책들, 2010

Elger, Dietmar. *Gerhard Richter A Life in Painting*, trans. Elizabeth M. Solaro, The University of chicago Press, 2009

Fitzgerald, Edward. *Rubáiyát*,『루바이야트』, 이상욱 옮김, 민음사, 1991

Foucault, Michel. *Les mots et les choses*,『말과 사물』, 이규현 옮김, 민음사, 2012

———, *Moi, Pierre Rivière, ayant égorgéma mère, ma soeur et mon frère…*,『내 어머니와 누이와 남동생…을 죽인 나, 피에르 리비에르』, 심세광 옮김, 앨피, 2008

———, *Remarks on Marx*,『푸코의 맑스』, 이승철 옮김, 갈무리, 2010

Freud, Sigmund.『프로이트 전집-예술, 문학, 정신분석』, 정장진 옮김, 열린책들, 2012

Gombrich, Ernst. *The Story of Art*,『서양미술사 上』, 최민 옮김, 열화당, 1977

Hiebert, Theodore. "The Tower of Babel and the Origin of the World's Cultures," *JBL* 126, no 1., 2007

Johnson, Paul. *Modern Times: The World from the Twenties to the Nineties*,『모던타임스 I』, 조윤정 옮김, 살림, 2008

Jouannais, Jean-Yves. "Harald Szeemann: des expositions faites d'amour et d'obsessions (interview)", *Art Press V*, Special issue No. 17, 1996

Kant, Immanuel. *Kritik der Urteilskraft*,『판단력비판』, 이석윤 옮김, 박영사, 2003

Krauss, Rosalind E. *Perpetual Inventory*, The MIT Press, 2010

L'espace littéraire, *Maurice Blanchot*. 『문학의 공간』, 박혜영 옮김, 책세상, 1998

Meyrowitz, Joschua. "The Rise of Glocality: New Sense of Place and Identity in the Global Village," in *Social Science*, Passagen Verlag(electronic media), 2005

Mitchell, W. J. T. *Iconology: Image, Text, Ideology*, 『아이코놀로지: 이미지, 텍스트, 이데올로기』, 임산 옮김, 시지락, 2005

Nietzsche, Friedrich. *Werke in drei Bänden Ⅲ*, ed. K. Schlechta, Darmstadt: WB, 1997

Noble (ed.), Richard. *Utopias*, Whitechapel Gallery & The MIT Press, 2009

Perec, Georges. *Un homme qui dort*, 『잠자는 남자』, 조재룡 옮김, 문학동네, 2013

Richter, Gerhard. "Interview with Irmeline Lebeer, 1973" in Dietmar Elger & Hans Ulrich Obrist (eds.), *Gerhard Richter Writhing 1961-2007*, d·a·p, 2009

Said, Edward W. *On Late Style*, 『말년의 양식에 관하여』, 장호연 옮김, 마티, 2008

Saussure, Ferdinand de. *Cours de linguistique générale*, 『일반언어학 강의』, 민음사, 최승언 옮김, 2007

Spector, Nancy. *Felix Gonzalez-Torres*, New York: The Solomon F. Guggenheim Foundation, 1995

Sternberg, Esther M. *Healing Spaces: The Sciences of Place and Well-being*, 『공간이 마음을 살린다』, 서영조 옮김, 더 퀘스트, 2013

Stoichita, Victor. *A short history of the shadow*, 『그림자의 짧은 역사』, 이윤

희 옮김, 현실문화연구, 2006

Suhamy, Ariel. *Spinoza par les bêtes*,『스피노자의 동물 우화』, 강희경 옮김, 열린책들, 2010

Szeemann, Harald. "Failure as a poetic dimension"(2001) in Lisa Le Feuvre (ed.), *Failure*, London & Cambridge: Whitechapel Gallery & The MIT Press, 2010

West, Thomas G. *In the Mind's Eye*: *Creative Visual Thinkers, Gifted Dyslexics, and the Rise of Visual Technologies*,『글자로만 생각하는 사람 이미지로 창조하는 사람』, 김성훈 옮김, 지식갤러리, 2013

Žižek, Slavoj. *In Defense of Lost Causes*,『잃어버린 대의를 옹호하며』, 박정수 옮김, 그린비, 2009

――, *The Ticklish Subject*,『까다로운 주체』, 이성민 옮김, b, 2005

강수미,「지속가능한 공동체를 위한 시각예술이미지의 조직 Ⅱ-냉전시대와 글로벌시대의 현대미술 재고」,『미학·예술학 연구』, 한국미학예술학회, 35집, 2012

――,『한국미술의 원더풀 리얼리티』, 현실문화, 2009

권미원,「예술작품의 생성: 펠릭스 곤잘레스-토레스, 부활의 가능성, 나눌 수 있는 기회, 일시적 휴전」,〈Felix Gonzalez-Torres: Double〉전시 도록, 플라토, 2012

김남수·문지윤·클라우디아 페스타냐 기획 및 편집,『백남준의 선물 1 관점이동과 시간성』, 백남준아트센터, 2008

다치바나노 도시쓰나,『사쿠테이키-일본 정원의 미학』, 김승윤 옮김, 연암서가, 2012

박미현,「이기봉 論: 공포의 재현」,『Kibong Rhee-The Wet Psyche』, 국제갤러

리, 2008

이기봉, 「잉크_책_저자: 이기봉과의 대화」, 『파라21』, 2004(여름, 제6호)

하선규, 「예술과 문화 혁신의 과제 – 칸트, Fr, 슐레겔, 키르케고르, 니체를 돌이
켜보며」, 조선대학교 인문학연구원 이미지연구소 편, 『문화산업 이미지
예술』, 앨피, 2012

작품/전시

비평의 이미지
The Art of Criticism
- 사고의 그늘, 말들의 그림자

초판 인쇄 2013년 11월 11일
초판 발행 2013년 11월 18일

지은이 강수미
펴낸이 강성민
편집 이은혜 박민수 이두루
편집보조 김용숙
마케팅 정현민
온라인 마케팅 김희숙 김상만 이원주 한수진

펴낸곳 (주)글항아리 | 출판등록 2009년 1월 19일 제406-2009-000002호
주소 413-120 경기도 파주시 회동길 210
전자우편 bookpot@hanmail.net
전화번호 031-955-8891(마케팅) 031-955-8897(편집부)
팩스 031-955-2557

ISBN 978-89-6735-081-9 03100

글항아리는 (주)문학동네의 계열사입니다.

이 도서의 국립중앙도서관 출판시도서목록(CIP)은 서지정보유통지원시스템 홈페이지(http://seoji.nl.go.kr)와 국가자료공동목록시스템(http://www.nl.go.kr/kolisnet)에서 이용하실 수 있습니다.
(CIP제어번호 : CIP2013020897)

한국문화예술위원회

본 출판물은 한국문화예술위원회의 문화예술진흥기금 후원을 받아 제작되었습니다.